Chinese Proficiency Grading Standards for
International Chinese Language Education

国际中文教育中文水平等级标准

词汇速记速练手册

Quick Vocabulary Handbook

李孝娴 万 莹 编著

七—九级
上
Levels 7-9(I)

北京语言大学出版社
BEIJING LANGUAGE AND CULTURE
UNIVERSITY PRESS

©2023北京语言大学出版社，社图号23207

图书在版编目(CIP)数据

国际中文教育中文水平等级标准. 词汇速记速练手册:
七—九级. 上 / 李孝娴, 万莹编著. -- 北京 : 北京语
言大学出版社, 2023.12 (2024.9重印)
ISBN 978-7-5619-6426-2

Ⅰ.①国… Ⅱ.①李… ②万… Ⅲ.①汉语—词汇—
对外汉语教学—课程标准 Ⅳ.①H195.3

中国国家版本馆CIP数据核字（2023）第208637号

国际中文教育中文水平等级标准·词汇速记速练手册（七—九级 上）
GUOJI ZHONGWEN JIAOYU ZHONGWEN SHUIPING DENGJI BIAOZHUN ·
CIHUI SU JI SU LIAN SHOUCE (QI—JIU JI SHANG)

排版制作：	北京创艺涵文化发展有限公司
责任印制：	周 燚

出版发行：	北京语言大学出版社
社　　址：	北京市海淀区学院路15号，100083
网　　址：	www.blcup.com
电子信箱：	service@blcup.com
电　　话：	编 辑 部 8610-82303647/3592/3724
	国内发行 8610-82303650/3591/3648
	海外发行 8610-82303365/3080/3668
	北语书店 8610-82303653
	网购咨询 8610-82303908
印　　刷：	北京富资园科技发展有限公司

版　次：	2023年12月第1版	**印　次：**	2024年9月第2次印刷
开　本：	787毫米×1092毫米 1/16	**印　张：**	18.75
字　数：	343千字		
定　价：	79.00元		

PRINTED IN CHINA
凡有印装质量问题，本社负责调换。售后QQ号1367565611，电话010-82303590

编写说明

《国际中文教育中文水平等级标准·词汇速记速练手册》（以下简称《词汇速记速练手册》）依据教育部和国家语委联合发布的《国际中文教育中文水平等级标准》（GF 0025—2021）（以下简称《标准》）的"词汇表"进行编写，是面向中文学习者的实用型词汇学习用书。

《词汇速记速练手册》依照《标准》"三等九级"的划分情况，共八个分册（高等为上下两册），分别收录初等一级 500 词、二级 772 词、三级 973 词、中等四级 1000 词、五级 1071 词、六级 1140 词、高等七—九级 5636 词。初等及中等分册内部以 20 个词语为一单元，高等分册内部以 60 个词语为一单元，力求将词汇学习化整为零，充分利用学习者的碎片化时间，提高词汇学习的效率，学习者可以每天完成一单元词语的学练。《词汇速记速练手册》按音序编排词语，分别从读音、词性、释义、用法四个维度对词语进行说明和展示。

《词汇速记速练手册》既可以作为学习者的 HSK 备考用书，也可以作为学习者自主学习中文词汇的学习用书。搭配中的短语、例句尽量从多角度展示词语的各种常见用法，以便学习者能够通过短语、例句的学习切实掌握词语用法。《词汇速记速练手册》初等——三级词语的短语、例句用词以不超出该等级"词汇表"的范围为原则，中等四—六级词语的短语、例句的用词以不超出该单元之前"词汇表"的范围为原则，目的是让学习者通过对《词汇速记速练手册》的学习逐步扩大词汇量，便于学习者自主学习，降低词汇学习难度。为了兼顾短语、例句的丰富性与实用性，部分短语和例句中出现了"超纲词语"，对于这种情况，我们对"超纲词语"加注拼音与英文释义，以帮助学习者理解。

《词汇速记速练手册》初等及中等分册的内部体例分为"目标词语""速记""速练"三部分，高等分册的内部体例分为"速记""重点词语""速练"三部分。

"目标词语"给出本单元需要记忆与掌握的词语，让学习者先有一个整体印象和词语学习目标。"速记"给出词语的拼音、词性、英文释义、搭配。其中，搭配中的目标词语以下画线形式进行标示，短语、例句的选择与编写力求做到典型常用，强调词语在实际语境中的运用，并严格控制"超纲词语"的数量与难度。"速练"对所学词语进行强化练习，初等及中等分册的"速练"部分分三个题型：注音与释义连线题侧重对所学词语语音及语义理解的操练，选词填空题侧重对所学词语意义及用法的考查，完形填空题侧重对易混淆词语的区分。不同的题型各有侧重，互为补充。

《词汇速记速练手册》高等分册取消了"目标词语"板块，每单元 60 个词语分为三个部分，每单元、每部分均配有形式多样的练习。在高等词汇学习阶段，考虑到学习者对部分词语深入了解及词语辨析的需要，增设"重点词语"板块，对较难理解、用法复杂的词语进行进一步说明。高等分册的"速练"部分取消了完形填空题，改为"为词语选择合适的位置"题，从句法的角度考查学生对词语的掌握情况。

  词汇是国际中文教育的重点教学内容，这一点已成为业界共识，但词汇系统个性大于共性的特点也决定了词汇教学一直是国际中文教育中的薄弱环节。如何提高词汇学习效率，如何快速扩大学习者词汇量，这些问题编者一直在思考。《词汇速记速练手册》就是编者从教学实际出发，帮助中文学习者自主学习中文词汇的一种积极尝试。书中存在的不足，恳请广大使用者批评指正。

编者

2022 年 7 月

Introduction

Chinese Proficiency Grading Standards for International Chinese Language Education: Quick Vocabulary Handbook (hereinafter referred to as *Quick Vocabulary Handbook*), compiled in accordance with the "Vocabulary List" in *Chinese Proficiency Grading Standards for International Chinese Language Education* (GF 0025–2021) (hereinafter referred to as *The Standards*) co-released by China's Ministry of Education and State Language Commission, is a practical vocabulary book for Chinese language learners.

Based on the division of three stages and nine levels (elementary stage: Levels 1–3; intermediate stage: Levels 4–6; advanced stage: Levels 7–9) in *The Standards*, the *Quick Vocabulary Handbook* is composed of eight volumes (the advanced stage has two volumes), respectively including 500 words of Level 1, 772 words of Level 2, 973 words of Level 3, 1,000 words of Level 4, 1,071 words of Level 5, 1,140 words of Level 6 and 5,636 words of Levels 7–9. Each unit in the elementary and intermediate volumes has 20 words, while each unit in the advanced volume has 60 words, aiming to break up vocabulary learning into bits and pieces, so that learners' fragments of time can be made use of and their learning efficiency can be improved. Learners can finish learning and practicing one unit a day. The words in the *Quick Vocabulary Handbook* are arranged in alphabetic order and are explained and demonstrated from four aspects—Pinyin, word class, definition and usage.

The *Quick Vocabulary Handbook* can be used not only as an HSK preparation book, but also as a Chinese vocabulary study guide for self-directed learners. The collocations are phrases and example sentences that illustrate common usages of the words from various perspectives to help learners master these usages. For the phrases and sentences of the elementary words of Levels 1–3, the principle is that they should not use words that exceed the scope of the "Vocabulary List" of the corresponding level; for the intermediate stage of Levels 4–6, the words of the phrases and example sentences should not exceed the scope of the "Vocabulary List" before the current unit. The purpose is to help learners expand their vocabulary step by step by using the *Quick Vocabulary Handbook*, facilitate autonomous learning, and reduce the difficulty. With diversity and practicality taken into account, certain phrases and example sentences include words beyond the scope, which are provided with Pinyin and English definition to help learners understand them.

Each elementary or intermediate volume consists of three sections: "Target words", "Quick memory", and "Quick practice". Each advanced volume consists of three sections: "Quick memory", "Focus words" and "Quick practice".

"Target words" lists the words to be memorized and mastered in the current unit to give learners a whole picture and clear target. "Quick memory" offers the Pinyin, word class(es), English definition(s), and collocations of each target word. The target words are underlined in the collocations, and the phrases and example sentences selected and written are typical and frequently used. How the words are used in real situations is emphasized and the number and difficulty of the words beyond the scope are strictly controlled. "Quick practice", an intensive practice of the words learned, includes three types of exercises in the elementary and intermediate volumes. The pronunciation/definition matching exercise emphasizes the understanding of the pronunciations and definitions of the words learned, the multiple-choice exercise stresses the practice of the meanings and usages of the words learned, and the cloze exercise focuses on the differentiation between confusable words. These types of questions differ in stress and complement each other.

The "Target words" section is removed from the advanced volume, in which each unit includes 60 words that are divided into three parts. Each part is provided with various forms of exercises. At the stage of advanced vocabulary learning, learners need to understand certain words deeper and to differentiate certain words. In light of that, a new section—"Focus words"—is added to provide further explanation of the words that are difficult to understand and complicated in usage. "Quick practice" in the advanced volume doesn't have the cloze exercise, but the word-filling exercise to test learners' mastery of words from syntax perspective.

It is generally agreed within the field that vocabulary is a focus of international Chinese education, but the fact that vocabulary systems have more differences than commonalities makes vocabulary teaching a weak link in international Chinese education. I've been constantly looking for ways to improve learners' vocabulary learning efficiency and to expand their vocabulary faster. The *Quick Vocabulary Handbook*, based on the reality of teaching, is one of my positive attempts to help Chinese language learners learn Chinese vocabulary independently. Any comments or suggestions you may have on this book would be highly appreciated.

The Author
July 2022

目　　录

第 1 单元（阿拉伯语—拜年）..1

第 2 单元（拜托—暴利）..6

第 3 单元（暴躁—编写）..12

第 4 单元（编造—波澜）..18

第 5 单元（波涛—不予）..24

第 6 单元（不约而同—蹭）..31

第 7 单元（差错—车位）..37

第 8 单元（车厢—驰名）..42

第 9 单元（迟迟—出卖）..48

第 10 单元（出毛病—创始人）...53

第 11 单元（吹了—摧毁）...59

第 12 单元（脆弱—大意）...65

第 13 单元（大有可为—到头来）...71

第 14 单元（到位—帝国）...76

第 15 单元（帝国主义—定做）...81

第 16 单元（丢掉—对白）...86

第 17 单元（对策—发火）...92

第 18 单元（发酵—房地产）...98

第 19 单元（仿—粪）...104

第 20 单元（粪便—辅导）...109

第 21 单元（腐败—感激）...115

第 22 单元（感慨—个案）...120

第 23 单元（个头儿—供暖）...125

第 24 单元（供求—挂念）...131

第 25 单元（挂失—规格）...137

第 26 单元（规矩—害臊）...142

第 27 单元（害羞—何时）...147

I

第 28 单元（和蔼—后期）..152
第 29 单元（后勤—怀旧）..158
第 30 单元（怀里—悔恨）..164
第 31 单元（毁坏—基本功）...169
第 32 单元（基层—迹象）..174
第 33 单元（继—监视）...179
第 34 单元（监狱—交付）..184
第 35 单元（交集—接通）..189
第 36 单元（揭发—锦旗）..194
第 37 单元（谨慎—警钟）..199
第 38 单元（净化—举一反三）...204
第 39 单元（举止—开辟）..210
第 40 单元（开启—客房）..215
第 41 单元（客机—挎）...221
第 42 单元（跨国—狼）...226
第 43 单元（狼狈—力所能及）...231
第 44 单元（力争—烈士）..237
第 45 单元（猎犬—龙舟）..243
第 46 单元（聋—落下）...248
第 47 单元（麻—美德）...253
语法术语缩略形式一览表...258
词汇检索表..259

第1单元　Unit 1

◎速记　Quick memory

第1部分　Part 1

1　阿拉伯语　Ālābóyǔ　*n.*　Arabic (language)　说阿拉伯语；学阿拉伯语
2　哎　āi　*int.*　*conveying surprise/dissatisfaction; used as a reminder*　哎，她怎么能这么说呢！　哎，你看谁来了。
3　哎呀　āiyā　*int.*　*expressing surprise; expressing impatience, regret, etc.*　哎呀！这个西瓜长得这么大啊！　哎呀，又丢了一个球！
4　哀求　āiqiú　*v.*　implore　哀求着说；苦苦哀求
5　挨家挨户　āijiā-āihù　from door to door　挨家挨户询问；挨家挨户了解情况
6　癌　ái　*n.*　cancer　胃癌；肺癌；致癌
7　癌症　áizhèng　*n.*　cancer　治疗癌症；得（了）癌症
8　艾滋病　àizībìng　*n.*　AIDS　治疗艾滋病；预防艾滋病
9　唉　ài　*int.*　*expressing sadness or regret*　唉，今天真倒霉！
10　爱不释手　àibúshìshǒu　be so fond of sth. that one can hardly put it down　对／让……爱不释手
11　爱理不理　àilǐ-bùlǐ　be cool/standoffish　对……爱理不理
12　爱面子　ài miànzi　have a strong sense of "face"　他是一个很爱面子的人，做什么事都喜欢争第一。
13　爱惜　àixī　*v.*　cherish　爱惜粮食；爱惜身体
14　碍事　ài//shì　be in the way　谁把桌子放到楼道里了？走着真碍事！　你推我干吗？我在这儿站着碍你什么事了？
15　安定　āndìng　*adj.*　stable　安定的生活；情绪安定
　　　　　　　　v.　stabilize　安定人心；安定局面
16　安抚　ānfǔ　*v.*　pacify　安抚情绪；安抚孩子
17　安眠药　ānmiányào　*n.*　sleeping pill　一片安眠药；不能随便吃安眠药
18　安宁　ānníng　*adj.*　peaceful, calm　世界安宁；安宁的村庄
19　安稳　ānwěn　*adj.*　smooth and steady　睡得安稳；安稳的生活
20　安心　ānxīn　*adj.*　at ease/peace　让人安心；感到安心

从1～10中选择合适的词语填空　Choose the right words from 1-10 and fill in the blanks.

1. 他对新买的手机_____。
2. 她_____地敲门展开调查。
3. 他苦苦_____女朋友不要离开自己。
4. _____，我的手机忘在出租车上了！
5. _____，我怎么这么倒霉呢？

从 11～20 中选择合适的词语填空　Choose the right words from 11-20 and fill in the blanks.

6. 当他在国外_____下来后，他非常想念在国内的家人。
7. 妈妈轻轻唱起歌来，努力_____一直哭的孩子。
8. 你在医院_____养病，钱的事情我来想办法。
9. 我想安定下来，给她一个_____的家。
10. 他今天对我_____的，是我说错什么话了吗？

第 2 部分　Part 2

21　安逸　ānyì　adj.　easy and comfortable　安逸的生活；安逸的日子
22　按键　ànjiàn　n.　push button, key (on a keyboard)　电梯按键；播放按键
23　按理说　ànlǐ shuō　according to reason　按理说，3 月北京也该暖和起来了。
24　按说　ànshuō　adv.　ordinarily　按说他吃了安眠药，应该能安稳地睡几个小时。
25　案件　ànjiàn　n.　(law) case　一起案件；法律案件
26　暗地里　àndì·lǐ　n.　on the quiet　暗地里活动；暗地里想
27　暗杀　ànshā　v.　assassinate　被暗杀；暗杀者
28　暗中　ànzhōng　n.　in secret　暗中帮忙；暗中观察
29　昂贵　ánguì　adj.　expensive　昂贵的礼物；昂贵的珠宝
30　凹　āo　adj.　concave　我的车门被撞得凹进去了一块。
31　熬　áo　v.　endure; stew　难熬的日子；熬中药
32　熬夜　áo//yè　stay up late　经常熬夜；熬不了夜
33　傲　ào　adj.　proud, haughty　以……为傲；他这个人很傲，总觉得别人都不如他
34　傲慢　àomàn　adj.　arrogant　态度傲慢；傲慢无礼
35　奥秘　àomì　n.　profound mystery, secret　探索生命的奥秘；大自然的奥秘
36　奥运会　Àoyùnhuì　n.　Olympic Games　夏季奥运会；举办奥运会
37　八卦　bāguà　n.　Eight Trigrams　这个村子里的建筑是按八卦图的样子排列的。
38　巴不得　bābu·dé　v.　be eager (to do sth.)　我巴不得现在就走，在这儿待着太无聊了。
39　扒　bā　v.　pull down; push aside　扒旧房子；扒开草丛
40　芭蕾　bālěi　n.　ballet　芭蕾舞；看芭蕾表演

从 21～30 中选择合适的词语填空　Choose the right words from 21-30 and fill in the blanks.

1. 这块手表太_____了，我买不起。
2. 现在都 12 月了，_____该下雪了。
3. 这个退休老人的生活非常_____，每天喝喝茶、打打牌、聊聊天儿。
4. 律师正在为这起_____做准备。
5. 不要背后议论别人，不要在_____说别人坏话。

从 31～40 中选择合适的词语填空　Choose the right words from 31-40 and fill in the blanks.

6. 他早上起晚了，是因为昨天_____看球赛来着。
7. 我忍受不了他那种_____的态度。

8. _____上，他创造了400米跑的新世界纪录。
9. 她看了旅游画册后，_____马上买张去那里的机票。
10. 他们花了很长时间来探索海洋的_____。

第3部分　Part 3

41	把柄	bǎbǐng	n.	handle, excuse	抓住把柄；留下把柄
42	把关	bǎ//guān		check on	严格把关；把关不严；关于这个问题，还想请您把把关
43	把手	bǎshou	n.	handle, knob	门把手；装上把手
44	靶子	bǎzi	n.	target	子弹射中了靶子。
45	坝	bà	n.	dam	水坝；大坝
46	罢免	bàmiǎn	v.	remove/dismiss (an appointed official, etc.)	被罢免；罢免总统
47	罢休	bàxiū	v.	give up	他一直是一个不达目的不罢休的人。
48	霸占	bàzhàn	v.	forcibly occupy	霸占他人财产；非法霸占
49	掰	bāi	v.	break off with the thumb and fingers	掰开香蕉；掰掉烂叶子
50	白白	báibái	adv.	in vain	白白浪费；白白失去
51	百分比	bǎifēnbǐ	n.	percentage	不合格产品的百分比为0.1%。
52	百合	bǎihé	n.	lily (Lilium spp.)	一束百合；百合花
53	百科全书	bǎikē quánshū		encyclopaedia	一套百科全书；地理百科全书
54	柏树	bǎishù	n.	cypress (tree)	一棵柏树；高大的柏树
55	摆放	bǎifàng	v.	place, lay	摆放家具；把书摆放整齐
56	摆平	bǎi//píng		treat fairly; handle properly	摆平心态；我摆不平这件事，你找别人吧
57	摆设	bǎishe	n.	ornament	小摆设；有趣的摆设
58	拜会	bàihuì	v.	pay an official call	正式拜会；拜会总统
59	拜见	bàijiàn	v.	pay a formal visit	拜见她的父母；首次拜见
60	拜年	bài//nián		pay a New Year call	给亲戚拜年；给您拜个早年

从41～50中选择合适的词语填空　Choose the right words from 41-50 and fill in the blanks.

1. 他把巧克力_____成了三块。
2. 有经验的老师傅负责质量_____。
3. 他_____浪费了这个机会，真是太可惜了。
4. 他爸爸留给他的财产被他叔叔_____了。
5. 我把雨伞挂在门_____上了。

从51～60中选择合适的词语填空　Choose the right words from 51-60 and fill in the blanks.

6. 他带着礼物去女朋友家_____她的父母了。
7. 考试的时候，桌面上不得_____与考试无关的物品。
8. 我喜欢她新家里那些可爱的小_____。
9. 过春节的时候，中国人会去亲戚朋友家_____。
10. 我在想办法_____那件事情。

◎ 重点词语　Focus words

1. 挨家挨户

　　一家接一家，一家也不漏掉。例如：

　　（1）他挨家挨户通知大家注意用电安全。

　　（2）管理员挨家挨户地检查商家的卫生情况。

2. 爱不释手

　　非常喜欢，喜爱得舍不得放下。例如：

　　（1）他拿着妈妈送他的礼物，爱不释手。

　　（2）女儿对新买的小裙子爱不释手。

3. 爱理不理

　　像是理睬人又不理睬人，形容对人态度冷淡、不热情。例如：

　　（1）别人跟他说话的时候，他爱理不理的，谁都不喜欢他。

　　（2）那个人态度太傲慢了，对别人总是一副爱理不理的样子。

　　（3）那个服务员对顾客的要求爱理不理的，所以被投诉了。

　　"爱""不"分别用在同一个动词的前边，构成"爱A不A"格式，表示愿意怎么做就怎么做。对说话人来说，无论对方选择做还是不做，都随便，带有不满的情绪。例如：

　　（4）这是我的意见，你爱听不听。

　　（5）我已经打电话通知他了，他爱来不来。

　　（6）明天的比赛她爱参加不参加，我已经跟她说了好几遍了。

4. 按说

　　副词，表示依照事实或者按照道理来说。例如：

　　（1）这么大的孩子，按说可以帮家里干点儿活儿了。

　　（2）五一劳动节都过了，按说天气该热起来了。

5. 巴不得

　　动词，常用在口语中，表示迫切盼望。例如：

　　（1）他车骑得飞快，巴不得一下儿就回到家里。

　　（2）表演太无聊了，观众们巴不得早点儿结束。

　　（3）我不喜欢这份工作，巴不得能马上换个工作。

6. 白白

　　副词，用在动词前边，表示没有效果、不起作用。例如：

　　（1）他走的时候忘记关空调了，白白浪费了很多电。

　　（2）她没有去面试，白白失去了一个好机会。

　　（3）因为投资失败，他白白损失了很多钱。

◎ 速练　Quick practice

一、选择合适的词语填空　Choose the right words and fill in the blanks.

（一）　A. 挨家挨户　B. 爱不释手　C. 爱理不理　D. 按理说　E. 暗地里　F. 巴不得
1. 我_____早点儿下班回家休息。
2. 他对新买的玩具_____，连睡觉都抱着。
3. 警察已经_____观察那个小偷儿很久了，找到了不少证据。
4. 他对人总是_____的，大家都跟他保持着距离。
5. 她_____通知大家及时交水电费。

（二）　A. 爱面子　B. 爱惜　C. 按键　D. 熬　E. 把柄　F. 罢免
1. 他非常_____自己的摩托车。
2. 我手机上的这个_____总是没反应，我打算去修一下儿。
3. 他非常_____，千万不要在大家面前批评他。
4. 她很快摆平了这件事，没有给别人留下任何_____。
5. 这里的夏天非常热，冬天非常冷，在这里生活太难_____了。

二、选择合适的词语完成句子　Choose the right words to complete the sentences.
1. 这个孩子哭了一夜，让一家人都不得_____。
　　A. 安定　　　　B. 安抚　　　　C. 安宁　　　　D. 安逸
2. 维护社会的_____和秩序是警察的责任。
　　A. 安定　　　　B. 安抚　　　　C. 安心　　　　D. 安逸
3. 他家客厅里的_____十分讲究。
　　A. 摆动　　　　B. 摆放　　　　C. 摆平　　　　D. 摆设
4. 我不喜欢跟_____的人交往，他们太没礼貌了。
　　A. 傲　　　　　B. 傲慢　　　　C. 无聊　　　　D. 爱面子
5. _____结婚是你自己的事，我们不应该管太多。
　　A. 按说　　　　B. 暗地里　　　C. 暗中　　　　D. 巴不得
6. 这套设备虽然_____，但是能大幅度提高生产效率。
　　A. 爱不释手　　B. 爱惜　　　　C. 昂贵　　　　D. 白白
7. 好久没见，我_____立刻见到他。
　　A. 爱面子　　　B. 按理说　　　C. 暗地里　　　D. 巴不得

三、将词语填入句中合适的位置　Choose the appropriate location for the words.
1. 她已经A把B餐具C整齐地D在了桌子上。（摆放）
2. 二班50名学生中A有20名女生，B女生所C的D百分比是40%。（占）
3. 尽管A他没有获得奥运会金牌，但是我们B仍然C他D为傲。（以）
4. 唉！我A忙了B一天也没C解决这个问题，D浪费了一天的时间。（白白）

第2单元　Unit 2

◎ 速记　Quick memory

第1部分　Part 1

61　拜托　bàituō　v.　request (sb. to do sth.)　拜托你一件事；拜托她照顾一下儿孩子
62　扳　bān　v.　pull; win back　扳动开关；扳回一局
63　颁布　bānbù　v.　promulgate　颁布法律；颁布获奖结果
64　颁发　bānfā　v.　issue　颁发证书；由……颁发
65　颁奖　bān//jiǎng　give out an award　给冠军颁奖；校长给我颁过奖
66　斑点　bāndiǎn　n.　speckle　许多斑点；小斑点
67　搬迁　bānqiān　v.　relocate　搬迁费；搬迁到别处
68　板块　bǎnkuài　n.　section; plate　词语学习板块；板块运动
69　办不到　bàn bu dào　can't do　实在办不到；这件事情我办不到
70　半边天　bànbiāntiān　n.　half the sky　灯光照亮了半边天；妇女能顶半边天
71　半场　bànchǎng　n.　half a game; half-court　上半场比赛；踢半场
72　半岛　bàndǎo　n.　peninsula　阿拉伯半岛
73　半路　bànlù　n.　half of the way　走到半路；半路上
74　半数　bànshù　n.　half (the number)　占半数；超过半数
75　半途而废　bàntú'érfèi　give up halfway　做事情不能半途而废，坚持就是胜利。
76　半信半疑　bànxìn-bànyí　not quite convinced　我对他的话半信半疑。
77　半真半假　bànzhēn-bànjiǎ　half true and half false　他的话半真半假，不能全信。
78　扮　bàn　v.　disguise oneself as　女扮男装；扮成了老太太
79　伴　bàn　v.　accompany　相伴；伴着歌声
　　　　　　　　n.　companion　舞伴；旅伴
80　伴侣　bànlǚ　n.　partner (generally referring to couples)　理想伴侣；人生伴侣

从 61～70 中选择合适的词语填空　Choose the right words from 61-70 and fill in the blanks.

　1. 她为参加＿＿＿＿典礼买了一套新衣服。
　2. ＿＿＿＿您一定要帮我这个忙。
　3. 虽然接到了通知，但是他们都不愿意＿＿＿＿到别的地方去。
　4. 她躺在阳光下时，可以看到她脸上有一些小小的＿＿＿＿。
　5. 人们常说，妇女能顶＿＿＿＿，我看能顶整个天。

从 71～80 中选择合适的词语填空　Choose the right words from 71-80 and fill in the blanks.

　6. 上＿＿＿＿结束时的比分是2比2，就看下半场了。
　7. 我们班超过＿＿＿＿的学生都通过了HSK五级考试。
　8. 他在比赛中坚持跑完了全程，没有＿＿＿＿。
　9. 我一直都认为他是我最理想的＿＿＿＿。
　10. 我们刚走到＿＿＿＿，天就黑下来了。

第 2 部分　Part 2

81	伴随	bànsuí	v.	accompany, follow	伴随着欢乐的歌声；伴随左右
82	伴奏	bànzòu	v.	accompany (with musical instruments)	钢琴伴奏；由……伴奏
83	拌	bàn	v.	mix	拌在一起；盐没拌开
84	帮手	bāngshou	n.	helper	好帮手；找帮手
85	绑	bǎng	v.	bind	绑起来；绑紧绳子
86	绑架	bǎngjià	v.	kidnap	被绑架；绑架者
87	榜样	bǎngyàng	n.	good example	好榜样；我们学习的榜样
88	棒球	bàngqiú	n.	baseball	打棒球；棒球比赛
89	磅	bàng	m.	pound	一磅糖；体重减了十磅
			n.	scales	放在磅上；这些东西需要过磅
90	包袱	bāofu	n.	(mental) burden	沉重的心理包袱；成为包袱
91	包容	bāoróng	v.	tolerate	包容一切；包容心
92	包扎	bāozā	v.	bind up	包扎伤口
93	剥	bāo	v.	peel	剥花生；剥香蕉皮
94	煲	bāo	n.	cooking pot	电饭煲
			v.	cook with a pot/cooker (usually for a long time)	煲汤；煲粥
95	饱和	bǎohé	v.	be saturated	市场接近饱和；气体饱和
96	饱满	bǎomǎn	adj.	full of	精神饱满；饱满的热情
97	宝库	bǎokù	n.	treasury	知识宝库；艺术宝库
98	宝藏	bǎozàng	n.	treasure	地下宝藏；寻找宝藏
99	保管	bǎoguǎn	v.	take for safekeeping; assure	保管工具；保管能学会
			n.	storekeeper	两个仓库保管；老保管
100	保姆	bǎomǔ	n.	nanny	临时保姆；找一个保姆

从 81～90 中选择合适的词语填空　Choose the right words from 81-90 and fill in the blanks.

1. 春雨_____着春风，小草慢慢变绿。
2. 她用筷子把各种蔬菜_____在一起。
3. 那位演唱者的妈妈用钢琴给他_____，听起来格外动人。
4. 他非常努力，是我们学习的好_____。
5. 不要把工作中的困难当成自己沉重的_____。

从 91～100 中选择合适的词语填空　Choose the right words from 91-100 and fill in the blanks.

6. 夫妻双方要学会_____对方的缺点。
7. 妈妈每个周末都会_____我最喜欢喝的汤，等我回家。
8. 她每天都以_____的热情投入工作。
9. 护士细心地把我的伤口_____好了。
10. 他负责图书_____工作。

第 3 部分　Part 3

101	保暖	bǎo//nuǎn		keep warm	保暖内衣；保暖效果
102	保鲜	bǎoxiān	v.	keep fresh	保鲜技术；保鲜效果
103	保修	bǎoxiū	v.	guarantee free repair for a commodity sold	保修期；保修两年
104	保佑	bǎoyòu	v.	bless	保佑他们平安；受到保佑
105	保障	bǎozhàng	v.	guarantee, ensure	保障人身安全；保障水电供应
			n.	guarantee, assurance	生活保障；严密的制度是安全生产的保障
106	保质期	bǎozhìqī	n.	shelf life	在保质期内；保质期为 90 天
107	保重	bǎozhòng	v.	take care of oneself	保重身体；请多保重
108	堡垒	bǎolěi	n.	fortress	坚固的堡垒；战斗堡垒
109	报	bào	v.	report	报火警；报喜
110	报仇	bào//chóu		revenge	替他报仇；向……报仇
111	报酬	bàochou	n.	remuneration	劳动报酬；付报酬
112	报废	bào//fèi		discard as useless/worn-out/defective, scrap	报废车辆；完全报废
113	报复	bào·fù	v.	retaliate	报复心；报复伤害过他的人
114	报社	bàoshè	n.	newspaper office	一家报社；在报社工作
115	报亭	bàotíng	n.	news kiosk	一个报亭；小报亭
116	报销	bàoxiāo	v.	submit an expense account for reimbursement	报销机票；报销出差费用
117	抱负	bàofù	n.	ambition	有抱负；远大的抱负
118	豹	bào	n.	leopard	一只豹子；花豹
119	暴风骤雨	bàofēng-zhòuyǔ		violent storm	小船在暴风骤雨中摇摆；暴风骤雨过后
120	暴利	bàolì	n.	sudden huge profits	获取暴利；这种暴利是不可持续的

从 101～110 中选择合适的词语填空　Choose the right words from 101-110 and fill in the blanks.

1. 她把肉放在冰箱里_____。
2. _____人民的生命安全是警察的职责。
3. 这辆车买了还不到一年，仍然在_____期内。
4. 这瓶药早就过了_____，不能吃了。
5. 他说一定要向敌人_____。

从 111～120 中选择合适的词语填空　Choose the right words from 111-120 and fill in the blanks.

6. 你要是想得到这份_____，就必须做好这份工作。
7. 那辆汽车出了严重的交通事故，已经_____了。
8. 只有符合规定的费用才可以找公司_____。
9. 公交车站旁边的_____虽然小，但方便了很多人。
10. 人应该有理想，有远大的_____。

◎ **重点词语** Focus words

1. 拜托

　　动词，是一种表示尊敬的、有礼貌的说法，常用于请别人帮忙做某件事。例如：

　　（1）我有一封信，拜托您带给他。
　　（2）他要出差几天，就拜托邻居照顾自己的小狗。

2. 半途而废

　　事情没有做完就终止了。例如：

　　（1）一定要坚持下去，做事情不能半途而废。
　　（2）他一会儿学画画儿，一会儿学唱歌，不管学什么，总是半途而废。

3. 半信半疑

　　有些相信，又有些怀疑，对事情的真假不敢肯定。例如：

　　（1）我对他说的话半信半疑。
　　（2）她半信半疑地看着我，半天没有说一句话。

4. 半真半假

　　一半真，一半假，不是完全真实的。例如：

　　（1）这张照片半真半假，骗了很多人。
　　（2）他的话半真半假，引起了大家的怀疑。

5. 半……半……

　　"半"分别用在意义相反的两个词或者语素前边，构成"半……半……"格式，表示两种相对的性质或者状态同时存在。例如：

　　（1）她说的话半真半假，我们不能完全相信她。
　　（2）这个房间下午光线不太好，半明半暗。
　　（3）他半推半就，收下了礼物。

6. 保管

　　"保管"可以做动词、名词。做动词时，表示保藏和管理，完全有把握。例如：

　　（1）这个图书馆保管有各种各样的旧书和旧杂志。
　　（2）只要好好干，保管你明年涨工资。

　　做名词时，表示在仓库中做保藏和管理工作的人。例如：

　　（3）这个仓库有两个保管。

7. 保暖、保鲜

　　"保暖""保鲜"中的"保"是动词，意思是"保持"，还可以说"保热、保冷、保湿"。例如：

　　（1）这件羽绒服虽然不厚，但是保暖效果不错。
　　（2）她先把水果放进了盒子里，再放进冰箱保鲜。

9

（3）这个杯子既可以保热又可以保冷，冬天和夏天都可以用。
（4）秋冬季节比较干燥，要注意皮肤保湿。

8. 暴风骤雨

来势又急又猛的风雨，比喻声势浩大、发展迅猛的群众运动。例如：
（1）他看到窗外乌云密布，说道："暴风骤雨就要来了。"
（2）在社会变革的暴风骤雨中，有很多人牺牲了。

◎ 速练　Quick practice

一、选择合适的词语填空　Choose the right words and fill in the blanks.

（一）　　A. 扳　B. 颁布　C. 办不到　D. 扮　E. 拌　F. 饱和

1. 他不喜欢把米饭和菜_____在一起吃。
2. 我力气太小了，实在_____不动这个开关。
3. 总统新_____的法令从5月1日开始生效。
4. 在市场上，这种产品的供应已经达到_____，我们最好减少生产。
5. 她扮演了一个失去孩子的母亲，_____得很像。

（二）　　A. 半途而废　B. 半信半疑　C. 半真半假　D. 保质期　E. 暴风骤雨　F. 绑架

1. 我们要坚持学下去，不能_____。
2. 他在开玩笑，说的话_____，你别往心里去。
3. 买食品的时候应该注意_____。
4. 刚种的小树在_____中倒下了。
5. 我对这件事_____，想亲自调查一下儿。

二、选择合适的词语完成句子　Choose the right words to complete the sentences.

1. 校长向三名获奖学生_____了证书。
   A. 颁布　　　　B. 颁发　　　　C. 颁奖　　　　D. 发行
2. _____着愉快的歌声，我们一路向前走。
   A. 拌　　　　　B. 扮　　　　　C. 扳　　　　　D. 伴
3. 他常熬夜，让他10点以前睡觉他肯定_____。
   A. 办不了　　　B. 办不到　　　C. 办不好　　　D. 办不完
4. 这台冰箱_____效果不太好，不过才买了一个月，还在_____期。
   A. 保暖；保鲜　B. 保鲜；保修　C. 保修；保障　D. 保障；保质
5. 他从小就有远大的_____——想要成为科学家。
   A. 报复　　　　B. 包袱　　　　C. 抱负　　　　D. 暴富
6. 她很善良，常_____别人的错误。
   A. 包容　　　　B. 包扎　　　　C. 饱和　　　　D. 饱满
7. 请你替我_____一下儿书包，我去打个电话就回来。
   A. 保存　　　　B. 保留　　　　C. 保管　　　　D. 保护

三、将词语填入句中合适的位置　Choose the appropriate location for the words.

1. 他把<u>A</u>箱子<u>B</u>在了<u>C</u>自行车的<u>D</u>后座上。（绑）
2. 奶奶<u>A</u>了一大把<u>B</u>花生<u>C</u>装进了<u>D</u>我的口袋。（剥）
3. 他<u>A</u>的<u>B</u>这些东西对我们后来的研究<u>C</u>起到了<u>D</u>很大的作用。（保管）
4. 她已经不想<u>A</u>报复<u>B</u>那些伤害<u>C</u>自己的人<u>D</u>了。（过）

第 3 单元　Unit 3

◎速记　Quick memory

第 1 部分　Part 1

121　暴躁　bàozào　*adj.*　irritable　性格暴躁；暴躁的脾气
122　曝光　bào//guāng　make public, lay bare　公开曝光；被媒体曝光
123　爆冷门　bào lěngmén　produce an unexpected result　这场比赛大爆冷门。
124　爆满　bàomǎn　*v.*　(of a theatre, stadium, etc.) be filled to capacity　天天爆满；观众爆满
125　爆竹　bàozhú　*n.*　firecracker　放爆竹；爆竹声
126　卑鄙　bēibǐ　*adj.*　mean, dirty　卑鄙的行为；卑鄙的手段
127　悲哀　bēi'āi　*adj.*　sad, grieved　感到悲哀；悲哀的一生
128　悲观　bēiguān　*adj.*　pessimistic　悲观情绪；悲观的人
129　悲欢离合　bēihuān-líhé　joys and sorrows, vicissitudes of life　悲欢离合的故事；人有悲欢离合
130　悲痛　bēitòng　*adj.*　grieved　深感悲痛；令人悲痛的消息
131　碑　bēi　*n.*　upright stone tablet, stela　石碑；纪念碑
132　贝壳　bèiké　*n.*　shell　海边的贝壳；寻找贝壳
133　备课　bèi//kè　(of a teacher) prepare one's lessons　老师正在备课；仔细备课；我早就备好课了，就等开学了
134　备受　bèishòu　*v.*　receive a great deal of　备受欢迎；备受争议；备受关注
135　备用　bèiyòng　*v.*　reserve, standby　备用材料；备用衣物
136　背面　bèimiàn　*n.*　back　海报的背面；照片背面
137　背叛　bèipàn　*v.*　betray　背叛朋友；背叛国家
138　背诵　bèisòng　*v.*　recite　背诵课文；背诵诗歌
139　被捕　bèibǔ　*v.*　be arrested　当场被捕；因……被捕
140　奔波　bēnbō　*v.*　rush about　四处奔波；来回奔波；为生活奔波

从 121～130 中选择合适的词语填空　Choose the right words from 121-130 and fill in the blanks.

1. 她最近工作很忙，特别累的时候，脾气也变得很＿＿＿＿＿＿＿。
2. 一到假期，那儿的宾馆都会＿＿＿＿＿＿＿，所以我们得提前预订。
3. 这次比赛＿＿＿＿＿＿＿了，一个新球员踢进了最关键的一球。
4. 他骗了很多老人的钱，真是一个＿＿＿＿＿＿＿的人。
5. 她是一个很＿＿＿＿＿＿＿的人，总喜欢否定自己，我常安慰她。

从 131～140 中选择合适的词语填空　Choose the right words from 131-140 and fill in the blanks.

6. 海边有很多美丽的小＿＿＿＿＿＿＿，人们会把它们做成好看的装饰品。
7. 王老师每天花很长的时间＿＿＿＿＿＿＿，所以课上得很精彩。

8. 他把那张纸翻了过来，想看看纸的_____写了什么。
9. 我不相信他会_____朋友，他不是那样的人。
10. 刚学中文的时候，老师鼓励我们多_____学过的课文。

第2部分　Part 2

141　奔赴　bēnfù　*v.*　rush to　奔赴战场；奔赴前线
142　本分　běnfèn　*n.*　one's duty　尽本分；教书育人是老师的本分
　　　　　　　　　adj.　contented and law-abiding, decent　老实本分；本分人
143　本能　běnnéng　*n.*　instinct　本能反应；本能表现
144　本钱　běnqián　*n.*　capital, principal　有本钱；开公司的本钱
145　本色　běnsè　*n.*　inherent qualities, true features　英雄本色；保持本色
146　本性　běnxìng　*n.*　innate nature　他的本性不坏；江山易改，本性难移
147　本意　běnyì　*n.*　original intention　我的本意是想帮助你，不需要就算了。
148　本着　běnzhe　*prep.*　in line with　本着为人民服务的精神；本着友好合作的原则
149　奔　bèn　*v.*　go straight towards; (of one's age) approach　他顺着小路直奔那座山；他是奔60岁的人了
150　笨蛋　bèndàn　*n.*　idiot　一群笨蛋；大笨蛋
151　笨重　bènzhòng　*adj.*　heavy, unwieldy　笨重的家具；身体笨重
152　崩溃　bēngkuì　*v.*　collapse　大坝崩溃；精神崩溃
153　绷　bēng　*v.*　stretch tight, strain; (of a dress, a piece of cloth, etc.) tight　把绳子绷紧；这件衣服有点儿小，绷在身上很难受
154　绷带　bēngdài　*n.*　bandage　用绷带包扎；干净的绷带
155　蹦　bèng　*v.*　jump　蹦起来；蹦来蹦去
156　逼近　bījìn　*v.*　press on towards, approach　逼近敌人；从四面八方逼近；温度已逼近1500 ℃
157　逼迫　bīpò　*v.*　force　在敌人的逼迫下；逼迫别人
158　逼真　bīzhēn　*adj.*　lifelike　画得十分逼真；演得很逼真
159　鼻涕　bítì　*n.*　snot　流鼻涕；擦鼻涕
160　比比皆是　bǐbǐ-jiēshì　can be seen everywhere　好人好事比比皆是。

从141~150中选择合适的词语填空　Choose the right words from 141-150 and fill in the blanks.

1. 刚出生的孩子就会哭，这是人的_____反应。
2. 他虽然有不少小毛病，但_____不坏，是个好人。
3. 在危险面前，他显示出了英雄_____。
4. 她的_____是好的，只是话说得不太合适。
5. 他开公司的_____是他爸爸给的，所以他想多赚点儿钱给家人。

从151~160中选择合适的词语填空　Choose the right words from 151-160 and fill in the blanks.

6. 孩子在学兔子舞，一_____一跳的很可爱。
7. 她越来越悲观，精神快要_____了。

8. 上衣太小了，_____在身上很不舒服。
9. 他还不知道危险正慢慢_____他。
10. 不要_____别人接受你的想法。

第3部分 Part 3

161 比不上   bǐ bu shàng   not as good as   比不上他；收入比不上去年
162 比起   bǐqǐ   compared with   比起旧手机，新手机的功能丰富了很多。
163 比试   bǐshì   v.   have a competition   比试一下儿；暗中比试
164 比喻   bǐyù   n.   metaphor   比喻句；用比喻的方式
                        v.   compare, liken   把……比喻成……
165 鄙视   bǐshì   v.   despise   鄙视某人；受到鄙视
166 必不可少 bìbùkěshǎo   essential   必不可少的条件；必不可少的基础
167 必定   bìdìng   adv. (indicating judgement or supposition) surely, certainly   必定发生；
                               必定会出现
168 碧绿   bìlǜ   adj. dark green   碧绿的草地；一片碧绿的湖水
169 弊病   bìbìng   n.   drawback   管理弊病；革除弊病
170 弊端   bìduān   n.   malpractice   消除弊端；广告的好处与弊端
171 壁画   bìhuà   n.   mural (painting) 壁画艺术；一幅壁画
172 避难   bì//nàn   take refuge   避难所；地震时，应在空旷处避难
173 避暑   bì//shǔ   get away for the summer   去海边避暑；夏天可以喝点儿绿豆汤避避暑
174 边疆   biānjiāng n. frontier (region) 边疆地区；保卫边疆
175 边界   biānjiè   n.   boundary   边界线；两国之间的边界
176 边远   biānyuǎn adj. remote   边远地区；边远山区
177 编号   biānhào   n.   serial number   运动员的编号；图书的编号
178 编剧   biānjù   n.   screenwriter   当编剧；优秀的编剧
179 编排   biānpái   v.   lay out; write (a play, etc.) and rehearse   科学地编排；编排节目
180 编写   biānxiě   v.   write; compile   编写剧本；编写教材

从 161～170 中选择合适的词语填空   Choose the right words from 161-170 and fill in the blanks.

1. 在他眼里，再漂亮的花也_____她的美。
2. _____大城市，他更喜欢农村的生活。
3. 她_____那些不诚实的人，不愿意和他们来往。
4. 水、空气、阳光对植物来说是_____的。
5. 他非常有能力，_____能解决这些难题。

从 171～180 中选择合适的词语填空   Choose the right words from 171-180 and fill in the blanks.

6. 观众朋友们，我现在所处的位置就是两国_____了，这条河就是界河。
7. 他们一家一到夏天就会坐飞机去北方_____。
8. 请把这本书的_____填在借书单上。
9. 她不仅是这部电影的导演，也是_____，还出演了里面的人物。

10. 我正在用电脑_____文字和图片。

◎ 重点词语　Focus words

1. 悲欢离合

　　悲伤、快乐、别离、团聚，泛指人生的各种遭遇和各种心情。例如：

　　（1）这部电影讲了一个苦命女人一生悲欢离合的故事。
　　（2）那个老人在医院工作了一辈子，看了太多的悲欢离合。
　　（3）他的小说描写了几代人的悲欢离合，非常精彩。

2. 本着

　　介词，表示按照。例如：

　　（1）他从来都是本着政策和规定办事。
　　（2）我们工厂本着"质量就是生命"的原则严格把控产品质量。
　　（3）本着和平友好的精神，双方开始谈判。

3. 比比皆是

　　到处都是，形容非常多。例如：

　　（1）像这样的好人好事，在这儿比比皆是。
　　（2）错别字在他的文章中比比皆是，真让人头疼。
　　（3）在城市里难得一见的野生动植物，在这里比比皆是。

4. 比不上

　　常用来比较两个对象。"A比不上B"表示"A"不如"B"、"A"没有"B"好。例如：

　　（1）这个地方的发展比不上我们那儿。
　　（2）今年的收入比不上去年。
　　（3）他写了不少有趣的小说，但是比不上那些作品反映社会现实的小说家。

5. 比起

　　后面常跟着用来比较的对象。例如：

　　（1）你上次那篇作文写得不好，这篇比起那篇来写得更糟糕。
　　（2）比起现在的流行音乐，我更喜欢以前的那些老歌。
　　（3）新手机比起旧手机，有很多新功能。

6. 必不可少

　　必须要有，不能缺少的。例如：

　　（1）父母的陪伴对孩子的健康成长来说是必不可少的。
　　（2）水对生命来说是必不可少的。
　　（3）运动前的热身活动必不可少。

7. 必定

副词，表示判断或推论非常肯定。例如：

（1）他看到信息，必定会来帮助我们。

（2）有大家的共同努力，这项任务必定能顺利完成。

还表示意志坚决。例如：

（3）你放心，我到时候必定给你一个满意的答复。

◎ 速练　Quick practice

一、选择合适的词语填空　Choose the right words and fill in the blanks.

（一）　　　　A.曝光　B.悲哀　C.备受　D.奔波　E.本分　F.逼真

1. 新闻里报道的这件事在社会上_____争议。
2. 每年3月15日，电视台都会_____一批质量不合格的产品。
3. 为了过上更好的生活，他这些年一直在外四处_____。
4. 她的花鸟画画得真好，你看，多_____啊！
5. 所有的人都因他的去世感到_____。

（二）　　　　A.悲欢离合　B.比比皆是　C.必不可少　D.比喻　E.避难　F.弊端

1. 不要因为分别而难过，月有阴晴圆缺，人有_____，都是难免的。
2. 这些画笔是上美术课_____的工具。
3. 像他这样认真备课的老师在我们学校_____。
4. 人们常常用花_____女孩儿。
5. 手机给我们的生活带来了方便，但也有一些_____。

二、选择合适的词语完成句子　Choose the right words to complete the sentences.

1. _____的人常因为遇到一点儿小问题就感觉事事不顺利，看不到希望。
　　A.卑鄙　　　　B.悲哀　　　　C.悲观　　　　D.悲痛
2. 不需要把这些东西都带过去，这些是他准备的_____材料。
　　A.备受　　　　B.备用　　　　C.具备　　　　D.配备
3. 他学了两年中国功夫，一直想找个会功夫的人_____一下儿。
　　A.比试　　　　B.比喻　　　　C.比起　　　　D.比较
4. 努力学习的人_____有收获。
　　A.必须　　　　B.必定　　　　C.必需　　　　D.必不可少
5. 表演节目的孩子都来自_____山区的一所学校，这是他们第一次走出大山。
　　A.边疆　　　　B.边界　　　　C.边远　　　　D.远处
6. 很多人都说电影里演妈妈的这个女演员是_____表演。
　　A.本分　　　　B.本能　　　　C.本色　　　　D.本性
7. _____为人民服务的精神，他不怕苦，不怕累。
　　A.本意　　　　B.沿着　　　　C.挨着　　　　D.本着

三、将词语填入句中合适的位置　Choose the appropriate location for the words.

1. 朋友因 A 意外 B 去世的消息 C 他感到十分 D 悲痛。（让）
2. A 这家餐馆的厨房 B 又脏又乱的情况全 C 被媒体 D 了。（曝光）
3. 这些年 A 如果没有父母 B 支持他，C 他 D 不会取得这么大的成功。（必定）
4. 我们常 A 把地球 B 成母亲，C 因为地球 D 养育了人类。（比喻）

第 4 单元　Unit 4

◎速记　Quick memory

第 1 部分　Part 1

181　编造　biānzào　v.　create out of imagination; fabricate　编造故事；编造理由
182　鞭策　biāncè　v.　spur on　不断鞭策自己努力学习。
183　鞭炮　biānpào　n.　firecrackers　一串鞭炮；放鞭炮
184　贬值　biǎnzhí　v.　(of a currency) depreciate　房产贬值；货币贬值
185　变革　biàngé　v.　transform　社会变革；历史变革
186　变幻莫测　biànhuàn-mòcè　so changeable as to be unpredictable　天气变幻莫测；变幻莫测的世界形势
187　变迁　biànqiān　v.　change　时代变迁；社会思想变迁
　　　　　　　　　　n.　transition　经营模式的变迁
188　变异　biànyì　v.　mutate　植物变异；病毒变异
189　变质　biàn//zhì　deteriorate　变质的食物；不能吃变了质的蛋糕
190　便道　biàndào　n.　sidewalk; shortcut　人行便道；走便道
191　便饭　biànfàn　n.　simple meal　一顿便饭；吃个便饭
192　便捷　biànjié　adj.　convenient　交通便捷；十分便捷
193　便利店　biànlìdiàn　n.　convenience store　一家便利店；24小时便利店
194　遍布　biànbù　v.　spread all over　遍布全国；遍布全身
195　辨别　biànbié　v.　distinguish　辨别方向；辨别真假
196　辨认　biànrèn　v.　identify　辨认凶手；辨认不清
197　辩　biàn　v.　argue　真理越辩越明。
198　辩护　biànhù　v.　defend　为……辩护；辩护律师
199　辩解　biànjiě　v.　make an explanation, try to defend oneself　不要为你的错误行为辩解；再怎么辩解也没用
200　辫子　biànzi　n.　braid　扎辫子；两条长长的辫子

从 181～190 中选择合适的词语填空　Choose the right words from 181-190 and fill in the blanks.

　1. 这是他临时_____的故事，你别信。
　2. 在老师的_____下，他的成绩越来越好。
　3. 电影以那段社会_____时期为背景。
　4. 在夏天，食物放在常温的环境中很容易_____。
　5. 舞台两侧有_____可以通向后台。

从 191～200 中选择合适的词语填空　Choose the right words from 191-200 and fill in the blanks.

　6. 今天晚上到我家吃顿_____吧。
　7. 地铁是这个城市最_____的交通工具。
　8. 公司楼下就有家_____，我经常去那儿买晚饭。

9. 现在24小时便利店已经_____全市。
10. 我们请最好的律师为她进行_____。

第2部分 Part 2

201 标 biāo v. mark 标价；标出生词
202 标榜 biāobǎng v. advocate, advertise; boast, praise excessively 标榜自由；自我标榜
203 标本 biāoběn n. specimen 制作标本；植物标本
204 标签 biāoqiān n. label 贴标签；价格标签
205 标示 biāoshì v. mark, indicate 标示距离；用……标示
206 标语 biāoyǔ n. slogan 一条标语；写标语
207 标致 biāo·zhì adj. (usually of women) beautiful 长得很标致；漂亮标致
208 飙升 biāoshēng v. (of price, amount, etc.) skyrocket 价格飙升；股价一路飙升
209 表白 biǎobái v. profess 表白爱意；向……表白
210 表决 biǎojué v. vote 表决通过；举手表决
211 表述 biǎoshù v. formulate 表述看法；表述得很清楚
212 表率 biǎoshuài n. example 做表率；起表率作用
213 表态 biǎo//tài declare one's position 明确表态；这件事，经理得表个态，我才好处理
214 表彰 biǎozhāng v. commend 表彰先进；受到表彰
215 憋 biē v. hold back 憋住不说；憋着一口气
          adj. suffocating 憋得难受；憋得慌
216 别具匠心 biéjù-jiàngxīn show distinctive ingenuity 别具匠心的安排；别具匠心的设计
217 别看 biékàn conj. in spite of 别看他年纪小，但他很懂事。
218 别墅 biéshù n. villa 一座大别墅；度假别墅
219 别说 biéshuō conj. let alone; *used at the beginning of a sentence to acknowledge the following statement* 这道题别说中学生不会，就是大学生也不一定会。别说，这孩子说得还真有道理。
220 别提了 biétí le don't mention it 别提了，比赛又输了！

从201～210中选择合适的词语填空 Choose the right words from 201-210 and fill in the blanks.

1. 他总是_____自己是个了不起的艺术家。
2. 你看到这件衣服的价格_____了吗？是不是掉哪儿了？
3. 他们将欢迎的_____写在墙上。
4. 她剪短发以后看上去更_____了。
5. 他们投票_____，最终通过了这项规定。

从211～220中选择合适的词语填空 Choose the right words from 211-220 and fill in the blanks.

6. 他把问题_____得非常清楚。
7. 李老师每天都很早到教室，因为他觉得老师要做学生的_____。

8. 支持还是反对，希望大家能明确_____。
9. 张校长帮助了很多家庭困难的女学生读大学，受到了国家的_____。
10. 他每年夏天都会去朋友家的_____避暑。

第3部分　Part 3

221　别致　biézhì　*adj.*　unique　装修得很别致；别致的衣服
222　别扭　bièniu　*adj.*　difficult to deal with; hard to get along; (of speech/writing) unnatural; at odds, at variance; awkward　最近天气有点儿别扭，一会儿冷，一会儿热；他俩闹别扭了；这个句子有点儿别扭，得改改；跟领导一起吃饭，多少有点儿别扭
223　彬彬有礼　bīnbīn-yǒulǐ　refined and courteous　彬彬有礼的样子
224　滨海　bīn hǎi　coastal area　滨海地区；滨海别墅
225　缤纷　bīnfēn　*adj.*　colorful　五彩缤纷；缤纷的色彩
226　冰棍儿　bīnggùnr　*n.*　ice lolly　一根冰棍儿；吃冰棍儿
227　冰山　bīngshān　*n.*　iceberg　一座冰山；巨大的冰山
228　丙　bǐng　*n.*　third　考核得了一个"丙"；丙级词
229　秉承　bǐngchéng　*v.*　take orders　一直秉承；秉承理念
230　并非　bìngfēi　*v.*　not be really　并非如此；这件事并非他做的
231　并购　bìnggòu　*v.*　buy out (and merge)　并购公司；并购方案
232　并列　bìngliè　*v.*　be juxtaposed　并列第一名；并列句
233　并行　bìngxíng　*v.*　walk side by side; do two or more things at the same time　携手并行；并行处理
234　病床　bìngchuáng　*n.*　hospital bed　一张病床；躺在病床上
235　病症　bìngzhèng　*n.*　disease　常见病症；疑难病症
236　拨　bō　*v.*　(usually with a hand/foot/stick) stir; allocate　拨开树叶；拨两个人去帮你
237　拨款　bōkuǎn　*n.*　allocated funds　一笔拨款；教育拨款
238　拨通　bōtōng　dial　拨通电话；拨不通
239　波及　bōjí　*v.*　spread to　波及全球；波及自身
240　波澜　bōlán　*n.*　billows　波澜不惊；激起波澜

从221～230中选择合适的词语填空　Choose the right words from 221-230 and fill in the blanks.

1. 他是一个诗人，行为举止_____。
2. 他们闹过矛盾，现在见面总觉得有点儿_____。
3. 春天来了，到处都是五彩_____的鲜花。
4. 那只船在海上撞上了一座巨大的_____。
5. _____每个人都像你一样认真。

从231～240中选择合适的词语填空　Choose the right words from 231-240 and fill in the blanks.

6. 他们分数一样，得了_____第一名。
7. 他在医院_____上躺了一个星期后，终于能吃点儿东西了。

8. 政府为城市开发工作_____了一大笔款。

9. 那次经济危机的_____范围很大，影响到了许多国家。

10. 他的话在她心里引起了不小的_____。

◎ **重点词语** Focus words

1. 变幻莫测

   变化多端，让人难以揣测。例如：

   （1）山里的天气变幻莫测，靠我们自己没办法走出去。
   （2）他们的合作计划还没最后确定，一切都变幻莫测。
   （3）她的表情变幻莫测，让人猜不透她的想法。

2. 别具匠心

   常指在文学、艺术方面具有与众不同的巧妙构思。例如：

   （1）这本小说的作者设计了一个别具匠心的故事结尾。
   （2）这套房子的主人在装修上别具匠心。

3. 别看

   连词，用来连接分句，表示让步关系。例如：

   （1）别看他嘴上没说，心里却很不高兴。
   （2）别看她很瘦，她的力气可大了。
   （3）别看我没给他打电话，但他的情况我早就知道了。

4. 别说

   连词，通过降低对某人、某事物的评价，借以突出另外的人或事物。例如：

   （1）这么远，别说走路了，就是开车也得两个小时才能到。
   （2）别说我没听懂，就是我们班成绩最好的同学也没听懂。
   （3）今天太冷了，别说穿毛衣，就是穿羽绒服也不过分。

   在口语中常用于句首，表示认可接下来所说的事情。例如：

   （4）别说，我还真没听说过这件事。

5. 别提了

   常用在口语中，表示说话人不想谈或程度之深不必细说。例如：

   （1）A：昨天的比赛你们赢了吗？
   　　B：别提了，又输了。
   （2）A：他知道这个好消息了吗？
   　　B：早知道了，他那个高兴劲儿啊，就别提了！

6. 彬彬有礼

   形容一个人文雅礼貌的样子。例如：

   （1）他儿子在客人面前彬彬有礼。

（2）那个年轻人在言谈举止上彬彬有礼。

7. 并非

动词，表示并不是，强调否定。例如：

（1）他这样说并非发自内心。
（2）我并非想跟他闹别扭，但有时他的表现实在让人生气。
（3）她并非我的女朋友，只是我的普通朋友。

◎ 速练　Quick practice

一、选择合适的词语填空　Choose the right words and fill in the blanks.

（一）　　　A. 贬值　B. 变迁　C. 辨别　D. 标示　E. 表白　F. 并购

1. 随着时代的_____，这个地方发生了很大变化。
2. 在森林里，可以用很多方法_____方向，比如看太阳或者观察树木。
3. 他用红线_____出旅游的路线。
4. 那个男孩儿拿着鲜花在宿舍楼下向他喜欢的女孩儿_____。
5. 他买的股票_____了不少。

（二）　A. 变幻莫测　B. 别具匠心　C. 彬彬有礼　D. 波澜不惊　E. 闹别扭　F. 秉承

1. 他在客人面前表现得_____。
2. 最近的天气_____，早上出门时明明还是晴天，不一会儿就下起雨来了。
3. 导演在电影的最后_____地安排了一个人物。
4. 我们将_____一贯的宗旨和态度，继续为广大客户提供优质服务。
5. 听到这个消息，他看起来_____，其实心情十分复杂。

二、选择合适的词语完成句子　Choose the right words to complete the sentences.

1. 他_____的这些假证词影响了警察的判断。
　A. 编造　　　　B. 编辑　　　　C. 编辑　　　　D. 编写
2. 警察让她从多张照片里_____出那个偷她手机的人。
　A. 辩护　　　　B. 辨认　　　　C. 辩护　　　　D. 辩解
3. 既然做错了，就承认错误，再怎么_____也是没用的。
　A. 辩　　　　　B. 辩解　　　　C. 辩论　　　　D. 辨别
4. 这些动植物_____具有很高的科学研究价值。
　A. 标本　　　　B. 标签　　　　C. 标语　　　　D. 标示
5. 每年底，学校都会_____优秀的教师。
　A. 表率　　　　B. 表决　　　　C. 表彰　　　　D. 表态
6. 大家开会时举手_____通过了这个方案。
　A. 表决　　　　B. 决定　　　　C. 解决　　　　D. 表示
7. 经理从别的部门_____了几个人来帮我们完成项目。
　A. 辩　　　　　B. 标　　　　　C. 憋　　　　　D. 拨

三、将词语填入句中合适的位置　　Choose the appropriate location for the words.

1. 那个年轻人 A 不理解 B 父母的心情，C 只是 D 更想追求自己的生活。（并非）
2. 她 A 家装修 B 很别致，都是 C 她自己 D 设计的。（得）
3. A 这道题的答案 B 你 C 不知道，就是 D 老师也不一定知道。（别说）
4. 我一直拨 A 通 B 他的电话 C，不是关机就是 D 占线。（不）

第5单元　Unit 5

◎速记　Quick memory

第1部分　Part 1

241	波涛	bōtāo	n.	great waves	大海的波涛；波涛起伏
242	波折	bōzhé	n.	twists and turns	经历波折；一番波折
243	剥夺	bōduó	v.	expropriate, deprive (by law)	剥夺财产；剥夺权利
244	剥削	bōxuē	v.	exploit	剥削人民；剥削劳工
			n.	exploitation	残酷的剥削
245	伯伯	bóbo	n.	uncle	张伯伯；老伯伯
246	伯父	bófù	n.	uncle	我的伯父；张伯父
247	伯母	bómǔ	n.	aunt	我的伯母；张伯母
248	驳回	bóhuí	v.	reject	驳回请求；被法院驳回
249	脖子	bózi	n.	neck	戴在脖子上；伸长脖子
250	搏斗	bódòu	v.	wrestle	奋力搏斗；跟敌人搏斗
251	不定	búdìng	adj.	indefinite	方向不定；心神不定
			adv.	not for certain	不定走不走；不定去哪儿了
252	不见得	bújiàn·dé	adv.	not necessarily	不见得来；不见得下雨
253	不利于	búlì yú		be harmful to	不利于健康；不利于发展
254	不慎	búshèn	adj.	careless	不慎摔倒；不慎弄丢
255	不适	búshì	adj.	not well	全身不适；感觉不适
256	不算	bú suàn		not really	不算什么；不算成功
257	不像话	búxiànghuà	adj.	unreasonable	他这么做太不像话了，得让他跟你道歉。
258	不屑	búxiè	v.	disdain, regard sth. as unworthy of notice	不屑回答；不屑看一眼；不屑一顾
259	不懈	búxiè	adj.	unremitting	坚持不懈；不懈的努力
260	不亚于	búyàyú	v.	no less than	他的水平不亚于我们；我的实力不亚于他

从241～250中选择合适的词语填空　Choose the right words from 241-250 and fill in the blanks.

1. 他费了一番_____才来到中国。
2. 他们没有权力_____我们的投票权。
3. 她提出加工资，被经理_____了。
4. 小女孩儿把贝壳穿起来，戴在了_____上。
5. 这只船在波涛中与风浪_____。

从251～260中选择合适的词语填空　Choose the right words from 251-260 and fill in the blanks.

6. 她看上去心神_____，肯定发生了什么事。
7. 天气预报说有雨，但是这雨_____下得起来。
8. 如果不能和他们公司合作，将_____我们公司的进一步发展。

9. 他感到身体_____，所以躺在沙发上休息。
10. 他让我等了三个小时，真是太_____了！

第2部分　Part 2

261　**不亦乐乎**　búyìlèhū　awfully, extremely　忙得不亦乐乎；玩儿得不亦乐乎
262　**不翼而飞**　búyì'érfēi　disappear unexpectedly　我的书不翼而飞了。
263　**不用说**　búyòngshuō　needless to say　不用说，他肯定又是去加班了。
264　**不正之风**　búzhèngzhīfēng　unhealthy social trends　纠正不正之风
265　**补给**　bǔjǐ　v.　supply　及时补给食品
　　　　　　　　　　　 n.　provision　缺乏补给；增加补给
266　**补救**　bǔjiù　v.　remedy　无法补救；补救措施
267　**捕捉**　bǔzhuō　v.　catch　捕捉坏人；捕捉虫子
268　**哺育**　bǔyù　v.　feed　哺育孩子；哺育小鸟
269　**不耻下问**　bùchǐ-xiàwèn　not to feel ashamed to seek advice from those inferior in rank, knowledge, or experience　孔子教育我们要不耻下问。
270　**不辞而别**　bùcí'érbié　leave suddenly without a word　他不辞而别，谁也不知道他去哪儿了。
271　**不得而知**　bùdé'érzhī　be unknown　结果我们就不得而知了。
272　**不得已**　bùdéyǐ　adj.　(be) forced to　他这么做也是不得已，你别怪他。
273　**不妨**　bùfáng　adv.　might as well　结果再坏又能怎么样？我们不妨试一试。
274　**不服**　bùfú　v.　disobey; be unaccustomed to　不服管教；水土不服
275　**不服气**　bù fúqì　refuse to be convinced　老师说他写错了，他还不服气。
276　**不假思索**　bùjiǎ-sīsuǒ　without thinking　不假思索地回答；不假思索地跑了过去
277　**不解**　bùjiě　v.　fail to comprehend　她一会儿哭，一会儿笑，令人不解。
278　**不经意**　bùjīngyì　v.　be thoughtless　不经意地问；稍不经意，就会出错
279　**不景气**　bùjǐngqì　adj.　(of economy, etc.) depressed　市场不景气；经济不景气
280　**不堪**　bùkān　v.　cannot bear　不堪一击；不堪设想
　　　　　　　　　　 adj.　used after words of a negative sense to indicate a high degree　痛苦不堪；混乱不堪

从261～270中选择合适的词语填空　Choose the right words from 261-270 and fill in the blanks.

1. 一转眼的工夫，我的手机竟然_____了。
2. 食物和药品不够时，一定要及时_____。
3. 我误会他了，这让他很伤心，我应该怎么_____呢？
4. 那群孩子正在河边_____小鱼。
5. 祖国和人民_____了我们。

从271～280中选择合适的词语填空　Choose the right words from 271-280 and fill in the blanks.

6. 既然大家都在这儿，你_____把心里的想法说出来。
7. 这是_____的办法，我也不愿意这么做。

8. 无论什么问题，她都能_____地说出答案。
9. 他随手打开一本书，_____地读着。
10. 那段时间经济_____，很多小工厂都倒闭了。

第 3 部分　Part 3

281　**不可避免**　bùkě-bìmiǎn　inevitable　不可避免的问题

282　**不可思议**　bùkě-sīyì　unimaginable　让 / 令……不可思议；不可思议的现象；不可思议的变化

283　**不肯**　bù kěn　refuse　不肯放弃；不肯吃饭

284　**不理**　bù lǐ　ignore, refuse to acknowledge/greet　他肯定生我气了，今天一直不理我。

285　**不了了之**　bùliǎo-liǎozhī　settle a matter by leaving it unsettled　我找了他几次都没有结果，最后这事不了了之了。

286　**不难**　bù nán　not difficult　不难理解；不难解决

287　**不平**　bùpíng　*adj.* unfair; indignant (about sth. unjust)　看见不平的事，他都想管一管。　他愤愤不平，却也没什么办法。
　　　　　　　　　　　　n. injustice　路见不平，拔刀相助。

288　**不起眼**　bùqǐyǎn　unconspicuous　不起眼的人物；不起眼的小事

289　**不容**　bùróng　*v.* not allow　不容怀疑；不容失误

290　**不如说**　bùrú shuō　not so much as　与其说……，不如说……

291　**不同寻常**　bùtóng-xúncháng　extraordinary　不同寻常的事；不同寻常的人

292　**不为人知**　bùwéirénzhī　unknown　不为人知的秘密

293　**不惜**　bùxī　*v.* not spare　不惜一切代价；不惜本钱

294　**不相上下**　bùxiāng-shàngxià　be roughly the same　年龄不相上下；实力不相上下

295　**不宜**　bùyí　*v.* not suitable　少儿不宜；不宜出行

296　**不已**　bùyǐ　*v.* never cease　激动不已；伤心不已

297　**不以为然**　bùyǐwéirán　don't think it's right (often with a sense of contempt)　他对老师说的道理不以为然。

298　**不由得**　bùyóude　*v.* lead inevitably to　他说得无比真诚，不由得你不信。
　　　　　　　　　　　　adv. can't help　不由得哭了起来

299　**不由自主**　bùyóuzìzhǔ　in spite of oneself　不由自主地点头

300　**不予**　bù yǔ　not grant　不予考虑；不予答复

从 281～290 中选择合适的词语填空　Choose the right words from 281-290 and fill in the blanks.

1. 事故发生得太突然了，大家都觉得_____，谁也没想到会这样。
2. 不管我怎么说，他都_____答应我的请求。
3. 从他的作品中，我们_____体会到他的爱国之情。
4. 他的家乡只是地图上一个很_____的小城。
5. 他成绩好与其说是因为他聪明，_____因为他很努力。

从 291～300 中选择合适的词语填空　　Choose the right words from 291-300 and fill in the blanks.

6. 连续几天都有雨，_____洗晒被子。

7. 我们_____一切代价，一定要赢得最后的胜利。

8. 这个好消息让他的朋友们兴奋_____。

9. 她说得跟真的一样，_____你不相信。

10. 主持人对那位记者提出的不合理的问题_____答复。

◎ **重点词语**　Focus words

1. 不见得

副词，表示不一定。例如：

（1）天气这么糟糕，他今天<u>不见得</u>会来。
（2）今天作业有点儿多，我一个小时<u>不见得</u>写得完。
（3）虽然天阴了，但雨<u>不见得</u>下得起来。

2. 不亦乐乎

出自《论语·学而》，原意是"不也是很快乐的吗？"，表示心里很高兴。现在常用来表示程度极深。例如：

（1）他每天东奔西走，忙得<u>不亦乐乎</u>。
（2）这个故事非常有趣，大家读得<u>不亦乐乎</u>。

3. 不翼而飞

没有翅膀却能飞，比喻东西突然不见了。或者形容消息、言论等迅速传开。例如：

（1）他一觉醒来，发现包里的东西都<u>不翼而飞</u>了。
（2）我找了半天也没找到我的眼镜，它<u>不翼而飞</u>了。
（3）这个消息<u>不翼而飞</u>，现在所有人都知道了。

4. 不正之风

不正当的社会风气。例如：

（1）我们有决心纠正行业的<u>不正之风</u>。
（2）走后门是一种<u>不正之风</u>。

5. 不耻下问

不认为向地位比自己低、知识比自己少的人请教是丢脸的事。例如：

（1）你如果想取得更大的进步，就要学会<u>不耻下问</u>。
（2）老教授常常<u>不耻下问</u>，让我们非常佩服。

6. 不辞而别

不打招呼就离开了。例如：

（1）他<u>不辞而别</u>，让他的女朋友痛苦了很久。
（2）当她发现我们<u>不辞而别</u>后，非常生气。

27

7. 不得而知

没办法知道。例如：

（1）他下一步的计划是什么，我们不得而知。
（2）这本书的作者是谁，大家不得而知。
（3）她做这件事的理由父母不得而知。

8. 不妨

副词，表示可以这样做，没有什么问题。例如：

（1）这个办法听起来不错，我们不妨试试。
（2）你有什么想法，不妨说出来大家讨论一下儿。
（3）他考虑问题不全面，我建议他不妨听听别人的建议。

9. 不假思索

不用思考就做出反应，形容说话做事速度很快。例如：

（1）看到有人落水了，他不假思索地跳进水里救人。
（2）那个孩子拿起面包不假思索地咬了一大口。
（3）她不假思索地说出了答案。

10. 不可避免

不能避免。例如：

（1）他们关系紧张，见面吵架不可避免。
（2）如果被警察发现酒后开车，受处罚是不可避免的。
（3）有些事情不可避免，所以需要我们提前想好解决办法。

11. 不可思议

没办法想象或难以理解。例如：

（1）那起交通事故发生得太快了，简直不可思议。
（2）听到他已经结婚的消息，我觉得不可思议。

12. 不了了之

该办的事情没办完，放在一边不去管它，就算完事。例如：

（1）这个问题讨论了很长时间，最后却不了了之了。
（2）办公室装修的事情最后不了了之了。

13. 不如说

常出现在格式"与其说……，不如说……"中，表示说话人的态度或观点，常用在口语中。例如：

（1）与其说她喜欢运动，不如说她怕自己变胖，所以才坚持运动。
（2）与其说这是一本语法书，不如说这是一本词典。
（3）你说他本领大，不如说他运气好。

14. 不同寻常

与一般的情况不一样。例如：

（1）他的表演给人带来不同寻常的感觉。

（2）她想找到一种不同寻常的方法来解决这个问题。

15. 不为人知

不被别人知道。例如：

（1）其实他帮助了很多学生上大学，但这件事不为人知。

（2）他把那笔钱放在了一个不为人知的地方。

16. 不相上下

分不出高低，形容数量、程度差不多。例如：

（1）他们两个人的能力不相上下。

（2）这两支球队的水平不相上下，所以比赛非常精彩。

17. 不以为然

不认为是对的，表示不同意，常含有轻视的意思。例如：

（1）他不以为然地笑了一下儿，转身就离开了。

（2）她嘴上虽然没有反对，心里却不以为然。

（3）妈妈跟他说了好多道理，他都不以为然。

18. 不由得

可以做动词、副词。做动词时，表示不容、不让、不许。例如：

（1）他说得非常具体，不由得你不相信。

做副词时，表示忍不住。例如：

（2）想起痛苦的往事，我不由得流下了眼泪。

（3）看着这张毕业照，我不由得回忆起大学生活。

19. 不由自主

由不得自己，控制不了自己。例如：

（1）听到音乐，大家不由自主地跟着唱起歌来。

（2）她一边读小说，一边不由自主地流下了眼泪。

（3）一走进考场，他不由自主地紧张起来。

◎ 速练　Quick practice

一、选择合适的词语填空　Choose the right words and fill in the blanks.

（一）　　　A. 不慎　B. 不屑　C. 不亚于　D. 不用说　E. 不解　F. 不堪
1. 他工作干得好好的，突然提出辞职，让我们非常_____。
2. 她骑车时_____撞到了树上，受伤了。
3. 最近工作不顺利，身体也出现了问题，让她觉得痛苦_____。
4. 他_____回答这么简单的问题。
5. 下周一要考试的消息_____一颗炸弹，打乱了我们周末的计划。

（二）　A. 不亦乐乎　B. 不正之风　C. 不耻下问　D. 不辞而别　E. 不得而知　F. 不可避免
1. 孩子们在操场上玩儿得_____。
2. 没想到他会_____，连再见也没说就走了。
3. 这种问题在工作中是_____的，下次注意就好了。
4. 他们离婚了，原因_____。
5. 走后门是一种_____，应该予以纠正。

二、选择合适的词语完成句子　Choose the right words to complete the sentences.

1. 在他的_____努力下，公司发展得越来越好。
　A. 不定　　　　B. 不慎　　　　C. 不屑　　　　D. 不懈
2. 他学中文的时间虽然没有我们长，但是中文水平_____我们。
　A. 不亚于　　　B. 不高于　　　C. 不好于　　　D. 不利于
3. 向地位比自己低、知识比自己少的人请教，这叫作_____。
　A. 不正之风　　B. 不耻下问　　C. 不以为然　　D. 不假思索
4. 为了工作，她_____把孩子留在农村生活。
　A. 不得已　　　B. 不服气　　　C. 不经意　　　D. 不景气
5. 中医通常认为冬天_____吃冰凉的食物。
　A. 不难　　　　B. 不平　　　　C. 不宜　　　　D. 不已
6. 他提的建议公司目前_____考虑。
　A. 不容　　　　B. 不惜　　　　C. 不理　　　　D. 不予
7. 听到音乐，孩子们_____地跳起舞来。
　A. 不了了之　　B. 不为人知　　C. 不相上下　　D. 不由自主

三、将词语填入句中合适的位置　Choose the appropriate location for the words.
1. 我 A 下个星期 B 还 C 走不走 D 呢。（不定）
2. 医生对他说，A 经常 B 抽烟喝酒 C 身体 D 健康。（不利于）
3. 虽然 A 失败了很多次，但是他 B 坚持 C 不懈，D 放弃。（不肯）
4. 他 A 在这部 B 电影中演了一个 C 的小人物 D。（不起眼）

第6单元　Unit 6

◎速记　Quick memory

第1部分　Part 1

301　不约而同　bùyuē'értóng　take identical action/view without previous consultation　不约而同地说；不约而同地笑了起来

302　不知　bùzhī　v.　not know　不知深浅；不知如何是好

303　不知不觉　bùzhī-bùjué　unconsciously　不知不觉天黑了

304　不准　bù zhǔn　forbid　不准拍照；不准抽烟

305　布局　bùjú　n.　distribution　房屋的布局；文章的布局
　　　　　　　　　v.　lay out　合理布局；认真布局

306　步伐　bùfá　n.　(as of a marching column, people walking, or figuratively the speed of sth. in progress) step, pace　整齐的步伐；加快改革步伐

307　步入　bùrù　v.　step into　步入会议室；步入21世纪

308　步骤　bùzhòu　n.　step　解决问题的步骤；常规步骤

309　部件　bùjiàn　n.　part; component　机器部件；重要部件；汉字"休"由"亻"和"木"两个部件组成

310　部署　bùshǔ　v.　deploy　部署工作；部署计划

311　猜谜　cāi//mí　guess a riddle　猜谜游戏；他让我猜个谜，我没猜出来

312　猜想　cāixiǎng　v.　suppose　大胆猜想；我猜想他和这件事有关

313　才华　cáihuá　n.　talent　很有才华；才华出众

314　财经　cáijīng　n.　finance and economy　财经新闻；财经专家

315　财力　cáilì　n.　financial power　有财力；财力不足

316　财务　cáiwù　n.　financial affairs　财务人员；财务管理

317　财物　cáiwù　n.　property　个人财物；保管好财物

318　财政　cáizhèng　n.　public finance　财政收入；财政危机

319　裁　cái　v.　cut (paper, cloth, etc.) into parts; reduce, lay off　裁纸；裁人

320　裁定　cáidìng　v.　(of a court, etc.) pass a judgement, rule　法院做出裁定；裁定协议无效

从301～310中选择合适的词语填空　Choose the right words from 301-310 and fill in the blanks.

　1. 这儿是教学楼，_____在这里抽烟。
　2. 写文章要认真选择材料，合理_____。
　3. 他们_____整齐，从我们面前走了过去。
　4. _____网络时代，信息技术飞速发展。
　5. 我们要有计划、有_____地开展工作。

从311～320中选择合适的词语填空　Choose the right words from 311-320 and fill in the blanks.

　6. 你有什么话就直接说出来吧，不要让大家玩儿_____游戏了。

7. 他今天没来上课，我_____他病了。
8. 她是一位很有_____的演员，爱运动、懂音乐、会演戏。
9. 我们公司付出了大量的时间和_____来完成并购。
10. 妈妈用那匹布给我_____了一件衣服。

第2部分　Part 2

321　**裁决**　cáijué　*v.*　rule, adjudicate　依法裁决；由……裁决
322　**采**　cǎi　*v.*　pick; mine; gather; select　采茶；采煤；采标本；采购
323　**采集**　cǎijí　*v.*　gather　采集信息；采集民歌
324　**采矿**　cǎi//kuàng　mine　合法采矿；采矿业
325　**彩电**　cǎidiàn　*n.*　color TV (set)　一台彩电；买彩电
326　**彩虹**　cǎihóng　*n.*　rainbow　一道彩虹；雨后出现了彩虹
327　**彩霞**　cǎixiá　*n.*　rosy clouds　美丽的彩霞；落日和彩霞构成了一幅美景
328　**菜市场**　càishìchǎng　*n.*　food market　去菜市场买菜；大型菜市场
329　**参见**　cānjiàn　*v.*　(usually used in notes) see also; pay one's respects to (a superior, etc.)　参见第8页；参见国王
330　**参军**　cān//jūn　join the army　参军一年了；去年参的军
331　**参谋**　cānmóu　*v.*　give advice　帮我参谋一下儿；参谋这件事该怎么办
　　　　　　　　n.　staff officer; adviser　他是我们部队的参谋；这次活动我给你当参谋
332　**参照**　cānzhào　*v.*　refer to as a model　参照原文；参照地图
333　**餐桌**　cānzhuō　*n.*　dining table　放在餐桌上；清理餐桌
334　**残**　cán　*v.*　be incomplete, make/become deficient　这部书很珍贵，可惜残了
335　**残留**　cánliú　*v.*　be left over　农药残留；残留的信息
336　**残缺**　cánquē　*v.*　be incomplete　残缺的部分；残缺不全
337　**残忍**　cánrěn　*adj.*　cruel　对……残忍；非常残忍的手段
338　**惭愧**　cánkuì　*adj.*　ashamed　感到惭愧；惭愧地低下头
339　**惨白**　cǎnbái　*adj.*　deathly pale; pale　脸色惨白；惨白的月光
340　**惨痛**　cǎntòng　*adj.*　bitter, painful　惨痛的教训；惨痛的回忆

从321～330中选择合适的词语填空　Choose the right words from 321-330 and fill in the blanks.

1. 这件事应该由当地主管部门来_____。
2. 她每年都会去那儿_____当地少数民族的歌曲。
3. 这台_____有100英寸，原价14 000元，但现在只要8000元。
4. 她在_____买了一些新鲜的蔬菜。
5. 能_____保护国家和人民我感到十分骄傲。

从331～340中选择合适的词语填空　Choose the right words from 331-340 and fill in the blanks.

6. 这件事应该怎么办呢？你帮我_____一下儿。
7. 我_____会议记录写了一篇新闻报道。

8. 吃完饭后，我把_____收拾得干干净净。
9. 这套书原来有四册，现在_____不全，只剩两册了。
10. 他因为无意中伤害了自己的朋友而感到非常_____。

第3部分 Part 3

341 惨重 cǎnzhòng *adj.* heavy, grievous 损失惨重；付出惨重的代价
342 灿烂 cànlàn *adj.* splendid 阳光灿烂；灿烂的笑容
343 苍蝇 cāngying *n.* fly 一只苍蝇；打苍蝇
344 沧桑 cāngsāng *n.* vicissitudes of life 饱经沧桑；人世沧桑
345 舱 cāng *n.* cabin (for people), hold (for freight) 船舱；客舱；机舱
346 藏匿 cángnì *v.* hide (out) 藏匿起来；藏匿了很多天
347 藏品 cángpǐn *n.* collection 珍贵的藏品；私人藏品
348 藏身 cángshēn *v.* hide oneself 藏身处；无处藏身
349 操控 cāokòng *v.* control and manipulate 操控市场；操控股价
350 操劳 cāoláo *v.* work hard 日夜操劳；辛苦操劳
351 操心 cāo//xīn *v.* worry about 为工作操心；操心孩子；操不完的心
352 槽 cáo *n.* trough 水槽；过滤槽
353 草案 cǎo'àn *n.* draft 法律草案；并购草案
354 草坪 cǎopíng *n.* lawn 一块草坪；在草坪上玩儿
355 侧面 cèmiàn *n.* side aspect, flank 在大楼侧面；侧面了解
356 侧重 cèzhòng *v.* focus on 侧重发展经济；侧重提升服务质量
357 测算 cèsuàn *v.* measure and calculate 反复测算；测算成本
358 测验 cèyàn *v.* test 测验掌握情况
      n. test 听力测验；测验的结果
359 层出不穷 céngchū-bùqióng emerge in an endless stream 新事物层出不穷；层出不穷的新电影
360 蹭 cèng *v.* rub; be smeared with; dillydally 手蹭破了；离那机器远点儿，别蹭上油；他的脚受伤了，只能一步一步慢慢往前蹭

从341～350中选择合适的词语填空　Choose the right words from 341-350 and fill in the blanks.

1. 战争中，双方人员的伤亡都十分_____。
2. 风雨过后出现了_____的阳光，还有一道彩虹。
3. 那个罪犯_____的东西都在这儿了。
4. 今天展出的物品都是那个艺术家的私人_____。
5. 长年的_____严重影响了他的健康。

从351～360中选择合适的词语填空　Choose the right words from 351-360 and fill in the blanks.

6. 我对儿子的教育问题十分_____。
7. 孩子们在_____上踢球，玩儿得很开心。
8. 小门在房子的_____。

9. 我们要完成的工作虽然很多，但应该有_____，先做重要的事。

10. 这是我们小组_____出的成本情况。

◎ **重点词语** Focus words

1. 不约而同

没有事先商量而彼此看法或行动一致。例如：

（1）他们不约而同地举起了手。

（2）他一说完，大家不约而同地鼓起掌来。

（3）我们不约而同地提出了同样的问题。

2. 不知不觉

没有觉察到，没有意识到。例如：

（1）大家听得十分认真，不知不觉就到了下课的时间。

（2）不知不觉来中国已经三个月了。

3. 不准

表示不允许做某事，后面常接动词或者动词短语。例如：

（1）这家博物馆在参观时不准拍照。

（2）上课时不准聊天儿。

（3）公园不准我们在这儿生火。

4. 步入

动词，表示走进某个空间或者进入某个时刻。例如：

（1）在观众的掌声中，王教授步入了会场。

（2）步入21世纪，每天都有很多新事物出现。

（3）我们的工作慢慢步入了正常的轨道。

5. 参谋

可以做动词、名词。做动词时，表示替人出主意。例如：

（1）你不知道怎么办的时候，他可以帮你参谋一下儿。

做名词时，指的是军队中参与制定作战计划的干部，也可以指出主意的人。例如：

（2）王参谋参加过很多重要的会议。

（3）我请他给我当求婚的参谋。

6. 操心

表示很用心地考虑和处理事情。例如：

（1）他每天都在为工作上的事操心。

（2）妈妈为了做三顿饭操了很多心。

（3）父母为儿女的事情操碎了心。

7. 层出不穷

接连不断地出现，没有穷尽。例如：

（1）谁也没想到新机器在试用的时候问题层出不穷。
（2）大家一起讨论，好的想法层出不穷。

◎ 速练　Quick practice

一、选择合适的词语填空　Choose the right words and fill in the blanks.

（一）　　　　　A. 部件　B. 部署　C. 裁定　D. 参见　E. 残留　F. 草案
1. 这是留学生管理制度的_____，今天我们开会讨论一下儿吧。
2. 电脑里的这个_____非常重要，如果坏了，电脑就不能正常使用了。
3. 他们对这件事有不同的意见，最后只能由王经理来_____。
4. 今年的工作计划已经_____完了，大家按照步骤进行就能完成任务。
5. 他嘴角还_____着早上喝的牛奶。

（二）　A. 不约而同　B. 不知不觉　C. 残缺不全　D. 层出不穷　E. 无处藏身　F. 饱经沧桑
1. 问题_____，越来越多，他也越来越着急。
2. 这位_____的老人给我们讲了一个很感人的故事。
3. 张老师走进教室，同学们_____地站起来向她问好。
4. 天_____暗下来了，街上的路灯亮了。
5. 警察正在到处找那个小偷儿，他已经_____了。

二、选择合适的词语完成句子　Choose the right words to complete the sentences.

1. 领导_____了新学期的工作，大家都充满热情地投入了新工作中。
　　A. 布局　　　　B. 步入　　　　C. 部署　　　　D. 部件
2. 政府每年会把一部分_____收入用于发展教育事业。
　　A. 财经　　　　B. 财力　　　　C. 财务　　　　D. 财政
3. 出门在外，一定要保管好自己的_____。
　　A. 财务　　　　B. 财物　　　　C. 财力　　　　D. 财经
4. 关于这道题的答案是如何得出的，大家_____第五页的解释文字。
　　A. 参见　　　　B. 参加　　　　C. 参谋　　　　D. 参观
5. 有些历史_____问题需要大家共同商量解决方法。
　　A. 残留　　　　B. 残缺　　　　C. 残忍　　　　D. 残
6. 这次失败给我们留下了_____的教训，不过失败是成功之母，我们以后一定会成功的。
　　A. 惨白　　　　B. 惨痛　　　　C. 重大　　　　D. 繁重
7. 他虽然没有出现，但一直在背后_____一切。
　　A. 操心　　　　B. 操劳　　　　C. 操控　　　　D. 操练

三、将词语填入句中合适的位置　Choose the appropriate location for the words.

1. 有些城市 A 规定在 B 地铁里 C 饮食 D。（不准）
2. A 这两个单位之间的矛盾应该 B 其主管 C 部门 D 来裁决。（由）
3. 他 A 脸色 B 惨白，C 我 D 他身体不太舒服。（猜想）
4. 李老师 A 把 B 昨天 C 小测验的 D 成绩告诉我们了。（已经）

第7单元　Unit 7

◎速记　Quick memory

第 1 部分　Part 1

361	差错	chācuò	n.	error	做事不专心就容易出差错。
362	差额	chā'é	n.	difference	贸易差额；补足差额
363	插手	chā//shǒu		meddle in; lend a hand	这件事请你不要插手；我插不上手，帮不了你
364	插图	chātú	n.	illustration	彩色插图；插图丰富
365	插嘴	chā//zuǐ		interrupt	别插嘴；插不上嘴
366	茶道	chádào	n.	tea ceremony	懂茶道；学习茶道
367	茶馆儿	cháguǎnr	n.	teahouse	一家茶馆儿；在茶馆儿里聊天儿
368	查处	cháchǔ	v.	investigate and deal with accordingly	严格查处；查处侵权案件
369	查明	chámíng	v.	find out	查明真相；查明原因
370	查找	cházhǎo	v.	look for	查找车主；查找资料
371	察觉	chájué	v.	become aware of	被人察觉；察觉到危险
372	察看	chákàn	v.	watch, inspect	察看现场；察看动静
373	诧异	chàyì	adj.	surprised	十分诧异；感到诧异
374	掺	chān	v.	mix	掺在一起；掺点儿水
375	搀	chān	v.	assist by the arm	搀着奶奶；搀进屋
376	馋	chán	adj.	greedy	嘴馋；眼馋
			v.	desire (a particular food)	馋奶茶；馋饺子
377	禅杖	chánzhàng	n.	Buddhist monk's stuff	一根禅杖；拄着禅杖
378	缠	chán	v.	twine; entangle	缠毛线；他最近工作缠身，连休息的时间也没有
379	产	chǎn	v.	give birth to; yield, produce	她产下了一个男孩儿；这里产的花生味道很好
380	产地	chǎndì	n.	place of origin	山东省是中国苹果的主要产地之一。

从 361～370 中选择合适的词语填空　Choose the right words from 361-370 and fill in the blanks.

1. 他不小心出了一个_____，被老板批评了一顿。
2. 那件事很复杂，你不要_____，让他自己处理。
3. 你先别_____，让我把话说完。
4. 我们要对违法行为进行严格_____。
5. 你可以在图书馆的电脑上_____这本书。

从 371～380 中选择合适的词语填空　Choose the right words from 371-380 and fill in the blanks.

6. 她的心事被妈妈无意中_____到了。
7. 你最好先_____一下儿门有没有锁好再离开。
8. 听到这个消息，大家都非常_____，谁也没想到会这样。

9. 绿灯了，他_____着那位老人慢慢过马路。
10. 我小时候最喜欢一边跟妈妈聊天儿，一边帮她_____毛线。

第 2 部分　Part 2

381　产物　chǎnwù　n.　product　自然产物；时代的产物
382　产值　chǎnzhí　n.　output value　工业产值；平均年产值
383　铲　chǎn　v.　lift/move with a shovel　铲平；铲草
384　铲子　chǎnzi　n.　shovel　一把铲子；用铲子挖
385　阐述　chǎnshù　v.　elaborate　阐述观点；详细阐述
386　颤抖　chàndǒu　v.　tremble　冻得全身颤抖；树叶在风中颤抖；微微颤抖
387　猖狂　chāngkuáng　adj.　fierce　猖狂的敌人；猖狂进攻
388　长达　cháng dá　lengthen out to　长达 10 年；长达 35 公里
389　长期以来　chángqī yǐlái　for a long time　长期以来的努力；长期以来一直坚持
390　长效　chángxiào　n.　lasting effect　这种药有长效；收到长效；取得长效
　　　　　　　　　　　　adj.　long-lasting, slow-release　长效药品；长效机制
391　长征　chángzhēng　n.　Long March　长征精神；长征路线
392　长足　chángzú　adj.　rapid, remarkable　长足的发展；长足的进步
393　常理　chánglǐ　n.　convention　按常理；符合常理
394　常人　chángrén　n.　ordinary people　与常人不同；异于常人
395　常态　chángtài　n.　normal behavior, normalcy　恢复常态；一反常态
396　常温　chángwēn　n.　normal temperature　常温牛奶；常温下储存
397　偿还　chánghuán　v.　repay　及时偿还；偿还贷款
398　嫦娥　Cháng'é　n.　Chang'e　嫦娥的故事；嫦娥奔月
399　厂家　chǎngjiā　n.　manufacturer　生产厂家；参展厂家
400　敞开　chǎngkāi　v.　open (wide)　敞开大门；敞开窗户

从 381～390 中选择合适的词语填空　Choose the right words from 381-390 and fill in the blanks.

1. 因为市场需求不断增加，工农业_____几乎增长了一倍。
2. 雪太大了，他们在雪地里_____出来一条路方便大家行走。
3. 他太紧张了，说话的时候声音有点儿_____。
4. 我们打退了敌人一次次_____的进攻。
5. 没想到这本书这么厚，居然_____800 页！

从 391～400 中选择合适的词语填空　Choose the right words from 391-400 and fill in the blanks.

6. 我们在科学技术方面取得了_____的发展。
7. 按_____，他是我的老师，我应该去看望他。
8. 她的性格和_____不太一样，所以没什么朋友。
9. 地震过后 3 天，我们这里就恢复了生活_____。
10. 这个年轻人每个月要_____5000 元银行贷款，生活压力很大。

第3部分 Part 3

401 畅谈 chàngtán v. talk freely and cheerfully 和朋友畅谈；畅谈过去的生活
402 畅销 chàngxiāo v. sell well 畅销全国；畅销书
403 倡议 chàngyì v. propose 倡议向灾区捐款；倡议保护环境
　　　　　　　　　　 n. proposal 提一个倡议；赞成他的倡议
404 抄袭 chāoxí v. plagiarize 抄袭别人；抄袭他的作品
405 钞票 chāopiào n. banknote 一张钞票；一百元一张的钞票
406 超标 chāo//biāo exceed the standard 体重超标；超标收费
407 超车 chāo//chē overtake other vehicles on the road 不准超车；弯道超车
408 超前 chāoqián adj. transcending the present 超前消费；超前教育
　　　　　　　　　　 v. exceed predecessors 这是一个超前绝后的理论，它的提出会改变世界。
409 超速 chāosù v. exceed the speed limit 超速开车；超速记录
410 朝代 cháodài n. dynasty 朝代更替；中国古代的朝代
411 朝着 cháozhe face 朝着学校前进；朝着正确方向走
412 嘲弄 cháonòng v. ridicule 不要嘲弄别人；故意嘲弄
413 嘲笑 cháoxiào v. laugh at 怕别人嘲笑；受到嘲笑
414 吵嘴 chǎo//zuǐ quarrel 和他吵嘴；吵了几句嘴
415 车道 chēdào n. vehicle lane 双向车道；快车道
416 车祸 chēhuò n. traffic accident 一起车祸；发生车祸
417 车间 chējiān n. workshop 生产车间；加工车间
418 车轮 chēlún n. wheel 最早的汽车只有3个车轮；历史的车轮
419 车速 chēsù n. speed of a vehicle 有车速限制；降低车速
420 车位 chēwèi n. parking place 找不到车位；有空车位

从401～410中选择合适的词语填空　Choose the right words from 401-410 and fill in the blanks.

1. 她和朋友一见面就_____起了上大学时的生活。
2. 这本小说是今年最_____的书之一。
3. 在他的_____下，有越来越多的人选择乘坐公共交通工具上下班。
4. 他和同桌的答案完全一样，我怀疑他们互相_____。
5. 吃得太多，又不爱运动，这让他的体重严重_____。

从411～420中选择合适的词语填空　Choose the right words from 411-420 and fill in the blanks.

6. 我一直_____自己的理想努力向前。
7. 他们一见面就_____，真是没办法。
8. 在高速公路上，不能长时间占用快_____。
9. 这辆车上的两个人在这起_____中受了重伤。
10. 这条路有_____限制，每小时不能超过50公里。

◎ 重点词语　Focus words

1. 插手

表示帮着做事，也可以比喻参与某种活动。例如：

（1）我很想帮她做饭，但是她不让我插手。

（2）开公司这件事你千万不能插手。

表示想帮但又不知道怎么帮忙的时候，可以说"插不上手"。例如：

（3）她在整理房间，我完全插不上手。

2. 馋

可以做形容词、动词。做形容词时，可以表示看见好吃的就想吃、看到喜欢的东西希望拥有或者看到喜欢做的事情希望参与其中。例如：

（1）他嘴特别馋，看见什么都想尝尝。

（2）她特别眼馋那条红裙子。

做动词时，表示想吃到某种食物。例如：

（3）她最近特别馋西瓜，每天都要买一个小西瓜吃。

3. 长期以来

表示从过去某个时间到现在的很长一段时期。例如：

（1）他长期以来一直坚持冬泳，所以身体非常好。

（2）长期以来，这个地方的人们把土豆当作主食。

（3）她长期以来保持着10点睡觉的习惯。

4. 朝着

介词"朝"后面常跟着"着"，表示动作的方向。后面可以带方位词，也可以带表示处所的名词或代词。例如：

（1）从这儿朝着西走，就到图书馆了。

（2）我朝着有灯光的地方走去。

（3）马路对面有个人一直朝着我笑，原来是我的老同学。

◎ 速练　Quick practice

一、选择合适的词语填空　Choose the right words and fill in the blanks.

（一）　　　A. 差额　B. 茶馆儿　C. 查明　D. 掺　E. 产地　F. 长效

1. 这个城市有很多_____，人们习惯从一杯茶开始新的一天。
2. 商品上的这串符号可以告诉我们它的_____在哪儿。
3. 他还需要一点儿时间才能_____这件事情的真相。
4. 她喜欢在牛奶里_____一点儿茶喝。
5. 我们要建立_____服务机制，帮助更多的人。

(二)　　　　　A.常温　B.厂家　C.敞开　D.超车　E.嘲笑　F.车轮

1. 在山路上开车不能随便_____。
2. 她一回到家就_____窗户。
3. 这种牛奶可以在_____下保存一个月。
4. 不要_____他，他做得不好我们应该帮助他。
5. 有很多_____参加今年在北京举行的展览会。

二、选择合适的词语完成句子　Choose the right words to complete the sentences.

1. 请让他把话说完，你先不要_____。
　　A.插手　　　　B.插图　　　　C.插嘴　　　　D.插上
2. 为了完成论文，我要去图书馆_____更多有用的资料。
　　A.检查　　　　B.审查　　　　C.查明　　　　D.查找
3. 这种因酒后开车引起的交通事故，一定要对司机进行严格_____。
　　A.查处　　　　B.查明　　　　C.查找　　　　D.查看
4. 他_____到有危险，立刻转身离开了。
　　A.觉悟　　　　B.考察　　　　C.觉得　　　　D.察觉
5. 我的故乡是中国棉花的主要_____。
　　A.产地　　　　B.产物　　　　C.产值　　　　D.产品
6. 他有_____五年的时间没有跟我联系过。
　　A.长期　　　　B.长效　　　　C.长达　　　　D.延长
7. 虽然这是快车道，不过也有车速限制，你_____了。
　　A.超车　　　　B.超速　　　　C.超前　　　　D.超标

三、将词语填入句中合适的位置　Choose the appropriate location for the words.

1. 她把 A 不用的 B 毛线 C 成 D 了一个大大的球。（缠）
2. 听到 A 这个消息，他气 B 全身 C 都在颤抖 D。（得）
3. 他 A 自己的 B 观点 C 阐述得 D 非常清楚。（把）
4. 她在 A 报亭把五十元 B 一张的 C 换成了五张 D 十元的。（钞票）

第8单元　Unit 8

◎速记　Quick memory

第1部分　Part 1

421　车厢　chēxiāng　*n.*　carriage　一节火车车厢
422　车型　chēxíng　*n.*　car model　新车型；不同的车型
423　车轴　chēzhóu　*n.*　axle　修理车轴；汽车车轴
424　扯　chě　*v.*　pull; tear; chat　扯着他；把标签扯下来；不跟你闲扯了，我还有事呢
425　彻夜　chèyè　*adv.*　all night　彻夜不停；彻夜畅谈
426　撤　chè　*v.*　remove; withdraw　撤下障碍物；向后撤
427　撤换　chèhuàn　*v.*　replace　撤换人员；撤换餐具
428　沉甸甸　chéndiàndiàn　*adj.*　heavy　沉甸甸的箱子；心里沉甸甸的
429　沉淀　chéndiàn　*v.*　precipitate; accumulate　这瓶河水经过沉淀以后，杯子底部有一层泥沙；情感需要沉淀才能写出好的作品

　　　　　　　　　　　n.　sediment, precipitation　文化的沉淀；沉淀物
430　沉浸　chénjìn　*v.*　be immersed (in)　沉浸在回忆中；沉浸在节日的气氛中
431　沉闷　chénmèn　*adj.*　(of weather, atmosphere, etc.) dull, depressing　沉闷的天气；气氛沉闷
432　沉迷　chénmí　*v.*　indulge　沉迷于游戏；沉迷跳舞
433　沉思　chénsī　*v.*　meditate　沉思了一会儿；陷入沉思
434　沉稳　chénwěn　*adj.*　steady　举止沉稳；性格沉稳
435　沉着　chénzhuó　*adj.*　composed　沉着冷静；沉着应对
436　陈旧　chénjiù　*adj.*　obsolete, outmoded　观点陈旧；陈旧的设备
437　陈列　chénliè　*v.*　display　陈列品；陈列在博物馆里
438　陈述　chénshù　*v.*　state, explain　陈述理由；陈述自己的观点
439　衬托　chèntuō　*v.*　set off, serve as a foil to　在……的衬托下
440　趁　chèn　*prep.*　taking advantage of　趁热吃；趁天还没黑

从 421～430 中选择合适的词语填空　Choose the right words from 421-430 and fill in the blanks.

1. 我坐在第三节_____11A座。
2. 他没等我说完，_____着我就走了。
3. 妈妈_____陪着生病的孩子，一直都没睡觉。
4. 吃完饭，我把碗、盘子都_____到厨房里了。
5. 我们都_____在幸福的回忆中。

从 431～440 中选择合适的词语填空　Choose the right words from 431-440 and fill in the blanks.

6. 没有人回答老师的问题，气氛非常_____。
7. 妈妈非常担心孩子_____电脑游戏，不认真学习。
8. 他睡觉前喜欢_____一会儿，想想白天的事情。

9. 他性格_____，遇到事情非常冷静。
10. 虽然家具有点儿_____，但是房间收拾得又干净又整齐。

第 2 部分　Part 2

441　趁机　chènjī　adv.　by seizing an opportunity　趁机逃走；趁机涨价
442　趁早　chènzǎo　adv.　as soon as possible　趁早出发；趁早想办法
443　趁着　chènzhe　taking advantage of　趁着年轻；趁着这个机会
444　称呼　chēnghu　v.　call, address　称呼他王老师；亲切地称呼
　　　　　　　　　　　n.　form of address　尊敬的称呼；熟悉的称呼
445　称作　chēngzuò　call, name　把……称作……；被称作
446　成才　chéngcái　v.　become a talented person　自学成才；让孩子成才
447　成家　chéng//jiā　(formerly of a man) get married　结婚成家；他去年成了家
448　成年[1]　chéngnián　v.　become an adult　未成年；孩子已经成年
449　成年[2]　chéngnián　adv.　for years and years　成年出差；成年加班
450　成千上万　chéngqiān-shàngwàn　tens of thousands　成千上万的学生；参观者成千上万
451　成群结队　chéngqún-jiéduì　gather in crowds　成群结队的牛；成群结队的游人
452　成天　chéngtiān　adv.　all day　成天看手机；成天玩儿游戏
453　成问题　chéngwèntí　be a problem　不成问题；吃饭成问题
454　成型　chéngxíng　v.　form　加工成型；一次成型
455　呈现　chéngxiàn　v.　present　呈现新面貌；呈现繁荣景象
456　诚恳　chéngkěn　adj.　sincere, earnest　态度诚恳；诚恳待人
457　诚心诚意　chéngxīn-chéngyì　earnestly and sincerely　诚心诚意地帮助他；诚心诚意地邀请我去
458　诚意　chéngyì　n.　good faith　表示诚意；缺乏诚意
459　诚挚　chéngzhì　adj.　sincere, genuine　表示诚挚的欢迎；表达诚挚的问候
460　承包　chéngbāo　v.　contract　由……承包；承包工程

从 441～450 中选择合适的词语填空　Choose the right words from 441-450 and fill in the blanks.

1. 有的家长认为，对孩子的教育要_____。
2. 妈妈_____天气好，把家里的被子都洗了。
3. 武汉也被_____"江城"，是长江沿岸一座非常重要的城市。
4. 他用心教学，是为了让学生们成长_____，成为对社会有用的人。
5. 爸爸工作很忙，_____在外地出差，妈妈自己照顾我们很辛苦。

从 451～460 中选择合适的词语填空　Choose the right words from 451-460 and fill in the blanks.

6. 游客们_____地走进博物馆参观。
7. 放心吧，这个月提前完成任务不_____。
8. 他对人态度非常_____，顾客们都喜欢找他买东西。
9. 请代我向你的父母表达最_____的问候。
10. 开展新农村建设以来，农村生活_____出日新月异的面貌。

第 3 部分　Part 3

461　承载　chéngzài　v.　bear the weight of　承载压力；承载重量

462　城墙　chéngqiáng　n.　city wall　一道城墙；又高又厚的城墙

463　乘人之危　chéngrénzhīwēi　take advantage of sb's precarious position　趁他生病的时候打败他，这是乘人之危，我不会做这样的事。

464　盛　chéng　v.　ladle　盛饭；盛汤

465　惩处　chéngchǔ　v.　penalize　惩处坏人；严厉地惩处

466　惩罚　chéngfá　v.　punish　受到惩罚；从重惩罚
　　　　　　　　　　n.　punishment　最严厉的惩罚

467　澄清　chéngqīng　v.　clarify　澄清问题；努力澄清事实
　　　　　　　　　　adj.　clear　澄清的湖水；小河里的水干净澄清

468　橙汁　chéngzhī　n.　orange juice　喝橙汁；一杯新鲜的橙汁

469　逞能　chěng//néng　show off one's skill/ability　爱逞能；你逞什么能，做不到的事就不要答应

470　逞强　chěng//qiáng　flaunt one's superiority　别逞强了；在同学面前逞什么强

471　秤　chèng　n.　balance　一台秤；过秤

472　吃不上　chībushàng　v.　cannot afford to eat　吃不上饭；吃不上肉

473　吃喝玩乐　chī-hē-wán-lè　idle away in seeking pleasure　每天只想着吃喝玩乐。

474　吃苦　chī//kǔ　bear hardships　能吃苦；吃了很多苦

475　吃亏　chī//kuī　suffer losses　不让你吃亏；吃了不少亏

476　痴呆　chīdāi　adj.　silly　两眼痴呆；有点儿痴呆

477　痴迷　chīmí　v.　be infatuated/obsessed　对……很痴迷

478　痴心　chīxīn　n.　infatuation　一片痴心；痴心不改

479　池塘　chítáng　n.　pond　池塘边；小池塘

480　驰名　chímíng　v.　be well known　世界驰名；驰名中外

从 461～470 中选择合适的词语填空　Choose the right words from 461-470 and fill in the blanks.

1. 妈妈给我_____了满满一碗饭。
2. 这个院子_____了我小时候所有的快乐时光。
3. 这儿的_____有几百年的历史了。
4. 我们需要出面_____这个问题。
5. 我要一杯_____，多少钱？

从 471～480 中选择合适的词语填空　Choose the right words from 471-480 and fill in the blanks.

6. 中午休息的时间太晚了，医生和护士完全_____热饭。
7. 你和他做生意，小心_____。
8. 自从生病以来，她总是两眼_____地看着窗户外边。
9. 他读大学的时候，对电影艺术非常_____。
10. 她因为了不起的艺术才能_____中外。

◎ 重点词语　Focus words

1. 沉甸甸

　　形容词，表示沉重的感觉，不能再受"很"等程度副词修饰。例如：
　　（1）他的书包每天都沉甸甸的，里面放了很多东西。
　　（2）她想到任务还没有完成，心里沉甸甸的。
　　中文里常用形容词重叠形式"ABB"表示状态，例如：绿油油、金灿灿、胖乎乎等。
　　（3）春天来了，孩子们在绿油油的草地上快乐地做游戏。
　　（4）每次看到女儿胖乎乎的脸，她都会开心地笑起来。

2. 趁

　　介词，表示利用时间或者机会。例如：
　　（1）我们趁天还没黑，早点儿回家吧。
　　（2）他趁出差的机会，去看了看老同学。
　　（3）妈妈常对我说：趁现在还年轻，一定要多试试，寻找自己人生的方向。

3. 称作

　　表示叫作，可以用在"把"字句中，构成"把……称作……"格式。例如：
　　（1）我们常把北京大学称作"北大"。
　　（2）我们把喜欢晚睡的人称作"夜猫子"。
　　"作"还可以用在别的单音节动词后面，表示当成、作为。例如：
　　（3）他在这儿生活了很多年，把这儿当作自己的第二故乡。

4. 成千上万

　　形容数量非常多。例如：
　　（1）地震给这个国家成千上万的人带来了灾难。
　　（2）成千上万的年轻人来到这个城市参加音乐节。

5. 成群结队

　　很多人或动物聚集成群体。例如：
　　（1）成群结队的观众一起给喜欢的球队加油。
　　（2）一到秋天，成群结队的鸟儿就往南飞。

6. 成天

　　副词，常用在口语中，表示整天。例如：
　　（1）他成天在图书馆看书学习。
　　（2）一放假，哥哥成天躺在沙发上玩儿手机。

7. 诚心诚意

心意很真诚。例如：

（1）我诚心诚意地希望你能原谅我。
（2）她诚心诚意地帮助我找工作。
（3）我们诚心诚意向专家请教。

8. 乘人之危

趁着别人危急的时候去侵害或者要挟别人。例如：

（1）他乘人之危赚了一大笔钱。
（2）那家公司乘人之危让他签下了合同。

9. 吃喝玩乐

过肆意享受的生活。例如：

（1）他一心只想着吃喝玩乐，怎么能做好工作？
（2）生活不仅仅是吃喝玩乐，也要努力奋斗。

◎ 速练　Quick practice

一、选择合适的词语填空　Choose the right words and fill in the blanks.

（一）　　　A. 撤换　B. 沉淀　C. 沉着　D. 陈列　E. 成家　F. 诚意

1. 王经理因为做事不负责任，已经被_____了。
2. 博物馆里_____着各种文物。
3. 他40岁了，一直忙于工作，还没_____呢。
4. 遇到问题，一定要_____冷静地想办法解决。
5. 今天的艺术展览非常成功，这是民间文化_____的成果。

（二）　A. 成千上万　B. 成群结队　C. 诚心诚意　D. 乘人之危　E. 吃喝玩乐　F. 逞能

1. 我们不能_____，他最困难的时候更需要我们帮助。
2. 我_____邀请他来我家玩儿，他却爱理不理的。
3. 每到冬天，鸟儿_____地飞往南方过冬。
4. 他每天只想着_____，从不认真工作。
5. 春节时，_____的人坐火车或者飞机回家乡过年。

二、选择合适的词语完成句子　Choose the right words to complete the sentences.

1. 这是我们9月刚推出的新_____，既好看又实用，更安全舒适。
　A. 车厢　　　　B. 车型　　　　C. 车轴　　　　D. 车牌
2. 现在请参加辩论的双方分别_____自己的观点。
　A. 陈旧　　　　B. 沉迷　　　　C. 陈述　　　　D. 沉淀
3. 在蓝天的_____下，公园里的花更鲜艳了。
　A. 陈列　　　　B. 衬托　　　　C. 委托　　　　D. 沉浸

4. 公共汽车上人太多了，那个小偷儿偷了手机以后_____逃走了。
　　A. 趁机　　　　B. 趁着　　　　C. 趁早　　　　D. 趁
5. 张校长帮助了很多孩子上学读书，大家亲切地_____她"张妈妈"。
　　A. 称呼　　　　B. 称作　　　　C. 称赞　　　　D. 称号
6. 因为他们缺乏_____，我们公司决定不再跟他们合作了。
　　A. 诚恳　　　　B. 诚心诚意　　C. 诚挚　　　　D. 诚意
7. 对酒后开车这种违法行为要进行严厉的_____。
　　A. 惩处　　　　B. 承包　　　　C. 罚款　　　　D. 罚

三、将词语填入句中合适的位置　Choose the appropriate location for the words.
1. 这项大工程 A 好 B 几家公司 C 共同 D 承包。（由）
2. 她年轻 A 的时候吃 B 不少苦 C，所以现在努力工作 D，希望能让孩子生活得更好。（了）
3. 他 A 电脑游戏 B 非常痴迷，C 妈妈担心会影响 D 他的学习。（对）
4. A 天 B 还没黑，C 我打算出去散散步，D 看看风景。（趁）

第9单元　Unit 9

◎速记　Quick memory

第1部分　Part 1

481	迟迟	chíchí	adv.	tardily	迟迟不回答；迟迟没出现
482	迟疑	chíyí	adj.	hesitant	迟疑不决；有些迟疑
483	迟早	chízǎo	adv.	sooner or later	迟早会来；迟早要解决
484	持	chí	v.	hold; keep	持枪伤人；持反对态度
485	持久	chíjiǔ	adj.	lasting	持久和平；效果持久
486	持之以恒	chízhī-yǐhéng		persevere	持之以恒地努力学习；锻炼身体要持之以恒
487	尺度	chǐdù	n.	standard, criterion	放宽尺度；唯一尺度
488	耻辱	chǐrǔ	n.	shame	忍受耻辱；带来耻辱
489	耻笑	chǐxiào	v.	sneer at	耻笑别人；被人耻笑
490	赤字	chìzì	n.	deficit	贸易赤字；财政赤字
491	翅膀	chìbǎng	n.	wing	张开翅膀；鸟的翅膀
492	冲刺	chōngcì	v.	sprint	最后冲刺；冲刺阶段
493	冲浪	chōnglàng	v.	surf	去冲浪；上网冲浪
494	冲洗	chōngxǐ	v.	rinse	冲洗伤口；冲洗干净
495	冲撞	chōngzhuàng	v.	bump; offend	海浪冲撞着岸边的船；我不该说那些话冲撞他
496	充	chōng	v.	fill	充电；充气；充电板
497	充当	chōngdāng	v.	act as	充当翻译；充当代表
498	充沛	chōngpèi	adj.	abundant	雨水充沛；充沛的感情
499	充实	chōngshí	adj.	rich, substantial	内容十分充实；生活充实
			v.	enrich	充实我们的人生；充实校园生活
500	重播	chóngbō	v.	replay	重播节目；下周重播

从481～490中选择合适的词语填空　Choose the right words from 481-490 and fill in the blanks.

1. 我给他发了电子邮件，但是他_____没有回复我。
2. 他_____了一下儿，没有马上回答我的问题。
3. 你还是告诉她吧，她_____会发现的。
4. 对这件事，我_____不同意见。
5. 被当作小偷儿成了他一生中最大的_____。

从491～500中选择合适的词语填空　Choose the right words from 491-500 and fill in the blanks.

6. 马上就要期末考试了，我们进入了最后的复习_____阶段。
7. 妈妈用水把院子_____得非常干净。
8. 那起交通事故非常严重，两辆汽车高速_____到了一起。
9. 我的手机已经_____满电了。
10. 小孩子的精力非常_____，玩儿了半天一点儿也不觉得累。

第 2 部分　Part 2

501	重叠	chóngdié	v.	overlap	重叠在一起；动词重叠
502	重返	chóngfǎn	v.	return	重返舞台；重返故乡
503	重合	chónghé	v.	coincide	互相重合；基本重合
504	重申	chóngshēn	v.	reiterate	重申观点；双方重申将进一步加强合作
505	重现	chóngxiàn	v.	reappear	电影重现了历史故事；经典重现
506	崇高	chónggāo	adj.	lofty	崇高的理想；崇高的事业
507	崇尚	chóngshàng	v.	advocate	崇尚自由；崇尚和平
508	宠	chǒng	v.	dote on	宠孩子；被宠坏了；受宠
509	宠爱	chǒng'ài	v.	dote on	宠爱女儿；受……宠爱
510	抽签	chōu//qiān		draw lots	抽签决定；抽了一支签
511	抽屉	chōuti	n.	drawer	打开抽屉；书桌抽屉
512	抽象	chōuxiàng	adj.	abstract	抽象的理论；抽象的概念
513	仇	chóu	n.	enmity	有仇；结仇
514	仇恨	chóuhèn	v.	hate	仇恨敌人
			n.	enmity	强烈的仇恨；化解仇恨
515	仇人	chóurén	n.	personal enemy	仇人相见，分外眼红；少一个仇人，多一个朋友
516	稠	chóu	adj.	thick; dense	粥太稠了；地窄人稠
517	稠密	chóumì	adj.	dense	树叶稠密；人口稠密
518	愁眉苦脸	chóuméi-kǔliǎn		wear a distressed expression	一副愁眉苦脸的样子
519	筹	chóu	v.	prepare, plan, raise	筹钱；自筹资金
520	筹办	chóubàn	v.	make preparations	筹办婚礼；筹办活动

从 501～510 中选择合适的词语填空　Choose the right words from 501-510 and fill in the blanks.

1. 他们俩的活动路线基本_____，可能是提前约好的。
2. 我们_____我们的主张——友好互助，合作共赢。
3. 这些照片_____了 20 世纪 30 年代上海人的生活场景。
4. 为人民服务是我们_____的理想。
5. 我们_____的是快乐、自主的教育理念和氛围。

从 511～520 中选择合适的词语填空　Choose the right words from 511-520 and fill in the blanks.

6. 她把日记锁在书桌第一层的_____里了。
7. 你说的这个词太_____了，能不能换一个具体一点儿的说法？
8. 很多年过去了，他对那些伤害过他的人不再怀有_____。
9. 粥有点儿_____，我再往里面加点儿水。
10. 虽然这是我们学院第一次_____国际会议，不过我们准备得非常充分。

第3部分 Part 3

521	筹备	chóubèi	v.	prepare 筹备展览；认真筹备会议
522	筹措	chóucuò	v.	raise 筹措资金；筹措经费
523	筹划	chóuhuà	v.	plan and prepare; raise 筹划建设足球场；筹划资金
			n.	plan 节目的筹划；全面的筹划
524	筹集	chóují	v.	raise 筹集资金；筹集物资
525	筹码	chóumǎ	n.	chip, counter 谈判的筹码；交易的筹码
526	丑恶	chǒu'è	adj.	ugly, repulsive 丑恶现象；丑恶的嘴脸
527	丑陋	chǒulòu	adj.	ugly 长得很丑陋；丑陋的样子
528	丑闻	chǒuwén	n.	scandal 一桩丑闻；政治丑闻
529	瞅	chǒu	v.	look at 往屋里瞅了一眼；不要老瞅着她
530	出版社	chūbǎnshè	n.	press 一家出版社；在出版社工作
531	出厂	chū//chǎng		(of products) leave the factory 出厂价；出厂日期
532	出丑	chū//chǒu		make a fool of oneself 当众出丑；在观众面前出了丑
533	出道	chū//dào		debut, start one's career (in show, business, etc.) 新出道的歌手；我是2015年出的道
534	出发点	chūfādiǎn	n.	starting point 相同的出发点；服务大家是我们的出发点
535	出风头	chū fēngtou		be in the limelight 爱出风头；出尽了风头
536	出境	chū//jìng		leave a country 办理出境手续；出境通道
537	出局	chū//jú		be out 出局了；被罚出局
538	出具	chūjù	v.	issue 出具证明；出具入学通知书；法院出具了判决书
539	出口成章	chūkǒu-chéngzhāng		words flow from one's mouth as from the pen of a master 他富有文采，出口成章。
540	出卖	chūmài	v.	sell; betray 出卖房屋；出卖朋友

从 521～530 中选择合适的词语填空 Choose the right words from 521-530 and fill in the blanks.

1. 这次的活动我们已经_____半年了，明天就是正式演出的日子。
2. 他占有公司30%的股份，这是他手里最大的_____。
3. 这家_____主要面向中小学生出版科普读物。
4. 她的样子虽然很_____，但是她的心地非常善良。
5. 他往屋里_____了一眼，看到大家都在看他。

从 531～540 中选择合适的词语填空 Choose the right words from 531-540 and fill in the blanks.

6. 商品在_____前都要写清楚生产日期。
7. 不要让别人当众_____。
8. 为人民服务，一切为了人民，这就是我们工作的_____。
9. 他拿着护照很快办理好了_____手续。
10. 办理入职手续时需要提供县级以上医院_____的体检报告。

◎ **重点词语** Focus words

1. 迟迟

　　副词，表示时间长或者时间拖得很晚，常用在否定句中。例如：

　　（1）考试结束以后，老师迟迟不告诉我们成绩。

　　（2）他等了半天了，朋友迟迟没有出现。

2. 迟早

　　副词，或早或晚，早晚。例如：

　　（1）别担心，他迟早会来的。

　　（2）我们必须面对现实，问题迟早要解决的。

　　（3）她迟早都会知道这件事的，所以早点儿告诉她吧。

3. 持之以恒

　　长久地坚持下去。例如：

　　（1）父母对我说：学习贵在持之以恒。

　　（2）锻炼身体要持之以恒。

4. 充实

　　可以做形容词、动词。做形容词时，表示丰富，内容或人员等充足。例如：

　　（1）这套书内容非常充实，适合青少年阅读。

　　（2）超市里的商品库存充实，请广大市民放心，按需购物。

　　做动词时，表示加强，使充足。例如：

　　（3）学校周末组织的活动充实了大学生们的校园生活。

　　（4）失败的经历也会充实我们的人生。

5. 愁眉苦脸

　　形容忧愁苦恼的神情。例如：

　　（1）她肯定遇到了什么困难，你看她愁眉苦脸的样子。

　　（2）别总是愁眉苦脸的，我们总会有办法的。

6. 出风头

　　表示爱显示自己，带有贬义。例如：

　　（1）她很喜欢出风头，大家都不太喜欢她。

　　（2）他在运动会上出尽了风头。

7. 出口成章

　　话说出来就是一篇文章，形容文思敏捷或口才极好。例如：

　　（1）虽然他只有10岁，但是出口成章。

　　（2）如果你想出口成章，就一定要多阅读、多积累。

◎速练　Quick practice

一、选择合适的词语填空　Choose the right words and fill in the blanks.

（一）　　　A.持久　B.耻笑　C.赤字　D.翅膀　E.宠爱　F.抽签
1. 他们用_____的方法来决定比赛顺序。
2. 她是家里最小的女儿，从小就受到全家人的_____。
3. 贸易_____给这个国家的经济发展带来了不小的压力。
4. 我们没有资格_____他们，他们已经非常努力了。
5. 这是一场_____战，我们必须耐心坚持。

（二）　　　A.持之以恒　B.愁眉苦脸　C.出口成章　D.出局　E.稠密　F.重返
1. 20年后_____校园，过去的那些事她仍然记得很清楚。
2. 他_____，让他当主持人最合适了。
3. 跑步一定要_____，这样才能起到锻炼身体的作用。
4. 他怎么_____的，是遇到什么难题了吗？
5. 中国东部地区人口_____，升学、就业可能会有一定压力。

二、选择合适的词语完成句子　Choose the right words to complete the sentences.

1. 到底去不去，他还有些_____，并没有最后确定。
　A.怀疑　　　　B.迟疑　　　　C.疑心　　　　D.无疑
2. 在这次谈判中，我_____了一回公司代表。
　A.充实　　　　B.充沛　　　　C.充当　　　　D.充满
3. 每到暑假，电视台都会_____一些经典的电视剧。
　A.重新　　　　B.重建　　　　C.重播　　　　D.重叠
4. 没想到他的行为会这么_____，我们看错人了。
　A.丑　　　　　B.丑闻　　　　C.出丑　　　　D.丑陋
5. 这个新节目由他一手_____，他想了很多好点子。
　A.筹措　　　　B.筹划　　　　C.筹集　　　　D.筹码
6. 这儿雨水_____，很适合植物生长。
　A.充沛　　　　B.充实　　　　C.充满　　　　D.补充
7. 他们队很早就在世界杯比赛中_____了。
　A.出道　　　　B.出具　　　　C.出卖　　　　D.出局

三、将词语填入句中合适的位置　Choose the appropriate location for the words.

1. 她 A 给一个 B 外国代表团 C 翻译，同时也是 D 导游。（充当）
2. A 考试的结果 B 没有公布，大家 C 只能着急地 D 等待。（迟迟）
3. A 把两张 B 图片 C 在一起，我们吃惊地发现它们上面的图案竟然完全 D 重合了。（重叠）
4. 这次会议 A 前期的筹备 B 工作 C 进展 D 非常顺利。（得）

第10单元　Unit 10

◎速记　Quick memory

第1部分　Part 1

541　出毛病　chū máo·bìng　go wrong　电脑出毛病了；身体出了毛病

542　出难题　chū nántí　put/pose a difficult question (usually deliberately)　给……出难题

543　出人意料　chūrényìliào　be beyond all expectations　这里的变化出人意料；出人意料的结果

544　出任　chūrèn　v.　take up the post of　出任校长；出任足球协会主席

545　出山　chū//shān　become an official, broadly referring to engaging in a certain job　他这次担任篮球教练，已经是第二次出山了。

546　出身　chūshēn　v.　be derived from　出身于工人家庭
　　　　　　　　　　n.　one's background　工人家庭出身；穷苦出身

547　出示　chūshì　v.　show　出示证件；出示一下儿车票

548　出手　chū//shǒu　sell; produce, offer; start to take action　这批货急着出手；一出手就给了她3000块钱；多部门联合出手治理环境污染问题

549　出头　chū//tóu　expose the top; take the lead; free oneself (from misery, persecution, etc.); be a little over；"申"和"甲"很像，但"申"的竖是出头的；我们学校的篮球协会是他出头做起来的；苦了这么多年，终于等到出头之日了；他今年30出头

550　出土　chū//tǔ　be unearthed; come up out of the ground　出土文物；刚出土的小草

551　出息　chūxi　n.　promise, prospects　他很有出息，从农村出来，靠自己一路读到了博士。

552　出血　chū//xiě　bleed; pay/cough up　手指出血了；为了请朋友吃饭，他出了不少血

553　出演　chūyǎn　v.　play (the role of)　出演电影；出演话剧

554　出洋相　chū yángxiàng　make a fool of oneself　他喝醉以后，出了不少洋相。

555　出游　chūyóu　v.　travel　一起出游；出游路线

556　出众　chūzhòng　adj.　outstanding　能力出众；成绩出众

557　出主意　chū zhǔyi　offer advice　帮我出主意；出了一个好主意

558　出资　chūzī　v.　provide funds　出资购买；学校出资

559　出自　chūzì　v.　come from　出自这本书；出自他的设计

560　出走　chūzǒu　v.　run away　离家出走；出走半年

从541～550中选择合适的词语填空　Choose the right words from 541-550 and fill in the blanks.

1. 电视机上个星期刚修好，今天又_____了。
2. 他退休很长时间了，学校的足球队请他_____继续当教练。
3. 他们都_____于农民家庭，所以有很多共同语言。
4. 裁判向犯规的球员_____了黄牌警告。
5. 他现在需要用钱，所以急着_____他的房子。

从 551～560 中选择合适的词语填空　Choose the right words from 551-560 and fill in the blanks.

　　6. 不管做什么工作，都要认真，这样才能有_____。
　　7. 今天请我们吃饭，又送我们礼物，让你_____了。
　　8. 他在这部电影里第一次_____父亲。
　　9. 今天天气非常好，是_____的好日子。
　　10. 好几家公司共同_____举办了这次篮球比赛。

第 2 部分　Part 2

561　初次　chūcì　*n.*　first time　初次见面；初次参加
562　初衷　chūzhōng　*n.*　original intention　不改初衷；表明初衷
563　除此之外　chúcǐzhīwài　in addition to this　除此之外，还……
564　除去　chúqù　*v.*　get rid of　除去杂草；除去水分
　　　　　　　　prep.　except (for)　她除去上班，其他时间都在家。
565　除外　chúwài　*v.*　except　他除外，还有两个人；博物馆天天开放，星期一除外
566　处方　chǔfāng　*v.*　prescribe　不是医生，没有处方权。
　　　　　　　　n.　prescription　按处方抓药；开处方
567　处境　chǔjìng　*n.*　situation　处境困难；处境危险
568　处置　chǔzhì　*v.*　handle; punish　合理处置；依法处置
569　储备　chǔbèi　*v.*　reserve　储备过冬的粮食；储备药品
　　　　　　　　n.　reservation　充足的储备；储备不足
570　储蓄　chǔxù　*v.*　save, deposit　定期储蓄；活期储蓄
　　　　　　　　n.　savings　多年的储蓄；有不少储蓄
571　触动　chùdòng　*v.*　touch; offend; stir up　触动了开关；触动他人利益；触动老人的心事
572　触犯　chùfàn　*v.*　offend　触犯他人利益；触犯法律
573　触觉　chùjué　*n.*　tactile sensation　依靠触觉；良好的触觉
574　触摸　chùmō　*v.*　touch　轻轻触摸；触摸伤口
575　触目惊心　chùmù-jīngxīn　startling, shocking　触目惊心的场景；触目惊心的丑闻
576　揣　chuāi　*v.*　carry in one's clothes　揣在口袋里；揣在身上
577　揣测　chuǎicè　*v.*　conjecture　揣测意思；揣测了半天
578　揣摩　chuǎimó　*v.*　speculate　仔细揣摩；揣摩不透
579　踹　chuài　*v.*　kick　踹门；踹不开
580　川流不息　chuānliú-bùxī　flow past in an endless stream　汽车川流不息；行人川流不息

从 561～570 中选择合适的词语填空　Choose the right words from 561-570 and fill in the blanks.

　　1. 尽管失败了很多次，但是她不改_____。
　　2. 图书馆每天都对外开放，周五下午_____。
　　3. 妈妈不想让孩子知道家里现在困难的_____。
　　4. 我拿着医生开的_____去药房取药。
　　5. 他把这么多年的_____都存在银行里了。

从 571～580 中选择合适的词语填空　Choose the right words from 571-580 and fill in the blanks.

6. 房间里没有开灯，有点儿暗，他不小心_____了什么，响了一下儿。
7. _____法律的人会受到严厉的惩罚。
8. 他一脚把门_____开，冲进屋里去了。
9. 受伤的地方即使轻轻_____也非常疼。
10. 这张照片一直_____在我上衣的口袋里。

第3部分　Part 3

581　穿过　chuānguò　v.　go through　穿过人群；穿过街道
582　穿小鞋　chuān xiǎoxié　make things hard for sb.　给……穿小鞋
583　穿越　chuānyuè　v.　pass through　穿越沙漠；穿越边境
584　穿着　chuānzhuó　n.　dress, apparel　穿着讲究；合适的穿着
585　传承　chuánchéng　v.　inherit and pass on　传承下去；传承给下一代
　　　　　　　　　　　　　n.　inheritance　文化传承；艺术传承
586　传奇　chuánqí　n.　legend　传奇故事；传奇人物
587　传染　chuánrǎn　v.　infect　传染性疾病；传染给别人
588　传染病　chuánrǎnbìng　n.　infectious disease　传染病防治；得传染病
589　传人　chuánrén　n.　disciple, offspring　功夫传人；学术传人
590　传授　chuánshòu　v.　teach　传授经验；这个技术是他父亲传授给他的
591　传闻　chuánwén　v.　it is said　传闻他回国了；传闻不如亲见
　　　　　　　　　　　　　n.　hearsay　据传闻；不要轻易相信传闻
592　船舶　chuánbó　n.　ships　制造船舶；船舶行业
593　船桨　chuánjiǎng　n.　oar　抓住船桨；划动船桨
594　喘　chuǎn　v.　pant　喘口气；喘不过气
595　喘息　chuǎnxī　v.　gasp for breath; have a breathing spell　喘息不止；一个喘息的机会
596　串门　chuàn//mén　call on sb., drop in　老太太经常出去串门；到舅舅家串个门
597　创伤　chuāngshāng　n.　trauma　腿上的创伤；精神上的创伤
598　床位　chuángwèi　n.　bed　宾馆的床位；医院床位
599　创　chuàng　v.　create　初创；创纪录
600　创始人　chuàngshǐrén　n.　founder　两位创始人；公司创始人

从 581～590 中选择合适的词语填空　Choose the right words from 581-590 and fill in the blanks.

1. 他_____拥挤的人群朝我走来。
2. 她一直都对自己的_____很讲究，不管什么时候看到她，总是很美。
3. 快乐会互相_____，和快乐的人在一起，你也会变得很快乐。
4. 这位科学家的伟大发现让他成了该领域的_____人物。
5. 教师希望把知识全部_____给学生。

从 591～600 中选择合适的词语填空　Choose the right words from 591-600 and fill in the blanks.

6. 我听到一个可怕的_____，不知道是不是真的。

7. 地铁上人很多，挤得我_____不过气来。
8. 邻居们经常来我家_____，一起喝茶、聊天儿。
9. 他忙得连_____的时间都没有，更别说坐下来聊天儿了。
10. 医院现在没有_____，你要手术的话得等一周。

◎ 重点词语　Focus words

1. 出人意料

　　事物的好坏、情况的变化等在人们的意料之外。例如：

（1）考试的结果出人意料。
（2）他的成功出人意料。
（3）她出人意料地离开了大学。

2. 出洋相

　　表示出丑，因为缺乏知识经验而发生可笑的错误。例如：

（1）他刚来中国的时候，因为不会说中文，常常出洋相。
（2）她在网球场上让我大出洋相，快把我气死了！
（3）要认真准备，我们可不能在那么多人面前出洋相。

3. 出自

　　动词，后面加宾语，表示来源、起源。例如：

（1）这篇文章出自那个很有名的记者之手。
（2）她唱的歌出自那部电影。
（3）成功出自努力。

4. 除此之外

　　表示除了已经说的以外。例如：

（1）我只带了一个手机，除此之外什么都没拿。
（2）他是个老师，除此之外，我不知道别的情况。
（3）她今天有综合课和听力课，除此之外，还要去图书馆学习。

5. 除外

　　动词，表示不计算在内，通常用在小句末尾。例如：

（1）图书馆每天开放，星期一下午除外。
（2）她的小说我都爱看，只有这一本除外。

6. 触目惊心

　　看到某种严重的情况，内心受到很大的震动。例如：

（1）车祸现场让人触目惊心。
（2）我们应该从这些触目惊心的事实中吸取教训。

7.川流不息

来往的行人、车辆、船只很多，像流水一样连续不断。例如：

（1）参观的人川流不息地向博物馆走来。

（2）门口的路上汽车川流不息。

◎ 速练　Quick practice

一、选择合适的词语填空　Choose the right words and fill in the blanks.

（一）　　A.出难题　B.出头　C.出众　D.出主意　E.初次　F.穿着

1.他_____的表演才能给我留下了深刻的印象。

2.她让我替她发言，我完全没准备，这是给我_____呢。

3._____见面，很高兴认识你！

4.很多人给他_____，可是他根本不听。

5._____是个人形象很重要的一部分，能体现一个人的品位和气质。

（二）　　A.出人意料　B.触目惊心　C.川流不息　D.处置　E.揣测　F.穿越

1.这次考试的结果_____，没想到第一名竟然不是她。

2.来博物馆参观的人_____。

3.这个医生经验丰富，_____这种创伤完全没问题。

4.那儿发生了一起严重的交通事故，场面_____。

5.我不想随便_____他这句话的意思。

二、选择合适的词语完成句子　Choose the right words to complete the sentences.

1.她做饭的方法都是妈妈_____给她的。
　A.传承　　　　　B.传授　　　　　C.传输　　　　　D.传出

2.父母希望他能把家里的饭馆_____下去。
　A.传承　　　　　B.传奇　　　　　C.传奇　　　　　D.传闻

3.分手一段时间了，他心里的_____还没恢复。
　A.创伤　　　　　B.传染病　　　　C.出血　　　　　D.触觉

4.他不喜欢表达，所以我_____他的想法。
　A.揣摩不透　　　B.想不透　　　　C.揣测出来　　　D.猜测出来

5.警察找到了那个离家_____的孩子，把她安全送回了家。
　A.出手　　　　　B.出头　　　　　C.出游　　　　　D.出走

6.他把妈妈给的钱_____在了上衣口袋里。
　A.揣　　　　　　B.踹　　　　　　C.喘　　　　　　D.摆

7.新闻里说他将_____集团董事长。
　A.出山　　　　　B.出身　　　　　C.出任　　　　　D.出示

三、将词语填入句中合适的位置　Choose the appropriate location for the words.

1. A 他 B 出身 C 农民家庭，D 小时候家境不太好。（于）
2. A 这篇课文 B 他的一本 C 小说，不过 D 里面的长句子变短了。（出自）
3. A 这个医生每天 B 都要给病人做手术，星期一 C 下午 D。（除外）
4. 公司的创始人 A 把自己知道的经营方法都 B 传授 C 了他的 D 传人。（给）

第11单元　Unit 11

◎速记　Quick memory

第1部分　Part 1

601　吹了　chuī le　have broken up　合作的事吹了；这个月的计划又吹了
602　吹牛　chuī//niú　brag　不要吹牛；你吹什么牛啊，实话实说吧
603　吹捧　chuīpěng　v.　extol　互相吹捧；吹捧他写的书
604　垂　chuí　v.　hang down　垂着头；垂手站着
605　垂头丧气　chuítóu-sàngqì　dejected and despondent　不要垂头丧气的，打起精神来。
606　捶　chuí　v.　beat (with a stick/fist)　捶背；捶打
607　锤子　chuízi　n.　hammer　买一把锤子；铁锤子
608　纯粹　chúncuì　adj.　pure　纯粹的学者；思想纯粹
609　纯洁　chúnjié　adj.　pure and honest　心地纯洁；纯洁的关系
　　　　　　　　　　v.　purify　纯洁组织；纯洁思想
610　淳朴　chúnpǔ　adj.　honest and simple　淳朴的感情；民风淳朴
611　醇厚　chúnhòu　adj.　(of taste, smell, etc.) pleasantly strong　酒味醇厚；口感醇厚
612　蠢　chǔn　adj.　stupid　太蠢了；干蠢事
613　戳　chuō　v.　jab　戳破了；用手指戳了戳我
　　　　　　　　n.　stamp　邮戳儿；盖戳儿
614　绰号　chuòhào　n.　nickname　起绰号；他的绰号
615　瓷　cí　n.　porcelain　白瓷；瓷土
616　瓷器　cíqì　n.　porcelain　精美的瓷器；中国的瓷器
617　辞　cí　v.　resign; dismiss　辞掉工作去旅行；他被经理辞了
618　辞呈　cíchéng　n.　resignation　一封辞呈；收到他的辞呈
619　辞去　cíqù　resign　辞去工作；辞去职务
620　辞退　cítuì　v.　dismiss; politely decline　辞退工人；礼貌地辞退了礼物

从601～610中选择合适的词语填空　Choose the right words from 601-610 and fill in the blanks.

1. 他说自己赚了很多钱，我们都不太相信，因为他总是喜欢_____。
2. 那位作家被_____成了大明星，让人觉得不可思议。
3. 她很生气，一边_____着桌子，一边大声喊起来。
4. 她做事情没有一点儿私心，心地非常_____。
5. 这里环境优美，民风_____，真是个好地方。

从611～620中选择合适的词语填空　Choose the right words from 611-620 and fill in the blanks.

6. 他们那儿生产的咖啡味道非常_____。
7. 她的_____叫"开心果"，因为她每天都开开心心的。
8. 他送给我一套非常精美的_____，可以用来喝茶。

9. 经理已经收到了她递交的_____，她下个月就不来上班了。
10. 你怎么能做这样的_____事呢！

第 2 部分　Part 2

621　慈善　císhàn　adj.　charitable　心地慈善；慈善事业
622　慈祥　cíxiáng　adj.　kind, benign　慈祥的笑容；慈祥的老人
623　磁带　cídài　n.　(magnetic) tape　一盒磁带；音乐磁带
624　磁卡　cíkǎ　n.　magnetic card　一张磁卡；插入磁卡
625　磁盘　cípán　n.　magnetic disk　一张磁盘；计算机磁盘
626　此起彼伏　cǐqǐ-bǐfú　as one falls, another rises　鞭炮声此起彼伏；叫好声此起彼伏
627　次日　cìrì　n.　next day　次日出发；次日清晨
628　伺候　cìhou　v.　serve　伺候病人；难伺候
629　刺耳　cì'ěr　adj.　harsh　刺耳的话；刺耳的叫声
630　刺骨　cìgǔ　v.　be piercing　冰冷刺骨；刺骨的寒风
631　刺绣　cìxiù　v.　embroider　手工刺绣；完成刺绣
　　　　　　　　　　n.　embroidery　精美的刺绣；衣服上的刺绣
632　赐　cì　v.　bestow　国王赐给他很多财物。
633　赐教　cìjiào　v.　care to enlighten me with your instruction　请多赐教！
634　匆匆　cōngcōng　adj.　hurried　来去匆匆；急匆匆
635　匆忙　cōngmáng　adj.　hasty　匆忙决定；匆忙上了飞机
636　葱　cōng　n.　scallion　一根葱；大葱
637　从今以后　cóng jīn yǐhòu　from now on　从今以后，他要开始一个人生活了。
638　从来不　cónglái bù　never　从来不迟到；从来不喝酒
639　从容　cóngróng　adj.　calm　从容回答；表现从容
640　从容不迫　cóngróng-búpò　calm and unhurried　他从容不迫地走在敌人前边。

从 621～630 中选择合适的词语填空　Choose the right words from 621-630 and fill in the blanks.

1. 奶奶的笑容非常_____，让人觉得很温暖。
2. 我们到那儿的当天正在下雨，_____就是大晴天了。
3. 他遇到了一个很难_____的顾客，这里也不满意，那里也不满意。
4. 她说的话真_____，让人听了很不舒服。
5. 冬天外边刮起了_____的寒风。

从 631～640 中选择合适的词语填空　Choose the right words from 631-640 and fill in the blanks.

6. 时间来不及了，他急_____吃了几口饭就出门了。
7. 她从小就不喜欢吃_____。
8. 他_____抽烟，也不喝酒。
9. 我们都很着急，他却表现得很_____。
10. 这是我的论文，还存在很多问题，请您_____。

第3部分　Part 3

641	从头	cóngtóu	adv.	from the beginning	从头开始；从头做起
642	从未	cóngwèi	adv.	never	从未离开；从未见过
643	从业	cóngyè	v.	obtain employment	从业机会；从业人员
644	从早到晚	cóngzǎo-dàowǎn		from morning till night	从早到晚地学习
645	丛林	cónglín	n.	jungle	丛林深处；走进丛林
646	凑	còu	v.	gather together; join in; move close to	凑钱；他最喜欢凑热闹；他把书往眼前凑了凑
647	凑合	còuhe	v.	make do (with)	凑合着吃一点儿吧
648	凑巧	còuqiǎo	adj.	coincidental	真不凑巧，他今天不在这儿；凑巧遇到她
649	粗暴	cūbào	adj.	reckless and irritable	态度粗暴；粗暴对待
650	粗糙	cūcāo	adj.	coarse; crudely made	皮肤粗糙；活儿干得粗糙
651	粗鲁	cū·lǔ	adj.	rude	性格粗鲁；说话粗鲁
652	粗略	cūlüè	adj.	rough	粗略判断；粗略地看了看
653	粗心大意	cūxīn-dàyì		careless	做事粗心大意
654	促成	cùchéng	v.	facilitate	促成双方合作；大力促成这件事
655	簇拥	cùyōng	v.	cluster	众人簇拥着他；紧紧簇拥
656	窜	cuàn	v.	flee	到处窜；乱窜
657	催	cuī	v.	urge	催她快点儿；别催我
658	催促	cuīcù	v.	urge	不停地催促；催促他
659	催眠	cuīmián	v.	hypnotize	催眠故事；催眠曲
660	摧毁	cuīhuǐ	v.	destroy	摧毁城市；摧毁敌人的阴谋

从641～650中选择合适的词语填空　Choose the right words from 641-650 and fill in the blanks.

1. 我_____对学习中文失去信心。
2. 做错了没关系，不要伤心，我们还有机会_____开始。
3. 大家_____在老师身边听他讲故事。
4. 家里没有什么好菜，_____着吃点儿吧。
5. 他突然感觉不舒服，_____旁边有一个医生。

从651～660中选择合适的词语填空　Choose the right words from 651-660 and fill in the blanks.

6. 他说话很_____，让人听着不舒服。
7. 这件事是他大力_____的。
8. 孩子们_____着老师说说笑笑地走进了教室。
9. 猫被吓得在马路上到处乱_____。
10. 妈妈用_____的声音给孩子读睡前故事。

◎ 重点词语　Focus words

1. 吹牛

说大话，也可以说"吹牛皮"。例如：

（1）他总说他家有很多房子、很多车，大家都觉得他在吹牛。
（2）我不喜欢那些爱吹牛的人，他们说的话都不可信。
（3）他不是吹牛，他早饭确实吃了10个包子。

2. 垂头丧气

形容情绪低落、失望懊丧的神情。例如：

（1）比赛输了，他们垂头丧气地走下场。
（2）不要垂头丧气的，我们还有机会。

3. 此起彼伏

这里起来，那里落下，表示连续不断。例如：

（1）观众的欢呼声此起彼伏。
（2）早晨，森林里的鸟叫声此起彼伏。

4. 次日

名词，表示第二天。例如：

（1）他1号到的北京，次日就坐飞机来武汉了。
（2）我们公司承诺包裹寄出的次日就能送到目的地。
（3）我到的那天正在下雨，次日天就晴了。

5. 从来不

副词"从来"表示从过去到现在，常用于否定式，构成"从来不""从来没"。例如：

（1）她每次都按时来上课，从来不迟到。
（2）我从来不喝酒。
（3）他从来没说过粗鲁的话。

6. 从容不迫

非常镇静、不慌不忙的样子。例如：

（1）他微笑着从容不迫地走上了讲台。
（2）虽然心里很着急，但是她仍然从容不迫地开着车。

7. 从未

副词，表示从来没，后面常跟动词或形容词，其后常出现"过"。例如：

（1）我从未听过这个传闻。
（2）他从未离开过这里。
（3）我认识她很多年了，她从未胖过。

8. 从早到晚

表示全天的时间。例如：

（1）他<u>从早到晚</u>都很忙。
（2）今天在公司我<u>从早到晚</u>都没看到他，他可能出差了。

9. 粗心大意

做事随便马虎，不细心。例如：

（1）她每次考试都<u>粗心大意</u>，丢了很多不该丢的分。
（2）别忘了拿你的手机，你总是<u>粗心大意</u>的。

◎ 速练　Quick practice

一、选择合适的词语填空　Choose the right words and fill in the blanks.

（一）　　　A. 纯粹　B. 戳　C. 辞退　D. 从业　E. 粗糙　F. 催促

1. 餐饮_____人员都要在体检合格后才能开始工作。
2. 她是一个很_____的人，不会有什么坏想法。
3. 公司的生意越来越差，经理只好_____了几个人。
4. 看我们一直没到，老师反复打电话_____我们快点儿。
5. 这件瓷器制作很_____，肯定不值那么多钱。

（二）　A. 垂头丧气　B. 从容不迫　C. 从今以后　D. 从早到晚　E. 粗心大意　F. 此起彼伏

1. 他们输给了水平明显不如自己的对手，队员们都_____的。
2. 比赛太精彩了，观众的叫喊声_____。
3. 他总是_____，雨伞不知道丢了多少把了。
4. 她_____地回答敌人的问题，看起来非常冷静。
5. 这家小超市_____都开着门，方便了周围的人。

二、选择合适的词语完成句子　Choose the right words to complete the sentences.

1. 他因为一点儿小事和女朋友_____，现在非常后悔。
　A. 算了　　　　B. 完了　　　　C. 吹了　　　　D. 除了
2. 她用手指_____了我一下儿，让我注意看马路对面的那个人。
　A. 捶　　　　　B. 戳　　　　　C. 辞　　　　　D. 揣
3. 他去年_____经理的工作，自己成立了一家公司。
　A. 辞　　　　　B. 辞呈　　　　C. 辞去　　　　D. 辞退
4. 那个电影明星一直都在从事_____事业，帮助贫困地区的孩子上学。
　A. 纯洁　　　　B. 纯粹　　　　C. 慈善　　　　D. 慈祥
5. 我每次见到她，她总是_____的，说不上两句话就走了。
　A. 匆匆　　　　B. 连忙　　　　C. 匆忙匆忙　　D. 匆匆忙忙

6. 别难过，我们还有机会，我陪你_____做起。
   A. 从头　　　　　B. 从未　　　　　C. 从早　　　　　D. 从不
7. 你的文章我_____地看了一遍，里面有不少问题需要修改。
   A. 粗糙　　　　　B. 粗暴　　　　　C. 粗鲁　　　　　D. 粗略

三、将词语填入句中合适的位置　Choose the appropriate location for the words.

1. 虽然 A 在这儿 B 生活了很多年，但是 C 他 D 见过这么美的风景。（从未）
2. A 这座城市的 B 大部分 C 建筑都在战争中被敌人 D 了。（摧毁）
3. 他态度 A 粗暴 B 推开了我，C 消失在了人群中 D。（地）
4. A 她 B 了两家公司 C 的合作 D。（促成）

第12单元　Unit 12

◎速记　Quick memory

第1部分　Part 1

661　脆弱　cuìruò　*adj.*　fragile　感情脆弱；脆弱的心灵
662　翠绿　cuìlǜ　*adj.*　emerald green　翠绿的森林；满山翠绿
663　存放　cúnfàng　*v.*　deposit　存放在银行里；存放行李
664　存心　cúnxīn　*v.*　cherish certain intentions　存心不良；不知他存的什么心
　　　　　　　　　　adv.　intentionally, deliberately　存心为难别人；存心伤害他
665　存折　cúnzhé　*n.*　passbook　一本存折；用存折取钱
666　搓　cuō　*v.*　rub with the hands　搓一条绳子；搓了搓手
667　磋商　cuōshāng　*v.*　consult　多次磋商；反复磋商
668　挫折　cuòzhé　*v.*　inhibit　挫折群众的积极性
　　　　　　　　　　n.　frustration　遇到许多挫折；严重挫折
669　措手不及　cuòshǒu-bùjí　be unprepared　要做好预防工作，免得洪水来的时候措手不及。
670　错别字　cuòbiézì　*n.*　wrongly-written character　写了错别字；改正错别字
671　错觉　cuòjué　*n.*　wrong impression, illusion　产生错觉；一种奇怪的错觉
672　错位　cuò//wèi　be in malposition　骨头错位了；严重错位
673　错综复杂　cuòzōng-fùzá　complex　错综复杂的问题；情况错综复杂
674　搭乘　dāchéng　*v.*　travel by　搭乘飞机；搭乘火车
675　搭建　dājiàn　*v.*　put/rig up　搭建舞台；搭建桥梁
676　达标　dábiāo　*v.*　be up to standard　质量达标；是否达标
677　答辩　dábiàn　*v.*　reply (to a charge/query/an argument)　毕业答辩；论文答辩
678　打岔　dǎ//chà　interrupt　一直打岔；你别打他岔
679　打倒　dǎ//dǎo　knock down　打倒在地；打不倒对手
680　打盹儿　dǎ//dǔnr　take a nap　晚上没睡好，白天老是打盹儿；坐那儿打个盹儿吧

从661～670中选择合适的词语填空　Choose the right words from 661-670 and fill in the blanks.

　1. 那个女孩儿自从和男朋友分手后，内心非常_____。
　2. 这座红色的小屋在_____的树林中显得很突出。
　3. 他出国前，把几箱子书_____在了朋友家。
　4. 她在旁边急得直_____手。
　5. 他们关着门，_____不让我们进去。

从671～680中选择合适的词语填空　Choose the right words from 671-680 and fill in the blanks.

　6. 你觉得她爱上你了？那应该是你的_____。
　7. 为了省钱，她去哪儿都_____公共汽车。
　8. 建筑工人们正在_____临时房屋。

9. 毕业生的论文_____在5月进行。
10. 这些商品的质量都没有_____。

第 2 部分　Part 2

681　**打交道**　dǎ jiāodao　deal with　和……打交道
682　**打搅**　dǎjiǎo　v.　disturb　别打搅他；打搅您了
683　**打捞**　dǎlāo　v.　salvage　打捞队；打捞沉船
684　**打量**　dǎliang　v.　measure with the eye　上下打量；仔细打量
685　**打猎**　dǎ//liè　go hunting　爱好打猎；带我们去打猎
686　**打磨**　dǎmó　v.　polish　手工打磨；反复打磨
687　**打通**　dǎ//tōng　get through　打通思想；打通房间；打不通电话
688　**打仗**　dǎ//zhàng　fight, go to war　准备打仗；打个翻身仗
689　**打招呼**　dǎ zhāohu　say hello　热情地打招呼；打个招呼
690　**大包大揽**　dàbāo-dàlǎn　take charge of everything　大包大揽全部的工作
691　**大笔**　dàbǐ　n.　large sum (of capital, money, etc.)　大笔支出；大笔资金
692　**大臣**　dàchén　n.　minister　一位大臣；外交大臣
693　**大吃一惊**　dàchī-yìjīng　be greatly surprised　答案让人大吃一惊
694　**大大咧咧**　dàdaliēliē　adj.　careless　一副大大咧咧的样子；做事大大咧咧
695　**大地**　dàdì　n.　earth　春回大地；中华大地
696　**大队**　dàduì　n.　brigade; large body/contingent　森林火灾救援大队成功扑灭了山火；先派两个人去查看一下儿情况，没问题的话，大队再过去
697　**大幅度**　dà fúdù　substantially　大幅度增加；大幅度提高待遇
698　**大公无私**　dàgōng-wúsī　selfless　大公无私的人
699　**大家庭**　dàjiātíng　n.　big family　幸福的大家庭
700　**大街小巷**　dàjiē-xiǎoxiàng　streets and lanes　大街小巷都是人；走遍大街小巷

从 681～690 中选择合适的词语填空　Choose the right words from 681-690 and fill in the blanks.

1. 他在银行工作，每天都和钱_____。
2. 她正在看书呢，别去_____她。
3. 我们初次见面时互相_____了一番。
4. 这块宝石的工艺不达标，还需要重新_____。
5. 他想把两个相邻的房间_____，让孩子有更大的活动空间。

从 691～700 中选择合适的词语填空　Choose the right words from 691-700 and fill in the blanks.

6. 温暖的阳光照耀着_____上的万物。
7. 今天是这家超市的会员日，商品的价格有_____的下降。
8. 我们先出发，_____在后面跟着我们走。
9. 他需要很高的收入才能照顾好这个_____。
10. 超过50万的_____支出需要有总经理的签字才能报销。

第3部分　Part 3

701　**大惊小怪**　dàjīng-xiǎoguài　be alarmed at sth. quite normal　不就是虫子吗？有什么好大惊小怪的。
702　**大局**　dàjú　*n.*　overall situation　大局已定；掌握大局
703　**大款**　dàkuǎn　*n.*　moneybags　他是大款，不在乎这点儿钱。
704　**大面积**　dà miànjī　large area　大面积停水；大面积种植
705　**大名鼎鼎**　dàmíng-dǐngdǐng　famous　大名鼎鼎的艺术家；大名鼎鼎的学者
706　**大模大样**　dàmú-dàyàng　in an ostentatious manner　他大模大样地走进了警察局。
707　**大棚**　dàpéng　*n.*　greenhouse　塑料大棚；蔬菜大棚
708　**大片**　dàpiàn　*n.*　blockbuster　国产大片；进口大片
709　**大气**　dàqì　*n.*　atmosphere, air　大气污染；大气层
710　**大厦**　dàshà　*n.*　large building　一座大厦；高楼大厦
711　**大数据**　dàshùjù　*n.*　big data　大数据显示；根据大数据
712　**大肆**　dàsì　*adv.*　wantonly　大肆收购；大肆攻击
713　**大体**　dàtǐ　*adv.*　generally　大体相同；大体同意
714　**大体上**　dàtǐ shang　by and large　从大体上说
715　**大同小异**　dàtóng-xiǎoyì　be the same in essentials while differing in minor points　情况大同小异；内容大同小异
716　**大腕儿**　dàwànr　*n.*　big name, big shot　大腕儿演员；大腕儿作家
717　**大选**　dàxuǎn　*v.*　hold a general election　参加大选；举行大选；总统大选
718　**大雁**　dàyàn　*n.*　wild goose　一群大雁；大雁往南飞
719　**大意**　dàyì　*n.*　main points　文章大意；讲话的大意
720　**大意**　dàyi　*adj.*　careless　粗心大意；因为大意做错了题

从 701～710 中选择合适的词语填空　Choose the right words from 701-710 and fill in the blanks.

 1. 这只是一件小事，你不要_____的。
 2. 仗快要打完了，决定_____的时刻到了。
 3. 他们计划明年在这个地区_____种植棉花。
 4. 我们一大早就去_____里摘菜了。
 5. 包围地球的气体叫_____，为动植物的生存提供了条件。

从 711～720 中选择合适的词语填空　Choose the right words from 711-720 and fill in the blanks.

 6. 她虽然表现不错，但是没必要这样_____吹捧。
 7. 我们的看法_____相同，所以我会支持你的。
 8. 总统宣布他明年还会参加政府的_____。
 9. 我听懂了他们谈话的_____，但细节上有的地方还不太明白。
 10. 他真_____，连这么明显的错误都没有检查出来。

◎ **重点词语**　Focus words

1. 措手不及

因为没有准备，来不及应付。例如：

（1）必须做好准备工作，免得出现意外让我们措手不及。

（2）客人早来了一个小时，让我措手不及。

2. 错综复杂

形容头绪繁多，情况复杂。例如：

（1）家庭问题有时错综复杂，不能轻易判断谁对谁错。

（2）地铁建设是一个错综复杂的大工程。

3. 打交道

常用在口语中，表示交际、往来、联系。常用在"和/跟……打交道"中。例如：

（1）我姐姐在银行工作，每天都和钱打交道。

（2）他总是很骄傲，我不太喜欢跟他打交道。

（3）她喜欢跟不同性格的人打交道。

4. 打仗

进行战斗，可以说"和/跟……打仗"。"打仗"可以说"打硬仗""打漂亮仗"，"打硬仗"表示完成有难度的事情，"打漂亮仗"表示完成得很好。例如：

（1）大家要更积极主动，对手实力很强，今天的比赛我们要打硬仗。

（2）在大家的努力下，我们这次打了一个漂亮仗。

5. 大包大揽

把工作或事情全部包揽、承担起来。例如：

（1）他妈妈总是大包大揽，所以他得不到锻炼的机会。

（2）这篇文章说，很多男人不会做饭是因为他们的另一半总是大包大揽。

6. 大吃一惊

形容对发生的意外的事情或情况感到非常吃惊。例如：

（1）调查的结果让所有人大吃一惊。

（2）他的到来使我们大吃一惊。

7. 大大咧咧

状态形容词，形容随随便便，满不在意。例如：

（1）别看她一副大大咧咧的样子，其实内心也很敏感。

（2）他说话做事总是大大咧咧的。

8. 大街小巷

大的街道，小的巷子，泛指城市里各处街巷。例如：

（1）大街小巷都是欢乐的人群。
（2）他喜欢骑着自行车穿行在这个城市的大街小巷。

9. 大惊小怪

形容对不足为奇的事情过分惊讶。例如：

（1）她总是大惊小怪的，把我们也搞得很紧张。
（2）别大惊小怪的，继续写你的作业吧。

10. 大名鼎鼎

名气非常大。例如：

（1）她是一位大名鼎鼎的艺术家。
（2）他没想到今天在电影院能和大名鼎鼎的电影明星面对面交流。

11. 大模大样

形容傲慢、满不在乎的样子。例如：

（1）那个迟到的学生竟然大模大样地走进了教室。
（2）虽然没钱，但她还是大模大样地坐在饭店里吃了一顿。

12. 大气

读 dàqì 时是名词，表示包围着地球的气体。例如：

（1）大气污染问题没有以前那么严重了。

还可以读 dàqi，这时做形容词，表示气势大，也指样式、颜色等大方。

（2）他写的文章非常大气。
（3）她身上穿的那件衣服样式很大气。

13. 大体上

表示从主要方面来说，或者就多数情形说。例如：

（1）我大体上明白了他说的话。
（2）我们的看法大体上相同。

14. 大同小异

大部分相同，只有小部分不同。例如：

（1）他们的病情大同小异。
（2）这两个词的用法大同小异。

◎ 速练　Quick practice

一、选择合适的词语填空　Choose the right words and fill in the blanks.

（一）　A. 打捞　B. 大模大样　C. 大同小异　D. 措手不及　E. 错综复杂　F. 打岔

1. 你别_____，让我把话说完。
2. 这两道题_____，你弄清楚第一题，就知道第二题怎么做了。

3. 没想到这件事_____，他花了半天时间才搞清楚前因后果。
4. 一走进教室，同学们就告诉我今天有考试，让我有些_____。
5. 他_____地坐在那里，但是我们谁也不认识他。

(二) A.大包大揽 B.大吃一惊 C.大大咧咧 D.大公无私 E.大街小巷 F.大名鼎鼎
1. 她的性格_____的，跟谁都能成朋友。
2. 这首歌最近非常流行，_____都能听到。
3. 我父亲是一个_____的人，总是以工作为重。
4. 他告诉我这个消息的时候，我_____，完全没想到事情会发展成这样。
5. 妈妈总是_____，把家里大大小小的事情都做了。

二、选择合适的词语完成句子　Choose the right words to complete the sentences.
1. 他哥哥在医院当医生，每天_____。
　A.打交道病人　　B.打病人交道　　C.和病人打交道　　D.和病人交道
2. 每次一见面，他就_____。
　A.跟我热情打招呼　　　　　　B.热情地跟我打招呼
　C.跟我打热情的招呼　　　　　D.热情打招呼跟我
3. 经过半年的用心经营，我们公司的收入有了_____提高。
　A.大幅度　　B.大面积　　C.大体上　　D.一大笔
4. 她拿着父母的银行卡在商场里_____购物。
　A.大局　　B.大款　　C.大气　　D.大肆
5. 请同学们先读一遍课文，理解课文的_____。
　A.大体　　B.大数据　　C.大局　　D.大意
6. 他把车停在门口，_____不让别的车通过。
　A.存心　　B.安心　　C.真心　　D.粗心
7. 你的这篇论文大体上不错，不过细节上还需要再_____一下儿。
　A.打量　　B.打磨　　C.打通　　D.打仗

三、将词语填入句中合适的位置　Choose the appropriate location for the words.
1. 这是我的存折，我A把B所有的钱都C在银行里D了。(存放)
2. 我A用五分钟把B这篇文章读了一遍，C明白了D文章的意思。(大体上)
3. 他气A一拳B把对手C打倒D在地。(得)
4. 他A跟我见着面，连B招呼都不C一下儿就过去了，我也没D得罪他啊。(打)

第13单元　Unit 13

◎速记　Quick memory

第1部分　Part 1

721　大有可为　dàyǒu-kěwéi　have a brilliant future　线上教学大有可为；两国经济合作大有可为

722　大宗　dàzōng　adj.　large amount of　大宗商品；大宗货物
　　　　　　　　　n.　staple　本地产品以茶叶为大宗

723　歹徒　dǎitú　n.　robber, burglar　一群歹徒；警察抓住了歹徒

724　逮　dǎi　v.　catch　猫逮老鼠；逮着小偷儿了

725　代号　dàihào　n.　code name　地区代号；行动代号

726　代理人　dàilǐrén　n.　agent　公司代理人；本地办事处的代理人

727　代言人　dàiyánrén　n.　spokesperson　广告代言人；明星代言人

728　带队　dàiduì　v.　lead a group　带队出发；由王老师带队

729　带路　dài//lù　lead the way　在前面带路；给旅行团带路

730　带头　dài//tóu　take the lead　带头开展；带头作用

731　带头人　dàitóurén　n.　leader　学科带头人；项目带头人

732　待　dài　v.　entertain; treat　待客；待人热情

733　怠工　dài//gōng　v.　slow down　消极怠工

734　怠慢　dàimàn　v.　slight, neglect　怠慢客人；不敢怠慢

735　逮捕　dàibǔ　v.　arrest　逮捕歹徒；被警方逮捕

736　担　dān　v.　carry on a shoulder pole; take on　担水；把责任担起来

737　担当　dāndāng　v.　undertake　勇于担当；担当重任

738　担负　dānfù　v.　shoulder, bear　担负领导职责；费用由他担负

739　单边　dānbiān　adj.　unilateral　单边行动；单边贸易

740　单薄　dānbó　adj.　thin; frail; insubstantial, flimsy　穿着单薄；身体单薄；内容单薄

从721～730中选择合适的词语填空　Choose the right words from 721-730 and fill in the blanks.

1.＿＿＿＿＿货物从海上运输到世界各地的成本最低。

2. 警察把那群歹徒＿＿＿＿＿住了。

3. 这次行动的＿＿＿＿＿是"破冰"。

4. 为了吸引更多年轻人购买，我们请了当红明星做我们品牌的＿＿＿＿＿。

5. 今年的比赛，我们球队由王教练＿＿＿＿＿。

从731～740中选择合适的词语填空　Choose the right words from 731-740 and fill in the blanks.

6. 他＿＿＿＿＿人非常热情，像大哥哥一样。

7. 她工作时不太积极，总是消极＿＿＿＿＿，大家都不愿意和她合作。

8. 热情点儿，别＿＿＿＿＿了客人。

9. 警察_____了那个小偷儿。

10. 天气这么冷，你穿得这么_____，能行吗？

第2部分　Part 2

741　单方面　dānfāngmiàn　n.　one side, single side　单方面决定；单方面同意

742　单身　dānshēn　n.　single　单身宿舍

743　耽搁　dānge　v.　stop over, delay　耽搁几天；耽搁时间

744　耽误　dānwu　v.　delay, spoil through delay　耽误生产；耽误功课

745　胆怯　dǎnqiè　adj.　timid　胆怯地走上台；声音充满胆怯

746　胆子　dǎnzi　n.　courage　胆子不小；放开胆子

747　但愿　dànyuàn　v.　wish　但愿如此；但愿明天是晴天

748　担　dàn　m.　used of things carried on a shoulder pole　一担水；两担米

749　担子　dànzi　n.　burden　一副担子；担子重

750　诞辰　dànchén　n.　birthday (used more for respected people)　60岁诞辰；诞辰日

751　淡化　dànhuà　v.　desalinate; weaken　淡化海水；家庭观念淡化

752　淡季　dànjì　n.　slack season　旅游淡季

753　蛋白质　dànbáizhì　n.　protein　丰富的蛋白质；补充蛋白质

754　当即　dāngjí　adv.　immediately　当即表示同意；接到任务，当即出发

755　当今　dāngjīn　n.　present, today　当今世界；当今的最新技术

756　当面　dāng//miàn　face to face　当面说清楚；当面谈问题

757　当日　dāngrì　n.　at that time　不减当日风采

758　当事人　dāngshìrén　n.　party (to a lawsuit); person/party concerned　他是这起案件的当事人；双方当事人

759　当务之急　dāngwùzhījí　pressing matter of the moment　我们的当务之急是筹集资金。

760　当下　dāngxià　adv.　at that moment, immediately　她一听，当下就哭了起来。

从741～750中选择合适的词语填空　Choose the right words from 741-750 and fill in the blanks.

1. 她出门的时候_____了一会儿，到火车站的时候火车已经开了。

2. 这是公司为大家提供的_____宿舍，没结婚的都可以申请。

3. 我第一次在舞台上表演节目时，还真有一些_____。

4. _____明天天气能好起来，那样我们就可以去动物园了。

5. 我们不怕_____重，一定要把事情办好。

从751～760中选择合适的词语填空　Choose the right words from 751-760 and fill in the blanks.

6. 跟着父母在其他城市长大的孩子关于故乡的观念会逐渐_____。

7. 在旅游_____，宾馆、机票等费用都会比较低。

8. 今天我在商场试了一条非常漂亮的裙子，_____买了下来。

9. 我太生气了，我一定要_____告诉她我的看法。

10. 律师邀请有关的_____一起讨论案件。

第3部分 Part 3

761	当心	dāngxīn	v.	watch out	当心滑倒；千万当心
762	当着	dāngzhe		facing toward	当着观众的面；当着孩子
763	当之无愧	dāngzhīwúkuì		fully deserve	当之无愧的冠军
764	当众	dāngzhòng	adv.	in public	当众认错；当众宣布结果
765	当晚	dàngwǎn	n.	same evening	早上出发，当晚就赶回来。
766	当真	dàngzhēn	v.	take sth. seriously	跟你开玩笑的，别当真。
			adv.	really	当真是他说的？
767	荡漾	dàngyàng	v.	ripple	湖水荡漾；歌声在教室里荡漾
768	档次	dàngcì	n.	grade	不同的档次；提高档次
769	导弹	dǎodàn	n.	missile	发射导弹；新型导弹
770	导航	dǎoháng	v.	navigate	导航系统；自动导航
771	导火索	dǎohuǒsuǒ	n.	(blasting) fuse	战争的导火索；点燃导火索
772	导师	dǎoshī	n.	tutor	研究生导师；人生的导师
773	导向	dǎoxiàng	v.	lead to	导向两国关系正常化发展。
			n.	guidance	正确的导向；以结果为导向
774	岛屿	dǎoyǔ	n.	island	美丽的岛屿；巨大的岛屿
775	捣乱	dǎo//luàn		make trouble	存心捣乱；你在这儿捣什么乱
776	倒卖	dǎomài	v.	resell at a (high) profit	倒卖车票；转手倒卖
777	倒霉	dǎo//méi		down on one's luck, unlucky	遇到一件倒霉的事；这次倒大霉了
778	倒塌	dǎotā	v.	collapse	房屋倒塌；倒塌下来
779	倒下	dǎoxia		fall	倒下的树；轰然倒下
780	到头来	dàotóulái	adv.	in the end	到头来一无所有

从761～770中选择合适的词语填空 Choose the right words from 761-770 and fill in the blanks.

1. 跟那种爱骗人的人打交道，你可千万_____。
2. 主持人_____宣布了投票的结果。
3. 得到消息后，我们简单收拾了一下儿，_____就出发了。
4. 别把他的话_____，他是在开玩笑。
5. 歌声_____在公园里，路人不知不觉地停下脚步倾听。

从771～780中选择合适的词语填空 Choose the right words from 771-780 and fill in the blanks.

6. 在_____的指导下，我顺利毕业了。
7. 这起事件成了点燃战争的_____。
8. 开发新产品应该以市场需求为_____。
9. 他存心_____，被我批评了一顿。
10. 真_____，我刚赶到车站，火车正好开走了。

◎ 重点词语　Focus words

1. 大有可为

　　能充分发挥作用，能做出重大贡献。例如：

　　（1）年轻人到农村去大有可为。

　　（2）当代社会社区教育大有可为。

2. 但愿

　　"但"，副词，表示只、仅仅。"但愿"表示只希望。例如：

　　（1）但愿他的身体能早点儿好起来，这样就可以跟我们一起踢球了。

　　（2）但愿我儿子能顺利通过考试，实现他的愿望。

　　（3）天气预报说明天没有雨，但愿如此。

3. 当即

　　副词，表示立即、马上就。例如：

　　（1）接到他的电话，我当即出发了。

　　（2）看到前边发生了事故，她当即报了警。

　　（3）他参观完当即决定买下那套房子。

4. 当务之急

　　当前急切应该办的事。例如：

　　（1）经济改革是当务之急。

　　（2）我们的当务之急是想办法找到适合办公的地方。

5. 当着

　　表示面对着。例如：

　　（1）当着他的面，我们把话说清楚。

　　（2）我当着大家的面把礼物都拆了。

　　（3）他们俩当着孩子的面吵了起来。

6. 当之无愧

　　承受得起某种称号或者荣誉。例如：

　　（1）达·芬奇是当之无愧的杰出画家。

　　（2）他乒乓球打得那么好，去参加明天的比赛是当之无愧的。

7. ……人（代理人、代言人、带头人、当事人）

　　中文里以"人"结尾的三音节词有很多，表示某种类型的人，例如这一单元中出现了"代理人、代言人、带头人、当事人"，再如：年轻人、继承人、接班人、保证人、买卖人、发言人、发起人等等。

　　（1）他是这家外国公司在中国的代理人。

　　（2）很多品牌为了吸引年轻人，喜欢请当红明星当代言人。

（3）因为他是当事人，所以律师让他不要随便发表意见。

◎速练　Quick practice

一、选择合适的词语填空　Choose the right words and fill in the blanks.

（一）　　A.大有可为　B.当务之急　C.当之无愧　D.带路　E.担当　F.单边
1. 很多外国人对中国文化感兴趣，教外国人说中文这件事_____。
2. 这项工作难度很大，_____是找到一位负责人。
3. 她获得了"最受欢迎女演员"称号，大家都说她_____。
4. 他们要去山里考察，请了当地一个很有经验的向导_____。
5. 这是对方的_____行动，我们没接到通知，不了解情况。

（二）　　A.胆子　B.当今　C.档次　D.岛屿　E.倒卖　F.到头来
1. 这些_____风景很美，有大批游客坐船来这里游玩。
2. 她_____很小，晚上不敢一个人出门。
3. 他靠_____电视机赚了人生第一桶金。
4. 这部手机应用了_____最新的科研成果。
5. 学习的时候总想着玩儿，_____只能一事无成。

二、选择合适的词语完成句子　Choose the right words to complete the sentences.
1. 他是我们公司在华中地区的_____，可以找他谈合作的事情。
　　A.代理人　　　　B.代言人　　　　C.带头人　　　　D.当事人
2. 我们要勇于_____，不怕困难，努力前进。
　　A.担　　　　　　B.担当　　　　　C.担负　　　　　D.担子
3. 她很_____，害怕说错话、做错事。
　　A.单薄　　　　　B.单身　　　　　C.胆怯　　　　　D.担子
4. 出去玩儿早点儿回来，别_____做功课。
　　A.耽搁　　　　　B.耽误　　　　　C.淡化　　　　　D.当心
5. 这位老艺术家虽然已经八十多岁了，但仍不减_____风采。
　　A.当即　　　　　B.当今　　　　　C.当面　　　　　D.当日
6. 昨天下了一夜雨，_____路滑。
　　A.当下　　　　　B.当心　　　　　C.当着　　　　　D.当众
7. 这件事_____是他干的？我不相信，这太让人意外了。
　　A.当众　　　　　B.当晚　　　　　C.当真　　　　　D.当今

三、将词语填入句中合适的位置　Choose the appropriate location for the words.
1. 真倒霉，他 A 正好被那棵 B 的 C 树压 D 在下面了。（倒下）
2. A 成千上万电视 B 观众的 C 面，他 D 把手里的杯子变成了一束花。（当着）
3. 那群 A 打人的 B 歹徒被 C 警察一个一个地 D 住了。（逮）
4. A 当今社会，B 年轻人的 C 家庭观念逐渐 D 了。（淡化）

第14单元　Unit 14

◎速记　Quick memory

第1部分　Part 1

781　到位　dào//wèi　be in place　资金到位；安装到位
782　倒计时　dàojìshí　v.　count down　开始倒计时；进入倒计时阶段
783　倒数　dàoshǔ　v.　count backwards　倒数第一名；成绩倒数
784　盗　dào　v.　steal　偷盗；仓库被盗了；盗取
785　盗窃　dàoqiè　v.　steal　盗窃公物；盗窃犯
786　悼念　dàoniàn　v.　mourn　悼念死去的人
787　道具　dàojù　n.　prop　制作道具；电影道具
788　稻草　dàocǎo　n.　straw　一堆稻草；稻草人
789　得不偿失　débùchángshī　the loss outweighs the gain　你总想占人家的小便宜，小心会得不偿失。
790　得当　dédàng　adj.　proper　处理得当；安排得当
791　得力　délì　adj.　capable　办事得力；得力助手
792　得失　déshī　n.　gains and losses; advantages and disadvantages　个人得失；各有得失
793　得手　déshǒu　adj.　handy, convenient and easy to use　得手的工具；用起来很得手
794　得体　détǐ　adj.　appropriate　说话得体；衣着得体
795　得天独厚　détiāndúhòu　be richly endowed by nature　得天独厚的条件；得天独厚的环境
796　得益于　déyì yú　benefit from　得益于全社会的支持；得益于朋友们的帮助
797　得意扬扬　déyì-yángyáng　be immensely proud　他赢了比赛，一副得意扬扬的样子。
798　得知　dézhī　v.　get to know　得知消息；刚刚得知
799　得罪　dézuì　v.　offend　得罪人；不小心得罪了他
800　德　dé　n.　virtue; mind　公德；美德；同心同德

从781～790中选择合适的词语填空　Choose the right words from 781-790 and fill in the blanks.

1. 昨天晚上那家商店被_____了，警察正在进行调查呢。
2. 高考复习已进入_____阶段，家长比孩子更紧张。
3. 这一页_____第二行有一个错别字。
4. 资金和人员已经_____，我们开始行动吧。
5. 这次活动组织安排_____，领导很满意。

从791～800中选择合适的词语填空　Choose the right words from 791-800 and fill in the blanks.

6. 这两种方法各有_____，还是让王经理决定吧。
7. 在这么正式的场合，她的话说得很不_____。
8. 这台电脑用起来不太_____，我还是用我自己的吧。
9. 公司的快速发展_____老板的正确领导。
10. _____她要结婚的消息，大家都感到吃惊。

第2部分　Part 2

801　灯笼　dēnglong　n.　lantern　红灯笼；挂灯笼
802　灯泡　dēngpào　n.　light bulb　换灯泡；电灯泡
803　登机　dēngjī　v.　board an airplane　登机牌；登机口
804　登陆　dēng//lù　land; (of a commodity, etc.) enter a (new) market　台风登陆；登陆上海市场
805　蹬　dēng　v.　pedal　蹬车子；蹬腿
806　凳子　dèngzi　n.　stool　长凳子；竹凳子
807　瞪　dèng　v.　glare　瞪着他；瞪了一眼
808　低调　dīdiào　n.　low profile　你这些低调，听着真让人生气。
　　　　　　　　　　adj.　low-profile　那个明星很低调；低调处理这件事
809　低估　dīgū　v.　underestimate　低估价值；低估他的能力
810　低谷　dīgǔ　n.　all-time low　走出低谷；用电低谷
811　低价　dījià　n.　low price　低价购买；低价收购
812　低迷　dīmí　adj.　dim　低迷的市场；消费低迷
813　低碳　dītàn　adj.　low carbon　低碳生活；低碳生产
814　低下　dīxià　adj.　low　效率低下；能力低下
815　堤　dī　n.　embankment　河堤；千里长堤
816　堤坝　dībà　n.　dykes and dams　一道堤坝；修建堤坝
817　提防　dīfang　v.　beware of　提防坏人；提防着点儿
818　笛子　dízi　n.　flute　一根笛子；吹笛子
819　抵触　dǐchù　v.　conflict　相互抵触；抵触情绪
820　抵挡　dǐdǎng　v.　keep out, resist　抵挡不住；抵挡寒风

从801～810中选择合适的词语填空　Choose the right words from 801-810 and fill in the blanks.

1. 邻居家的小孩儿提着一个纸做的红_____。
2. 他站起来，把_____推到了桌子下面。
3. 我们的航班在7号_____口检票。
4. 我_____了他一眼，他马上安静了下来。
5. 那个明星想_____处理自己离婚的事情。

从811～820中选择合适的词语填空　Choose the right words from 811-820 and fill in the blanks.

6. 经济_____将影响就业。
7. 这是最后一台样机，他们_____卖给了我，便宜了500块钱呢。
8. 不要太相信她说的话，你对她最好_____着点儿。
9. 你一边看电视一边写作业，效率肯定_____。
10. 她说的都是气话，带有_____情绪。

第 3 部分　Part 3

821　抵消　dǐxiāo　*v.*　offset　作用抵消；彼此抵消
822　抵押　dǐyā　*v.*　mortgage　抵押房子；抵押贷款
823　抵御　dǐyù　*v.*　resist　抵御风沙；抵御进攻
824　抵制　dǐzhì　*v.*　boycott　抵制不正之风；加以抵制
825　底层　dǐcéng　*n.*　ground floor; bottom　大楼的底层；社会底层
826　底线　dǐxiàn　*n.*　bottom line　价格底线；谈判底线
827　底蕴　dǐyùn　*n.*　details, ins and outs　文化底蕴；底蕴深厚
828　底子　dǐzi　*n.*　base; ins and outs; foundation; rough draft or sketch, a copy kept as a record; remnant; background　鞋底子；把敌人的底子摸清了；他的中文底子很薄；画画儿前，可以打个底子；这是文件的原始底子；这些货底子打折处理；白底子的桌布容易脏
829　地步　dìbù　*n.*　predicament　到……地步
830　地道　dìdào　*n.*　tunnel　军事地道；地道入口
831　地道　dìdao　*adj.*　produced from a truly famous place of origin; genuine, pure; up to standard, excellent　地道药材；地道的北京人；他是一个办事地道的人
832　地段　dìduàn　*n.*　sector of an area　黄金地段；中心地段
833　地理　dìlǐ　*n.*　geography　自然地理；经济地理
834　地毯　dìtǎn　*n.*　carpet　一张地毯；铺地毯
835　地下水　dìxiàshuǐ　*n.*　groundwater　利用地下水；开采地下水；地下水污染
836　地狱　dìyù　*n.*　hell　下地狱；人间地狱
837　地域　dìyù　*n.*　vast region　地域广阔；特殊地域
838　地质　dìzhì　*n.*　geology　地质学；地质研究
839　弟子　dìzǐ　*n.*　disciple　得意弟子；关门弟子
840　帝国　dìguó　*n.*　empire　商业帝国；古罗马帝国

从 821～830 中选择合适的词语填空　Choose the right words from 821-830 and fill in the blanks.

1. 这两种药不能同时吃，不然药的作用就互相_____了。
2. 他为了做生意，用房子做_____向银行贷款。
3. 我穿上最厚的羽绒服_____冬天的寒冷。
4. 我们要_____大吃大喝、浪费食物这种不正之风。
5. 她懂得生活在社会最_____的人们的各种痛苦。

从 831～840 中选择合适的词语填空　Choose the right words from 831-840 and fill in the blanks.

6. 这个日本人的中文说得真_____。
7. 这儿是交通事故多发_____，开车小心点儿！
8. 妈妈在沙发前边铺了一块大大的_____。
9. 孔子的_____把孔子说过的话记录下来编成了一本书。
10. 中国的很多河流都是从西往东流的，这与中国的_____情况有关。

◎ **重点词语** Focus words

1. 得不偿失

    得到的抵不上失去的。例如：

    （1）他一开始舍不得花钱看病，结果病越来越严重，真是得不偿失。
    （2）为了赚钱失去了最好的朋友，我觉得你这样做得不偿失。

2. 得手

    形容词，表示心里怎么想，手就能怎么做，很自如，顺手。例如：

    （1）这把刀太笨，用起来不太得手。
    （2）不要想太多，怎么得手就怎么干吧。

3. 得天独厚

    具有特殊优越的条件，也指所处的环境特别好。例如：

    （1）这儿有得天独厚的自然环境，旅游业发展得很好。
    （2）她拥有得天独厚的身体条件，很适合跳舞。

4. 得益于

    由动词"得益"和介词"于"构成，表示从何处得到好处、受益。例如：

    （1）公司发展得越来越好，得益于大家团结合作。
    （2）她赢得了比赛，得益于平时的认真练习。
    （3）人们的生活水平不断提高，得益于国家的好政策。

5. 得意扬扬

    形容非常得意的样子。例如：

    （1）他得意扬扬地告诉我们他的文章发表了。
    （2）她考了第一名，看上去得意扬扬的。

6. 登陆

    从大海或者江河到陆地上，也可以比喻商品进入某地市场。例如：

    （1）天气预报说明天晚上台风会登陆这个城市。
    （2）这家中国公司生产的空调成功登陆日本市场。

7. 地道

    读 dìdào 时，是名词，表示在地面下挖出来的交通坑道。

    （1）这条地道已经有 200 年的历史了，经过加固，现在仍在使用。

    读 dìdao 时，是形容词，表示真正的有名产地出产的、真正的、够标准。例如：

    （2）到武汉可以吃到地道的热干面。
    （3）他的普通话说得真地道。
    （4）他干的活儿真地道。

◎ 速练　Quick practice

一、选择合适的词语填空　Choose the right words and fill in the blanks.

（一）　　　A. 得不偿失　B. 得天独厚　C. 得意扬扬　D. 得罪　E. 得力　F. 蹬

1. 因为一点儿小事就批评孩子，_____。
2. 他_____地走到我面前，骄傲地说："我考了第一名！"
3. 这儿离海很近，有_____的地理条件成为运输中心。
4. 他安排最_____的助手负责这个项目。
5. 她说话太直接，很容易_____人。

（二）　　　A. 低估　B. 抵挡　C. 底线　D. 底蕴　E. 地域　F. 地质

1. 不要_____他的能力，他完成这个任务完全没问题。
2. 这座城市有千年的历史，有深厚的文化_____。
3. 对手太强了，我实在_____不住他的进攻。
4. 中国南方和北方_____不同，饮食习惯也不太一样。
5. 谈判的时候不能一开始就让对方知道我们的_____。

二、选择合适的词语完成句子　Choose the right words to complete the sentences.

1. 他虽然很年轻，但事情处理得很_____。
　　A. 得到　　　　B. 得当　　　　C. 得失　　　　D. 得手
2. "到什么山上唱什么歌"，在不同场合说话、做事要_____。
　　A. 得力　　　　B. 得失　　　　C. 得手　　　　D. 得体
3. 这名演员终于走出了人生的_____，在新电影中表现得很出色。
　　A. 低估　　　　B. 低下　　　　C. 低迷　　　　D. 低谷
4. 他对做这件事非常_____，总是消极怠工。
　　A. 提防　　　　B. 抵触　　　　C. 抵挡　　　　D. 抵御
5. 我们要对这些不正之风加以_____。
　　A. 抵触　　　　B. 抵挡　　　　C. 抵制　　　　D. 抵消
6. 这儿是城市的中心_____，所以租金特别贵。
　　A. 地步　　　　B. 地段　　　　C. 地质　　　　D. 地道
7. 虽然她的_____不太好，但是她坚持练习，最终成了优秀的舞蹈家。
　　A. 底层　　　　B. 底线　　　　C. 底子　　　　D. 底蕴

三、将词语填入句中合适的位置　Choose the appropriate location for the words.

1. A 新闻里说 B 博物馆被 C 的那幅名画已经 D 找到了。（盗）
2. A 这件事的顺利 B 解决 C 得益 D 全公司对他的支持。（于）
3. 他把 A 自己的房子 B 给银行，C 贷了一大笔钱 D 给工人发工资。（抵押）
4. 他 A 没有找到工作 B，很快就到了 C 吃了上顿没下顿的 D。（地步）

第15单元 Unit 15

◎速记　Quick memory

第1部分　Part 1

841　帝国主义　dìguó zhǔyì　imperialism　帝国主义国家
842　递交　dìjiāo　v.　hand over, submit　递交本人；递交国书
843　第一手　dìyīshǒu　adj.　first-hand　第一手材料；第一手知识
844　第一线　dìyīxiàn　n.　front (line); first line　战斗在第一线；生产第一线
845　颠倒　diāndǎo　v.　reverse　颠倒是非；颠倒黑白
846　颠覆　diānfù　v.　overturn; subvert　防止列车颠覆；颠覆活动
847　巅峰　diānfēng　n.　peak　事业的巅峰；巅峰状态
848　典范　diǎnfàn　n.　model　典范作品；成为典范
849　点火　diǎn//huǒ　ignite　火箭点火成功；机器点火
850　点击率　diǎnjīlǜ　n.　click rate　点击率高/低；增加点击率
851　点评　diǎnpíng　v.　comment on　进行点评；点评文章
　　　　　　　　　　 n.　comment　精彩的点评；老师对我的点评
852　点心　diǎnxin　n.　snack　吃点心；做点心
853　点缀　diǎnzhuì　v.　embellish　明亮的星星点缀在夜空中，美极了。
854　点子　diǎnzi　n.　idea　想一个点子；好点子
855　电报　diànbào　n.　telegraph　发电报；收电报
856　电铃　diànlíng　n.　electric bell　按一下儿电铃；电铃响了
857　电网　diànwǎng　n.　electrified wire netting; power grid　一道电网；国家电网
858　电线　diànxiàn　n.　wire　一根电线；高压电线
859　电信　diànxìn　n.　telecommunications　电信公司
860　电讯　diànxùn　n.　(telegraphic) dispatch　发来电讯；新闻电讯

从841～850中选择合适的词语填空　Choose the right words from 841-850 and fill in the blanks.

1. 我劝他不要急着向经理_____辞职信。
2. 他做科学研究时总是亲手搜集_____材料。
3. 我一直和在生产_____的工人们保持着联系。
4. 那个羽毛球运动员正处在事业的_____期。
5. 那个小孩儿把书都拿_____了，他根本不认识字。

从851～860中选择合适的词语填空　Choose the right words from 851-860 and fill in the blanks.

6. 每篇文章的后面都有他的_____。
7. 她用照片_____了这面墙。
8. 看他很着急的样子，我给他出了一个_____。
9. 他按了一下儿_____，服务员马上就来了。
10.《中国日报》每天都能收到从世界各地发来的_____。

第 2 部分　Part 2

861　垫　diàn　v.　put sth. under sth. else to raise it or make it level; pay for sb. and expect to be repaid later　垫一下儿桌子；我没带钱，你帮我垫一下儿吧
862　垫底　diàn//dǐ　put on the bottom; place/rank last　用水泥垫底；成绩垫底
863　垫子　diànzi　n.　cushion　茶杯垫子；椅垫子
864　淀粉　diànfěn　n.　starch　含淀粉的食物
865　惦记　diàn·jì　v.　keep thinking about　惦记着孩子；一直惦记着他
866　奠定　diàndìng　v.　establish　奠定基础
867　殿堂　diàntáng　n.　palace　音乐的殿堂；艺术的殿堂
868　刁难　diāonàn　v.　purposely make difficulties for sb.　故意刁难他
869　叼　diāo　v.　hold in the mouth　叼走；叼着一根烟
870　雕　diāo　v.　carve　雕花
871　雕刻　diāokè　v.　engrave　在木头上雕刻；细心雕刻
　　　　　　　　　　n.　carving　一套雕刻；木头雕刻
872　雕塑　diāosù　v.　carve　认真雕塑；雕塑人像
　　　　　　　　　　n.　sculpture　一尊雕塑；雕塑家
873　吊销　diàoxiāo　v.　revoke　吊销资格；吊销驾照
874　钓鱼　diàoyú　v.　go fishing　爱好钓鱼；去湖边钓鱼
875　调度　diàodù　v.　manage, dispatch　调度公共汽车；调度人员
　　　　　　　　　　n.　dispatcher　调度员；在地铁公司当调度
876　掉队　diào//duì　fall behind　担心掉队；从来不会掉队
877　掉头　diào//tóu　turn around　在前边掉头；掉不了头
878　爹　diē　n.　dad　爹妈；亲爹
879　迭起　diéqǐ　v.　occur repeatedly　比赛高潮迭起
880　叠　dié　v.　fold　叠衣服；叠被子

从 861～870 中选择合适的词语填空　Choose the right words from 861-870 and fill in the blanks.

1. 他把电脑_____高了一些，这样看电脑没那么累。
2. 老人孩子有我照顾，你什么也不用_____，安心去工作吧。
3. 这个椅_____很适合冬天用。
4. 这位科学家的研究_____了这个学科的基础。
5. 妈妈带他去博物馆参观，带他走进了艺术的_____。

从 871～880 中选择合适的词语填空　Choose the right words from 871-880 and fill in the blanks.

6. 这些木雕_____得非常精美。
7. 我爸爸很喜欢_____，可以在湖边待一天。
8. 王老师_____了，大家在这里等等他再继续往上爬吧。
9. 这儿不能_____，再往前开一点儿吧。
10. 她把写好的信_____好，装进了信封。

第3部分　Part 3

881　丁　dīng　n.　fourth; small cube of meat or vegetable　丁级词；肉丁；黄瓜丁
882　叮嘱　dīngzhǔ　v.　exhort　再三叮嘱；妈妈叮嘱儿子
883　盯　dīng　v.　stare at　一直盯着；盯住
884　钉子　dīngzi　n.　nail　一颗钉子；拔钉子
885　顶多　dǐngduō　adv.　at most　顶多20岁；顶多10个人
886　顶级　dǐngjí　adj.　top-level　顶级球员；顶级餐厅
887　顶尖　dǐngjiān　n.　top　行业顶尖；山的顶尖
　　　　　　　　　　　　adj.　top-level　顶尖大学；顶尖人物
888　订单　dìngdān　n.　order　接到订单；采购订单
889　订购　dìnggòu　v.　order　订购机票；订购家具
890　订婚　dìng//hūn　be engaged　刚订婚；他们5月2号订的婚
891　订立　dìnglì　v.　conclude (a treaty, an agreement, etc.)　订立合约；订立合同
892　钉　dìng　v.　nail　钉钉子；钉起来
893　定金　dìngjīn　n.　deposit　交定金；买房的定金
894　定居　dìng//jū　settle (down), live　定居北京；定居下来
895　定论　dìnglùn　n.　conclusion　有定论；下定论
896　定为　dìngwéi　prescribe as　把……定为……
897　定向　dìngxiàng　v.　have certain direction　定向招生；定向跑
898　定心丸　dìngxīnwán　n.　sth. capable of setting sb.'s mind at ease, reassurance　给你吃颗定心丸吧，这次的裁员名单里没有你。
899　定义　dìngyì　n.　definition　下定义；明确的定义
900　定做　dìngzuò　v.　have sth. made to order/measure　定做衣服；定做生日蛋糕

从881～890中选择合适的词语填空　Choose the right words from 881-890 and fill in the blanks.

1. 他一整天都_____着电脑看资料，眼睛都看疼了。
2. 父母反复_____他，在新环境里要继续努力学习。
3. 墙上有一根_____，正好可以挂照片。
4. 不需要两个小时，_____一个小时就能到那里。
5. 我打算为儿子_____可以送货上门的瓶装新鲜牛奶。

从891～900中选择合适的词语填空　Choose the right words from 891-900 and fill in the blanks.

6. 这两家公司在平等互利的基础上_____了合作条约。
7. 爷爷用几块木板自己_____了一个桌子。
8. 他们在世界各地旅行后，选择_____在一个小城市生活。
9. 预订房间需要提前付一点儿_____。
10. 国际上把6月1日_____儿童节。

◎ 重点词语　Focus words

1. 第一手

形容词，表示亲自实践、调查得来的，直接得来的。例如：

（1）他总是自己去观察记录实验的结果，这些都是第一手材料。

（2）我在当地学习了种植棉花的第一手知识。

2. 订婚

表示男女订立婚约。可以说"A 和 B 订婚"，但不能说"A 订婚 B"。例如：

（1）他们已经订婚半年了。

（2）他的女儿和一个医生订了婚。

3. 定为

常用在"把……定为……""被（……）定为……"等句式中。例如：

（1）政府把这个地区定为重点保护区域。

（2）5月31日被定为世界无烟日。

4. 定心丸

名词，比喻能使思想、情绪安定下来的言论或行动。例如：

（1）妈妈的话成了他的定心丸，他开始进入比赛状态。

（2）经理的承诺让我吃了一颗定心丸。

◎ 速练　Quick practice

一、选择合适的词语填空　Choose the right words and fill in the blanks.

（一）　　　A. 颠覆　B. 典范　C. 点火　D. 点击率　E. 点心　F. 电线

1. 火箭12点准时_____发射。

2. 这种老北京_____很有名，你尝尝。

3. _____上站着几只小鸟。

4. 孔子是中国古代的道德_____。

5. 随着科技的发展，有许多人们熟知的知识被_____了。

（二）　　　A. 垫底　B. 刁难　C. 吊销　D. 调度　E. 迭起　F. 订单

1. 经济复苏，出口的_____多了不少。

2. 他不仅没帮助我，反而故意_____我。

3. 刚开学时她的成绩还不错，没想到到期末就_____了。

4. 公共汽车的_____工作需要细心的人来完成。

5. 昨晚那场篮球比赛高潮_____。

二、选择合适的词语完成句子　Choose the right words to complete the sentences.

1. 她说的话_____是非，引起了大家的不满。

　A. 颠倒　　　　B. 颠覆　　　　C. 点评　　　　D. 点缀

2. 短视频的发布者为了提高观众的_____，不断想新点子。
   A. 就业率　　　　　B. 点击率　　　　　C. 成功率　　　　　D. 失业率
3. 她每次出差都_____着给孩子们准备礼物。
   A. 惦记　　　　　　B. 记住　　　　　　C. 记忆　　　　　　D. 记录
4. 虽然他的成绩每次都_____，但是在父母和老师的鼓励下，他从未放弃学习。
   A. 垫底　　　　　　B. 掉队　　　　　　C. 典范　　　　　　D. 巅峰
5. 出门的时候，妈妈再三_____我把重要的东西保管好。
   A. 调度　　　　　　B. 讨论　　　　　　C. 叮嘱　　　　　　D. 惦记
6. 经过几次谈判，两国终于_____了合作条约。
   A. 订购　　　　　　B. 订单　　　　　　C. 定论　　　　　　D. 订立
7. 我为他_____了一个很特别的生日蛋糕。
   A. 定金　　　　　　B. 定向　　　　　　C. 定做　　　　　　D. 定义

三、将词语填入句中合适的位置　Choose the appropriate location for the words.
1. 我昨天 A 已经 B 把 C 责任通知书 D 给他本人了。（递交）
2. 为了 A 纪念他，人们把 B 这条路的名字 C 希望 D 路。（定为）
3. 在 A 文章的 B 开头部分，他先用下 C 的方法明确 D 了研究对象。（定义）
4. 这 A 木头 B 雕刻历史很久，但被他 C 保管得 D 非常好。（套）

第16单元　Unit 16

◎速记　Quick memory

第1部分　Part 1

901　丢掉　diūdiào　v.　lose; throw away　不小心丢掉了钥匙；丢掉饭碗；丢掉包袱
902　丢脸　diū//liǎn　lose face　丢脸的事；给父亲丢脸；丢他的脸
903　丢弃　diūqì　v.　discard　丢弃垃圾；舍不得丢弃
904　丢人　diū//rén　be disgraced　丢人现眼；丢不起人
905　丢失　diūshī　v.　lose　丢失行李；丢失文件
906　东奔西走　dōngbēn-xīzǒu　run around　为了生活东奔西走；整天东奔西走
907　东道主　dōngdàozhǔ　n.　host　东道主队；奥运东道主
908　东张西望　dōngzhāng-xīwàng　look around　她东张西望的，好像在找什么人。
909　董事　dǒngshì　n.　director　集团董事；当上董事
910　董事会　dǒngshìhuì　n.　board of directors　组成董事会；董事会决定；董事会主席
911　董事长　dǒngshìzhǎng　n.　chairman of the board of directors　当董事长；公司的董事长
912　懂事　dǒng//shì　sensible, intelligent　懂事的孩子；你这么大了，也该懂点儿事了
913　动不动　dòngbudòng　adv.　easily, at every turn　动不动就生病；动不动就哭
914　动荡　dòngdàng　v.　undulate　湖水动荡；水面动荡
　　　　　　　　　　　　adj.　turbulent　社会动荡；动荡的年代
915　动感　dònggǎn　n.　vividness　动感十足；富有动感的音乐
916　动工　dòng//gōng　start construction, begin building　明年动工；破土动工
917　动静　dòngjing　n.　sound of sth. astir; movement　屋里有动静；察看敌人的动静
918　动脉　dòngmài　n.　artery　大动脉；交通动脉
919　动身　dòng//shēn　leave (for a distant place)　动身回家；明天动身
920　动弹　dòngtan　v.　move　动弹不得；完全不动弹

从 901～910 中选择合适的词语填空　Choose the right words from 901-910 and fill in the blanks.

1. 本人不慎_____手机一部，如有人拾到并送回，必有重谢。
2. 朋友拉着他不排队，让他觉得_____现眼。
3. 客人对_____的热情招待表示感谢。
4. 这家公司的_____有 10 个人。
5. 他通过努力工作，从普通的职员最终成为公司的_____之一。

从 911～920 中选择合适的词语填空　Choose the right words from 911-920 and fill in the blanks.

6. 我不喜欢他，因为他_____就发脾气。
7. 邻居们都夸她是个很_____的孩子。
8. 战争让两个国家的人民生活在_____不安中。
9. 这座楼_____不到 3 个月，就已经完成了全部工程的一半。
10. 屋子里非常安静，一点儿_____都没有。

第2部分　Part 2

921	动听	dòngtīng	*adj.*	interesting/pleasant to listen to	动听的故事；歌声动听
922	动向	dòngxiàng	*n.*	trend	思想动向；市场动向
923	动用	dòngyòng	*v.*	use, employ	动用大量人力；动用警方力量
924	冻结	dòngjié	*v.*	freeze	冻结存款；冻结资产
925	栋	dòng	*m.*	used for housing	一栋楼房；三栋建筑
926	栋梁	dòngliáng	*n.*	person of great ability	国家的栋梁；社会栋梁
927	兜	dōu	*v.*	wrap up; move round; take upon oneself	用衣服兜着苹果；兜圈子；出了问题我兜着
928	兜儿	dōur	*n.*	pocket	网兜儿；裤兜儿
929	兜售	dōushòu	*v.*	peddle	兜售商品；低价兜售
930	抖	dǒu	*v.*	tremble; shake; thoroughly expose; rouse; throw one's weight about	全身发抖；抖腿；他做的坏事全被抖了出来；抖起精神；他有钱了，就抖了起来
931	陡	dǒu	*adj.*	steep; suddenly	山很陡；陡增
932	斗	dòu	*v.*	fight	好斗；斗不过
933	斗志	dòuzhì	*n.*	fighting spirit	充满斗志；失去斗志
934	豆浆	dòujiāng	*n.*	soya milk	一杯豆浆；喝豆浆
935	豆子	dòuzi	*n.*	bean	剥豆子；种豆子
936	逗	dòu	*v.*	tease; entice, attract	逗孩子玩儿；小猫逗人喜欢
			adj.	funny	这话真逗；他很逗
937	都会	dūhuì	*n.*	metropolis	国际大都会
938	督促	dūcù	*v.*	supervise and urge	督促工作；认真督促
939	独	dú	*adv.*	by oneself; only	独断专行；独有
940	独唱	dúchàng	*v.*	solo	表演独唱；独唱音乐会

从921～930中选择合适的词语填空　Choose the right words from 921-930 and fill in the blanks.

1. 我们要关注改革的新_____。
2. 听到她那么_____的歌声，让我忘记了所有的烦恼。
3. 不得随意_____库存储备粮食。
4. 那_____老建筑有200年的历史了。
5. 妈妈用塑料袋_____着几个鸡蛋。

从931～940中选择合适的词语填空　Choose the right words from 931-940 and fill in the blanks.

6. 山非常_____，爬上去十分困难。
7. 这次失败并没有让我们失去_____。
8. 他看起来又高又壮，但却_____不过那个小个子。
9. 老板，请给我一杯不加糖的_____。
10. 上海是国际大_____。

第 3 部分　Part 3

941　独家　dújiā　n.　only one　独家新闻；独家经营
942　独立自主　dúlì-zìzhǔ　act independently and of one's own initiative　独立自主的国家；独立自主的外交政策
943　独身　dúshēn　v.　be single　一直独身；独身主义
944　独一无二　dúyī-wú'èr　the one and only　独一无二的设计；独一无二的作品
945　堵塞　dǔsè　v.　block up　交通堵塞；堵塞出口
946　杜绝　dùjué　v.　put an end to　杜绝浪费；杜绝不文明行为
947　妒忌　dùjì　v.　be jealous of　妒忌别人；充满妒忌
948　度　dù　suf.　degree, extent; degree of a given quality　知名度高；湿度；高度
949　度假　dùjià　v.　go on vacation　去海边度假；度假村
950　渡过　dùguò　tide over　渡过难关
951　端正　duānzhèng　adj.　regular; correct　五官端正；态度很端正
　　　　　　　　　　v.　rectify　端正学习态度；端正思想
952　短缺　duǎnquē　v.　be short, lack　经费短缺；材料短缺
953　短暂　duǎnzàn　adj.　brief, of short duration　短暂的休息；时间短暂
954　段落　duànluò　n.　paragraph　这篇文章段落划分合理；告一段落
955　断定　duàndìng　v.　conclude　难以断定；敢断定
956　断断续续　duànduànxùxù　adj.　intermittent　断断续续地说；断断续续地写
957　断裂　duànliè　v.　crack　船身断裂；管道断裂
958　堆砌　duīqì　v.　pile up (hewn rocks, cobbles, etc. to build sth.); pile up fancy vocabulary in one's writing　堆砌假山；堆砌文字
959　队形　duìxíng　n.　formation　队形整齐；排队形
960　对白　duìbái　n.　dialogue　一段对白；有趣的对白

从 941～950 中选择合适的词语填空　Choose the right words from 941-950 and fill in the blanks.

　　1. 他四十多岁了，仍然_____。
　　2. 那名记者采访到了_____新闻。
　　3. 我们应该_____浪费粮食的行为。
　　4. 这条公路被山上掉下来的大石头_____了。
　　5. 你不要_____别人的成功，只要努力去做，你也会做得很好。

从 951～960 中选择合适的词语填空　Choose the right words from 951-960 and fill in the blanks.

　　6. 经过_____的休息，我们继续往山上爬。
　　7. 字如其人，他的字写得也很_____。
　　8. 你凭什么_____我们就一定会输？
　　9. 水从_____的管道中不断往外流。
　　10. 那群鸟在天空中排成了"人"字_____。

◎ 重点词语　Focus words

1. 东……西……

表示"这里……那里……","东""西"后面的动词可以是单音节的近义词,例如:东奔西走、东张西望、东挑西拣、东倒西歪。还可以是一样的结构,例如:东一句,西一句。

（1）他为了买到一张票,东奔西走,累得一身汗。
（2）她买东西的时候总喜欢东挑西拣。
（3）朋友们东一句,西一句,让我更想不明白了。

2. 东奔西走

形容到处奔忙。例如:

（1）他东奔西走了好久才找到合适的房子。
（2）为了找到一份满意的工作,她在这个城市里东奔西走。

3. 东张西望

这里看看,那里看看,四处张望。例如:

（1）她在站台上东张西望的,可能在找人。
（2）考试的时候不要东张西望,要专心做题。

4. 动不动

副词,表示很容易产生某种行为或情况,这种行为或情况通常是不希望发生的。"动不动"常跟"就"搭配使用。例如:

（1）他不太适应这儿的天气,动不动就感冒。
（2）那个女孩儿动不动就发脾气。

5. 动静

名词,有两个意思,一是动作或者说话的声音,二是打听或察看的情况。例如:

（1）屋子里非常安静,一点儿动静也没有。
（2）警察一直盯着对方的动静,随时准备行动。

6. 独立自主

（国家、民族等）不受外来力量控制,自己行使主权。例如:

（1）我们实行独立自主的外交政策。
（2）他不想依靠家人,想要独立自主地生活。

7. 独一无二

形容唯一的,没有相同的或可以与之相比的。例如:

（1）他下棋下得特别好,在我们那儿是独一无二的。
（2）世界上每一片树叶都是独一无二的。

8. 度

后缀，表示程度，用在词尾可以构成其他词，例如：知名度、透明度、高度等。
（1）这个男演员在国际上有很高的知名度。
（2）你放心吧，他有高度的责任感。

9. 断断续续

时而中断，时而继续。例如：
（1）我沿路走，可以听到断断续续的歌声。
（2）这本书作者断断续续写了十年才完成。

◎ 速练　Quick practice

一、选择合适的词语填空　Choose the right words and fill in the blanks.

（一）　A. 东奔西走　B. 东张西望　C. 独立自主　D. 独一无二　E. 断断续续　F. 丢脸
1. 女儿把自己的画儿送给妈妈，这是_____的礼物。
2. 我们要_____，不能依靠别人。
3. 信号不太好，我听你的声音_____的。
4. 那个女孩儿一直_____的，可能在等人吧。
5. 虽然不是什么太好的工作，但靠自己的力气赚钱，这没什么_____的。

（二）　　A. 丢弃　B. 动感　C. 动身　D. 冻结　E. 兜售　F. 段落
1. 在地铁站出入口有不少人在_____鲜花。
2. 他一听到_____的音乐就跳起舞来。
3. 他欠了别人很多钱不还，法院_____了他的银行卡。
4. 请大家一起读一下儿这篇文章的第一个_____。
5. 这些家具看起来很新，但被主人_____在了路边。

二、选择合适的词语完成句子　Choose the right words to complete the sentences.

1. 她正在小区里寻找昨天晚上_____的小狗。
　 A. 丢弃　　　　B. 丢人　　　　C. 丢脸　　　　D. 丢失
2. 中国队以3比2战胜了_____日本队。
　 A. 东道主　　　B. 董事长　　　C. 董事会　　　D. 当事人
3. 听说你们暑假去云南旅行，大概什么时候_____？
　 A. 动工　　　　B. 动身　　　　C. 动静　　　　D. 动弹
4. 他在父母的支持下，终于_____了那道难关。
　 A. 度　　　　　B. 度假　　　　C. 渡过　　　　D. 过渡
5. 由于人手_____，我们公司最近一直在招聘。
　 A. 短缺　　　　B. 缺少　　　　C. 短暂　　　　D. 堵塞
6. 我跟她只有过_____的交流，对她了解不多。
　 A. 短缺　　　　B. 短暂　　　　C. 暂时　　　　D. 缺少

7. 她学习很努力，想长大后成为建设国家的_____。
   A. 董事　　　　B. 东道主　　　　C. 栋梁　　　　D. 独家

三、将词语填入句中合适的位置　Choose the appropriate location for the words.

1. A 他 B 几句话就把 C 那个女孩儿 D 得哈哈大笑。（逗）
2. 那块 A 大石头 B 重重压在他身上，他完全 C 动弹 D。（不得）
3. 她小的时候 A 就 B 生病，妈妈 C 照顾 D 她非常辛苦。（动不动）
4. 他把 A 很多没用的句子 B 在了文章开头 C 的那个段落里 D。（堆砌）

第17单元　Unit 17

◎速记　Quick memory

第1部分　Part 1

961　对策　duìcè　*n.*　countermeasure　商量对策；采取合适的对策
962　对称　duìchèn　*adj.*　symmetric　左右对称；形状对称
963　对得起　duìdeqǐ　*v.*　do justice to, be worthy of　对得起朋友；对得起自己
964　对联　duìlián　*n.*　antithetical couplet　一副对联；写对联
965　对弈　duìyì　*v.*　play chess　双人对弈；对弈几局
966　对照　duìzhào　*v.*　check sth. against sth. else, compare　对照标准；对照清单检查
967　对峙　duìzhì　*v.*　engage in a stand-off; face each other　两军对峙；两山对峙
968　对准　duìzhǔn　aim at　对准敌人；对准靶子射击
969　兑换　duìhuàn　*v.*　exchange　兑换现金；兑换人民币
970　兑现　duìxiàn　*v.*　cash (a cheque, IOU, etc.); honor (a commitment, etc.)　兑现支票；兑现承诺
971　敦促　dūncù　*v.*　urge　敦促解决；敦促各方保持冷静
972　敦厚　dūnhòu　*adj.*　honest and sincere　性格敦厚；外表很敦厚
973　炖　dùn　*v.*　stew　炖汤；炖牛肉
974　顿时　dùnshí　*adv.*　suddenly　顿时发现；顿时放松下来
975　多边　duōbiān　*adj.*　multilateral　多边贸易；多边会谈
976　多功能　duōgōngnéng　*adj.*　multifunctional　多功能教室；多功能区
977　多亏　duōkuī　*v.*　thanks to　多亏你的帮助；多亏他来了
978　多劳多得　duōláo-duōdé　more work, more gain　公司主张多劳多得；坚持多劳多得的分配原则
979　多年来　duō nián lái　for years　多年来他一直工作在生产一线。
980　多心　duō//xīn　be oversensitive　你别多心，他不会是故意这么做的。

从961～970中选择合适的词语填空　Choose the right words from 961-970 and fill in the blanks.

1. 董事会正在开会商讨一个有效的_____。
2. 他觉得只有学好功课，才_____父母和老师。
3. 我_____原文修改了她的译文。
4. 她把照相机_____了远处的那只鸟。
5. 我想把这些美元_____成人民币。

从971～980中选择合适的词语填空　Choose the right words from 971-980 and fill in the blanks.

6. 鸡汤_____了两个小时了，你尝尝。
7. 在面对分歧时，中国_____各方保持冷静，和平对话。
8. 他一讲话，大家_____安静了下来。
9. _____你们的帮助，我们才顺利完成了工作。

10. 感谢你们_____对我们的支持。

第 2 部分　Part 2

981	多余	duōyú	v.	be surplus	他每个月都把<u>多余</u>的钱存入银行。
			adj.	superfluous	去掉<u>多余</u>的句子
982	多元	duōyuán	adj.	pluralistic	<u>多元</u>文化；<u>多元</u>经济
983	哆嗦	duōsuo	v.	shiver	气得直<u>哆嗦</u>；冷得打<u>哆嗦</u>
984	夺冠	duó//guàn		take first place	<u>夺冠</u>的机会；<u>夺冠</u>者
985	夺魁	duó//kuí		win the first prize	在作文比赛中<u>夺魁</u>。
986	躲避	duǒbì	v.	avoid	<u>躲避</u>困难；<u>躲避</u>风雨
987	躲藏	duǒcáng	v.	hide oneself	<u>躲藏</u>起来；<u>躲藏</u>在门后
988	舵手	duòshǒu	n.	helmsman	大海航行靠<u>舵手</u>。
989	堕落	duòluò	v.	degenerate	自甘<u>堕落</u>；思想<u>堕落</u>
990	讹诈	ézhà	v.	blackmail	<u>讹诈</u>钱财；政治<u>讹诈</u>
991	俄语	Éyǔ	n.	Russian	说<u>俄语</u>；学<u>俄语</u>
992	鹅	é	n.	goose	一只<u>鹅</u>；白<u>鹅</u>
993	额外	éwài	adj.	additional	<u>额外</u>的工作；<u>额外</u>收入
994	厄运	èyùn	n.	adversity, misfortune	勇敢面对<u>厄运</u>；遭遇<u>厄运</u>
995	恶	è	adj.	fierce, ferocious	<u>恶</u>狗；<u>恶</u>战
996	恶化	èhuà	v.	deteriorate, worsen	病情<u>恶化</u>；关系<u>恶化</u>
997	恶劣	èliè	adj.	bad, adverse	态度<u>恶劣</u>；<u>恶劣</u>的环境
998	恶性	èxìng	adj.	malignant	<u>恶性</u>事故；<u>恶性</u>循环
999	恶意	èyì	n.	malice	充满<u>恶意</u>；<u>恶意</u>举报
1000	遏制	èzhì	v.	contain	<u>遏制</u>不住；<u>遏制</u>污染

从 981～990 中选择合适的词语填空　Choose the right words from 981-990 and fill in the blanks.

1. 你这种担心完全是_____的。
2. 他被气得浑身直_____。
3. 在树下_____风雨非常危险，应尽快进入建筑物内。
4. 他把_____在草丛里的小虫子捉了出来。
5. 想成为大型轮船的_____，需要有丰富的经验及冷静处理突发事情的能力。

从 991～1000 中选择合适的词语填空　Choose the right words from 991-1000 and fill in the blanks.

6. 他会说汉语，也会说_____。
7. 因为贸易问题，两国的关系有所_____。
8. 她工作完成得不错，获得了一笔_____的奖金。
9. 今天的天气十分_____，风大雨大。
10. 你不要把别人的一片好心误解成_____。

第3部分 Part 3

1001 鳄鱼　èyú　*n.*　crocodile　一条鳄鱼；鳄鱼的眼泪
1002 恩赐　ēncì　*v.*　bestow (favors, charity, etc.)　大自然的恩赐
1003 恩惠　ēnhuì　*n.*　favor, kindness　这种不明不白的恩惠，我不接受。
1004 恩情　ēnqíng　*n.*　loving kindness　好心人的恩情；报答恩情
1005 恩怨　ēnyuàn　*n.*　gratitude and grudges　恩怨分明；个人恩怨
1006 而已　éryǐ　*pt.*　nothing more　看看而已；说说而已
1007 耳光　ěrguāng　*n.*　slap on the face　打耳光；扇耳光
1008 耳目一新　ěrmù-yīxīn　find everything fresh and new　让人耳目一新；有种耳目一新的感觉
1009 耳熟能详　ěrshú-néngxiáng　what is frequently heard can be repeated in detail　耳熟能详的故事
1010 耳闻目睹　ěrwén-mùdǔ　what one sees and hears　我耳闻目睹的一切，都在激励着我不断向前。
1011 二手车　èrshǒuchē　*n.*　second-hand car　一辆二手车；买卖二手车
1012 二氧化碳　èryǎnghuàtàn　*n.*　carbon dioxide　二氧化碳排放；二氧化碳含量
1013 发布会　fābùhuì　*n.*　release conference　新品发布会；新闻发布会
1014 发财　fā//cái　get rich　靠……发财；发大财
1015 发愁　fā//chóu　be worried　为生活发愁；先别发愁
1016 发电机　fādiànjī　*n.*　(electric) generator　一台发电机；水力发电机
1017 发抖　fādǒu　*v.*　tremble　吓得发抖；冷得发抖
1018 发愤图强　fāfèn-túqiáng　strive for progress with determination　只有发愤图强，才能在社会竞争中处于不败之地。
1019 发光　fā//guāng　emit light, shine　在夜空中发光；为建设祖国出一分力，发一分光
1020 发火　fā//huǒ　get angry　别发火；你发这么大火干什么

从 1001～1010 中选择合适的词语填空　Choose the right words from 1001-1010 and fill in the blanks.

1. 你的_____我永远报答不完。
2. 他是一个_____分明的人，谁对他好他都记在心里。
3. 他打了那个人一个_____。
4. 新鲜的空气、美味的食物都是大自然的_____。
5. 这个童话故事大家都_____，你就别再讲了。

从 1011～1020 中选择合适的词语填空　Choose the right words from 1011-1020 and fill in the blanks.

6. 他没有那么多钱买新车，所以先买了一辆_____。
7. 新闻_____上她回答了记者们的提问。
8. 很多年前，他们家就靠着经营饭店_____了_____。
9. 这么点儿小事，你别_____了，总有办法解决的。
10. 天气太冷了，冻得我直_____。

◎ **重点词语** Focus words

1. 对得起

　　动词，表示对人不会觉得愧疚，不辜负，也可以说"对得住"。相反的情况可以说"对不起""对不住"。例如：

　　（1）很多学生都觉得只有努力学习才对得起父母的付出。
　　（2）他找到了一份好工作，对得起这么多年的努力。

2. 多亏

　　动词，表示因为有了别人的帮助或者某种有利因素，避免了不幸或者得到了好处。例如：

　　（1）多亏你来了，否则我们根本完不成今天的任务。
　　（2）这件事多亏了有王老师帮忙。

3. 多劳多得

　　付出的劳动多，相应的收获也多。例如：

　　（1）这段时间大家都很辛苦，好在多劳多得。
　　（2）多劳多得能激励员工努力工作。

4. 多余

　　做动词时，表示超过需要的数量；做形容词时，表示不必要的。例如：

　　（1）她把多余的钱都存到银行里了。
　　（2）把这个段落中多余的字句去掉，文章就改好了。
　　（3）他独立自主，你的担心完全是多余的。

5. 而已

　　助词，表示罢了，用在陈述句末尾，常跟"只是""不过"等词呼应。例如：

　　（1）你别生气，我只是开个玩笑而已。
　　（2）他不过说说而已，不会真的一个人去做那样的事。

6. 耳目一新

　　看到的、听到的都换了样子，感到很新鲜。形容感觉跟以往大不相同。例如：

　　（1）他一到上海就感到耳目一新。
　　（2）她的发言观点新颖，让人耳目一新。

7. 耳熟能详

　　听的次数多了，熟悉得能详尽地说出来。例如：

　　（1）这个故事对我来说耳熟能详，从小妈妈就讲给我听。
　　（2）"不要让孩子输在起跑线上"这句话很多父母耳熟能详。

8. 耳闻目睹

亲耳听见，亲眼看见。例如：

（1）在中国生活了四五年，他耳闻目睹了中国的新变化。

（2）她把旅行时耳闻目睹的一切都记录在了本子上。

9. 发愤图强

下定决心，努力进取，谋求强盛。例如：

（1）中国新一代年轻人发愤图强建设祖国。

（2）他的成功靠的是发愤图强的精神。

◎ 速练　Quick practice

一、选择合适的词语填空　Choose the right words and fill in the blanks.

（一）　A.多劳多得　B.耳目一新　C.耳熟能详　D.耳闻目睹　E.发愤图强　F.恩怨分明

1. "守株待兔"的故事大多数中国人都_____。
2. 这间教室重新装修以后，让我们_____。
3. 工厂出台了_____的激励制度，所以大家工作都很积极。
4. 他来中国以后，_____了中国的发展变化。
5. 虽然现在遇到了困难，但是我们一定要_____。

（二）　A.对称　B.对峙　C.兑现　D.多边　E.多元　F.夺冠

1. 中国女子排球队在世界大赛中_____了。
2. 从外形上看，飞机、船的左右两边是_____的。
3. 承诺了孩子的事一定要_____。
4. 这儿的风景很美，两山_____，中间有一条小河流过。
5. 这个多民族国家有着_____的文化。

二、选择合适的词语完成句子　Choose the right words to complete the sentences.

1. 我们要_____标准认真查改自己的工作。
　A. 对策　　　　B. 对弈　　　　C. 对照　　　　D. 对准
2. 这个国家每年都有大量来自世界各地的游客，所以有很多换_____的地方。
　A. 兑换　　　　B. 兑现　　　　C. 外汇　　　　D. 现金
3. 那个小偷儿一看到警察走进来，_____低下了头。
　A. 定时　　　　B. 暂时　　　　C. 临时　　　　D. 顿时
4. 这个人故意制造交通事故_____对方司机。
　A. 讹诈　　　　B. 堕落　　　　C. 厄运　　　　D. 恶意
5. 我们要坚决_____办事请客送礼的不正之风。
　A. 压制　　　　B. 控制　　　　C. 遏制　　　　D. 限制

6. 他靠做服装生意＿＿＿＿。
    A. 大发财了   B. 发了大财   C. 大财发了   D. 发大了财
7. 她脾气不太好，动不动就＿＿＿＿。
    A. 发愁   B. 发光   C. 发火   D. 发抖

三、将词语填入句中合适的位置　Choose the appropriate location for the words.

1. A 这本书是他 B 从事 C 科学研究的成果 D 。（多年来）
2. A 她只是随便说说 B ，我不相信她 C 真的会辞职 D 。（而已）
3. 网上 A 充满恶意的评论 B 让他气 C 直 D 发抖。（得）
4. A 他 B 及时出现 C ， D 帮助我们解决了难题。（多亏）

97

第18单元　Unit 18

◎速记　Quick memory

第1部分　Part 1

1021 发酵　fā//jiào　ferment　发酵酒；发酵技术
1022 发掘　fājué　v. dig, explore　发掘古物；发掘人才
1023 发愣　fā//lèng　be in a daze　整天发愣；你发什么愣啊
1024 发脾气　fā píqi　lose one's temper　大发脾气；想发脾气
1025 发起人　fāqǐrén　n. sponsor, initiator　活动发起人
1026 发热　fā//rè　generate heat; have a fever; be hotheaded　发光发热；咳嗽发热；别头脑发热
1027 发誓　fā//shì　swear　发誓报仇；发过誓
1028 发泄　fāxiè　v. give vent to　发泄不满；发泄怒气
1029 发扬　fāyáng　v. carry forward　发扬乐于助人的精神。
1030 发扬光大　fāyáng-guāngdà　carry forward　把中华传统文化发扬光大。
1031 发育　fāyù　v. grow　发育良好；正常发育
1032 发源地　fāyuándì　n. birthplace　文明的发源地；黄河的发源地
1033 发作　fāzuò　v. break out　病情发作；药性发作
1034 阀门　fámén　n. valve　打开阀门；控制阀门
1035 发型　fàxíng　n. hairstyle　新发型；发型师
1036 帆　fān　n. sail　船帆；一帆风顺
1037 帆船　fānchuán　n. sailboat　帆船运动；帆船比赛
1038 翻番　fān//fān　double, be twice as much/many as (before)　速度翻番；收入翻了两番
1039 翻来覆去　fānlái-fùqù　toss about; again and again　翻来覆去睡不着；翻来覆去地想
1040 翻天覆地　fāntiān-fùdì　world-shaking; quarrel furiously　中国这些年发生了翻天覆地的变化；为这点儿小事闹得翻天覆地，太不值得了

从1021～1030中选择合适的词语填空　Choose the right words from 1021-1030 and fill in the blanks.

　　1. 生活中的美需要人们主动去_____。
　　2. 别人一不同意他的意见，他就_____。
　　3. 她一句话也不说，坐在那里_____。
　　4. 他_____一定不会把这件事告诉别人。
　　5. 我们要_____不怕困难、坚持到底的精神。

从1031～1040中选择合适的词语填空　Choose the right words from 1031-1040 and fill in the blanks.

　　6. 她的新_____让我们耳目一新。
　　7. 他有些生气，但是当着大家的面不好_____。
　　8. 科学家认为海洋是地球生命的_____。
　　9. 她的收入比五年前_____了两_____。
　　10. 运动和营养对孩子的正常_____十分重要。

第 2 部分　Part 2

1041 凡　fán　*adv.*　all, any　凡年满二十岁的学生都可以报名。
1042 烦闷　fánmèn　*adj.*　moody　心情烦闷；烦闷极了
1043 烦恼　fánnǎo　*adj.*　annoyed　十分烦恼；减轻烦恼
1044 烦躁　fánzào　*adj.*　fidgety　感到烦躁；烦躁不安
1045 繁华　fánhuá　*adj.*　thriving　繁华的城市；越来越繁华
1046 繁忙　fánmáng　*adj.*　busy　繁忙的生活；工作繁忙
1047 繁体字　fántǐzì　*n.*　original complex form of a simplified Chinese character　书写繁体字；使用繁体字
1048 繁重　fánzhòng　*adj.*　heavy　任务繁重；繁重的劳动
1049 反驳　fǎnbó　*v.*　retort　反驳他的观点
1050 反差　fǎnchā　*n.*　contrast　明暗反差；前后反差很大
1051 反常　fǎncháng　*adj.*　abnormal　天气反常；态度反常
1052 反倒　fǎndào　*adv.*　instead, quite the reverse　他没感谢我，反倒埋怨起我来了。
1053 反感　fǎngǎn　*adj.*　antipathetic　让人反感；对他的行为很反感
　　　　　　　　　　　n.　antipathy　引起反感
1054 反过来　fǎn·guò·lái　conversely　反过来看；反过来说
1055 反击　fǎnjī　*v.*　counterattack　反击战；有力反击
1056 反馈　fǎnkuì　*v.*　feedback　反馈信息；反馈给我们
1057 反面　fǎnmiàn　*n.*　reverse side　衣服的反面；CD 的反面；硬币的正面和反面
　　　　　　　　　　　adj.　opposite　反面人物；反面角色
1058 反思　fǎnsī　*v.*　reflect　进行反思；反思自己
1059 反弹　fǎntán　*v.*　rebound　价格反弹；股价反弹
1060 反省　fǎnxǐng　*v.*　engage in introspection　停职反省；深刻反省

从 1041～1050 中选择合适的词语填空　Choose the right words from 1041-1050 and fill in the blanks.

1. 听听音乐，跟朋友一起聊聊天儿，可以消解工作和生活中的_____。
2. 那个孩子因为发热，身体不舒服，一直_____不安，哭个不停。
3. 这条高铁线路一年四季都很_____。
4. 那个商业区是这个城市最_____的地方。
5. 遇到同事要他帮忙，即使是很_____的工作，他也从不拒绝。

从 1051～1060 中选择合适的词语填空　Choose the right words from 1051-1060 and fill in the blanks.

6. 他昨天的表现跟平时很不一样，有点儿_____。
7. 让他走慢一点儿，他_____跑了起来。
8. 李老师每次下课后都会给教学主管_____自己的教学情况。
9. 将军在思考怎样更有力地_____敌人。
10. 去年我的体重下降了不少，没想到今年出现了_____。

第3部分 Part 3

1061 返还　fǎnhuán　v.　return　及时返还；返还押金
1062 犯愁　fàn//chóu　worry　为学业犯愁；犯了愁
1063 饭碗　fànwǎn　n.　rice bowl; job　买了几个新的饭碗；丢饭碗；铁饭碗
1064 泛滥　fànlàn　v.　be in flood; run rampant　洪水泛滥；错误思想泛滥
1065 范畴　fànchóu　n.　category　经济范畴；语法范畴
1066 贩卖　fànmài　v.　sell　贩卖水果；贩卖人口
1067 方方面面　fāngfāngmiànmiàn　n.　all aspects　方方面面的问题都要考虑到；工作和生活的方方面面
1068 方向盘　fāngxiàngpán　n.　steering wheel　掌握方向盘；抓住方向盘
1069 方言　fāngyán　n.　dialect　说方言；方言区
1070 防盗　fángdào　v.　guard against theft　防火防盗；注意防盗
1071 防盗门　fángdàomén　n.　anti-theft door　一扇防盗门；打开防盗门
1072 防护　fánghù　v.　protect　做好防护；防护手套
1073 防火墙　fánghuǒqiáng　n.　firewall　森林防火墙；给电脑安装防火墙软件
1074 防卫　fángwèi　v.　defend　正当防卫；防卫行为
1075 防汛　fángxùn　v.　prevent flooding　做好防汛工作
1076 防疫　fángyì　v.　prevent epidemics　防疫措施；防疫体系
1077 防御　fángyù　v.　defend　积极防御；防御计划
1078 妨碍　fáng'ài　v.　hinder　妨碍工作；妨碍交通
1079 妨害　fánghài　v.　impair　妨害健康；妨害植物生长
1080 房地产　fángdìchǎn　n.　real estate　房地产行业；房地产公司

从1061～1070中选择合适的词语填空　Choose the right words from 1061-1070 and fill in the blanks.

1. 现在生活水平提高了，人们不用再为吃穿_____了。
2. 他上班经常迟到，态度很消极，迟早会丢了_____。
3. 不能让错误的思想在年轻人中间自由_____。
4. 她第一次开车，紧张得紧紧地抓着_____往前开。
5. _____公民个人信息属于犯罪。

从1071～1080中选择合适的词语填空　Choose the right words from 1071-1080 and fill in the blanks.

6. 这台电脑安装了_____，很安全。
7. 她为了保护自己把那个人打伤了，这是正当_____行为。
8. _____行业在经济发展中具有重要作用。
9. 最近一直在下大雨，河水泛滥，我们要做好_____工作。
10. 他一直在房间里大声打电话，_____了我学习。

◎ 重点词语　Focus words

1. 发起人

　　名词，提议做某件事情的人。例如：

　　（1）他是我们这个读书会的发起人。

　　（2）作为活动的发起人，她讲了几句话。

　　之前我们已经学过"～人"表示某种身份或者职业的人，例如：介绍人、电影人、媒体人等。

2. 发扬光大

　　发展提倡，使日益盛大。例如：

　　（1）我们要把好传统发扬光大。

　　（2）怎样让传统艺术形式在现代社会发扬光大，是每个艺术行业从业者都该思考的问题。

3. 翻番

　　表示数量加倍。"翻了一番"是两倍，"翻了两番"是四倍。例如：

　　（1）我们公司的汽车销售量翻了一番。

　　（2）他的收入十年里翻了两番。

4. 翻来覆去

　　躺在床上来回翻身，多指睡不着觉；也用来形容多次重复。例如：

　　（1）他躺在床上翻来覆去，怎么也睡不着。

　　（2）这句话我已经翻来覆去说过很多遍了，可你就是不听。

5. 翻天覆地

　　形容变化巨大而彻底或者闹得很凶。例如：

　　（1）这些年，中国农村有了翻天覆地的变化。

　　（2）她在家里大闹了一场，把家里搅得翻天覆地。

6. 凡

　　副词，表示总括某个范围内的一切。例如：

　　（1）凡年龄满十八岁的同学都可以报名。

　　（2）凡是我提出的建议他都反对，真气人！

7. 反倒

　　副词，表示跟上文意思相反或者在意料之外，常用在后一小句中。例如：

　　（1）风不但没停，反倒越来越大了。

　　（2）我好心帮助你，你怎么反倒怪起我来了？

　　（3）她越是在困难的时候反倒越能坚持。

8. 方方面面

各个方面。例如：

（1）要办好一件事，需要考虑到方方面面的问题。
（2）科学技术的进步影响着我们生活的方方面面。

◎ 速练　Quick practice

一、选择合适的词语填空　Choose the right words and fill in the blanks.

（一）　A.发扬光大　B.翻来覆去　C.翻天覆地　D.方方面面　E.发源地　F.反感

1. 我们要把这种地方传统小吃_____，让更多的人爱上它。
2. 他回到了故乡，发现那儿发生了_____的变化。
3. 她非常热情，从_____给了我很多帮助。
4. 她躺在床上_____睡不着。
5. 他说的那些话让大家都非常_____。

（二）　A.发泄　B.反面　C.烦恼　D.反馈　E.妨害　F.方言

1. 吸烟_____健康。
2. 她大哭一场，把心里的烦闷都_____出来了。
3. 孩子长大了，开始有了让他_____的事。
4. 他搜集到了很多新产品的_____意见。
5. 普通话以北方_____为基础。

二、选择合适的词语完成句子　Choose the right words to complete the sentences.

1. 她总是一个人坐在门口一动不动地_____，不知道她在想什么。
   A. 发热　　　B. 发愣　　　C. 发脾气　　　D. 发火
2. 我们要_____不怕苦不怕累的精神。
   A. 发掘　　　B. 发誓　　　C. 发扬　　　D. 发育
3. 太困了，一定是我吃的感冒药药效开始_____了。
   A. 发热　　　B. 发泄　　　C. 发作　　　D. 发酵
4. 他觉得每天宿舍、食堂、教室三点一线的生活很_____。
   A. 烦闷　　　B. 烦恼　　　C. 烦躁　　　D. 烦人
5. 那个工人为了养家一直从事_____的体力劳动。
   A. 繁华　　　B. 繁忙　　　C. 繁重　　　D. 繁体
6. 他给学生上课的样子跟平时很不一样，_____很大。
   A. 反驳　　　B. 反差　　　C. 反常　　　D. 反思
7. 她为了减肥每天不吃晚饭，体重好不容易减轻了一些，但很快又出现了_____。
   A. 反感　　　B. 反省　　　C. 反击　　　D. 反弹

三、将词语填入句中合适的位置　　Choose the appropriate location for the words.

1. 他A因为B不满意公司的安排C，正在那儿D呢。（发脾气）
2. 来我们学校A学习中文的外国学生B比十年前翻C了两D。（番）
3. A雪B停了，天气C更D冷了。（反倒）
4. 电脑A安装B防火墙软件可以有效C病毒的D攻击。（防御）

第19单元　Unit 19

◎速记　Quick memory

第1部分　Part 1

1081 仿　　fǎng　　v.　imitate　仿真；仿写
1082 仿制　fǎngzhì　v.　imitate, copy　仿制品；仿制出来
1083 访谈　fǎngtán　v.　interview　访谈节目；参加访谈
1084 纺织　fǎngzhī　v.　spin and weave　纺织品；纺织厂
1085 放过　fàngguò　let go　不放过任何机会；放过对手
1086 放水　fàng//shuǐ　lose deliberately　他故意放水，输了比赛。
1087 放肆　fàngsì　adj.　unbridled　放肆的行为；放肆地笑
1088 放映　fàngyìng　v.　show, project　放映电影；正在放映
1089 放置　fàngzhì　v.　lay up　放置在舞台中央；放置不用
1090 放纵　fàngzòng　v.　indulge, connive at　放纵孩子；放纵不管
1091 飞速　fēisù　adv.　at full speed　飞速成长；飞速前进
1092 飞往　fēiwǎng　fly to　飞往北京；大雁飞往南方
1093 飞翔　fēixiáng　v.　fly　在天空中飞翔
1094 飞跃　fēiyuè　v.　leap　飞跃式发展；产量实现飞跃增长
1095 非　　fēi　　pref.　non-, un-, in-　非金属材料；非乳制品
1096 非得　fēiděi　adv.　must　非得我去；非得住院不可
1097 非法　fēifǎ　adj.　illegal　非法活动；非法所得
1098 非凡　fēifán　adj.　extraordinary　非凡的才能；热闹非凡
1099 绯闻　fēiwén　n.　sex scandal　传出绯闻；一起绯闻事件
1100 肥料　féiliào　n.　fertilizer　化学肥料；绿色肥料

从1081～1090中选择合适的词语填空　Choose the right words from 1081-1090 and fill in the blanks.

1. 以前的那个玩具弄丢了，他_____着原来的样子重新做了一个。
2. 今天的比赛他故意_____，输给了对手。
3. 你说话注意点儿，不要太_____了。
4. 他妈妈年轻的时候是_____厂的女工。
5. 电影_____设备的更新升级让观众有了更好的观影体验。

从1091～1100中选择合适的词语填空　Choose the right words from 1091-1100 and fill in the blanks.

6. 中国经济正在_____发展。
7. 你的病要想快点儿好，_____马上做手术。
8. 那群鸟在大海上_____。
9. 买卖这种国家保护动物是_____行为。
10. 孩子遇到危险的时候，母亲表现出了_____的勇敢。

104

第2部分　Part 2

1101 肥胖　féipàng　*adj.*　fat　过度肥胖；身材肥胖
1102 肥沃　féiwò　*adj.*　fertile　肥沃的土地
1103 肥皂　féizào　*n.*　soap　一块肥皂；用肥皂洗手
1104 诽谤　fěibàng　*v.*　slander (in speech), libel (in writing)　诽谤别人；恶意诽谤
1105 废　fèi　*adj.*　useless　废报纸；废手机
　　　　　　　　v.　abandon, abolish; maim　这个工厂已经废了；在事故中，他废了一条腿
1106 废除　fèichú　*v.*　abolish　废除不合理的规定
1107 废话　fèihuà　*n.*　crap　少说废话；废话连篇
1108 废品　fèipǐn　*n.*　waste, junk　回收废品；利用废品
1109 废寝忘食　fèiqǐn-wàngshí　forget to sleep and eat　废寝忘食地工作
1110 废物　fèiwù　*n.*　waste material　扔掉废物；废物再利用
1111 废墟　fèixū　*n.*　ruins　一片废墟；地震后，整个城市成了废墟
1112 沸沸扬扬　fèifèiyángyáng　*adj.*　in a hubbub　沸沸扬扬地议论；闹得沸沸扬扬
1113 沸腾　fèiténg　*v.*　boil; seethe with excitement; noisy and confused　水在100℃时沸腾；热血沸腾；人声沸腾
1114 费劲　fèi//jìn　exert much effort　走楼梯上楼真费劲；费了半天劲
1115 分辨　fēnbiàn　*v.*　distinguish　分辨真假；分辨是非
1116 分寸　fēncun　*n.*　sense of propriety　不知分寸；嘴上没分寸
1117 分担　fēndān　*v.*　share　分担工作；分担责任
1118 分割　fēngē　*v.*　carve up　不可分割；分割财产
1119 分红　fēn//hóng　share out bonuses　年终分红；按季分红
1120 分化　fēnhuà　*v.*　split up　分化敌人；两极分化

从 1101～1110 中选择合适的词语填空　Choose the right words from 1011-1110 and fill in the blanks.

1. 我妈妈喜欢用_____洗衣服和毛巾。
2. 以前这儿是一个邮局，但已经_____了很久了。
3. 这篇新闻报道完全是对他的恶意_____。
4. 我这辆车去年花17万买的，你想3万就买走，当买_____哪？
5. 少说那些没用的_____，好好工作吧。

从 1111～1120 中选择合适的词语填空　Choose the right words from 1111-1120 and fill in the blanks.

6. 那场大地震过后，整个城市成了一片_____。
7. 雨下得太大，连方向也_____不清了。
8. 他腿脚不好，上楼下楼非常_____。
9. 我提醒她注意说话的_____，她还不领情。
10. 照顾孩子不只是母亲的责任，父亲也应该_____一部分。

第3部分　Part 3

1121	分泌	fēnmì	v.	secrete	分泌物；分泌胃液
1122	分明	fēnmíng	adj.	clear	黑白分明；爱恨分明
			adv.	clearly	分明说过
1123	分歧	fēnqí	n.	difference	产生分歧；存在分歧
			adj.	divergent	意见分歧
1124	分赃	fēn//zāng		share in the spoils	因为分赃不均，犯罪团伙内部产生了矛盾。
1125	分支	fēnzhī	n.	branch	两个分支；分支机构
1126	芬芳	fēnfāng	adj.	fragrant	芬芳的花朵；气味芬芳
			n.	fragrance	鲜花的芬芳
1127	吩咐	fēn·fù	v.	tell, instruct	经理吩咐这个任务必须月底前完成。
1128	氛围	fēnwéi	n.	atmosphere	欢乐的氛围；轻松的氛围
1129	坟	fén	n.	grave	一座坟
1130	坟墓	fénmù	n.	grave	一座坟墓；自掘坟墓
1131	焚烧	fénshāo	v.	burn	焚烧垃圾；大火焚烧
1132	粉	fěn	n.	powder	面粉；花粉
1133	粉丝	fěnsī	n.	vermicelli made from bean starch, etc.; fans	粉丝在中国菜里很常见；那个明星有大批粉丝
1134	粉碎	fěnsuì	adj.	pulverized	摔得粉碎
			v.	break to pieces; smash	粉碎矿石；粉碎敌人的进攻计划
1135	分量	fèn·liàng	n.	weight	有分量；分量足
1136	分外	fènwài	adv.	especially	分外高兴；分外好看
			adj.	beyond one's duty	他对分外的工作也认真负责。
1137	份额	fèn'é	n.	share	市场份额；提高份额
1138	奋力	fènlì	adv.	spare no effort	奋力往前跑；奋力反抗
1139	奋勇	fènyǒng	v.	summon up all one's courage	奋勇向前；奋勇杀敌
1140	粪	fèn	n.	dung	牛粪；拾粪

从 1121～1130 中选择合适的词语填空　Choose the right words from 1121-1130 and fill in the blanks.

1. 他_____朝你的方向去的，你没有看见他吗？
2. 他们在公司合作方式上存在很大的_____。
3. 父亲_____大哥月底以前一定要从北京赶回来。
4. 公司派他去了上海，那儿新设立了一个_____机构。
5. 人们在欢乐的_____中迎来了新的一年。

从 1131～1140 中选择合适的词语填空　Choose the right words from 1131-1140 and fill in the blanks.

6. 这种黑面包主要是由这种面_____做成的。
7. 杯子被他摔得_____。
8. 这个西瓜_____不轻，大概有二十斤。

9. 今天见到了自己喜欢的明星，我_____高兴。

10. 我们公司的产品在国内市场上占有50%的_____。

◎ **重点词语** Focus words

1. 非

前缀，用在一些名词性成分的前面，表示不属于某种范围。例如：非金属、非处方药、非卖品等等。

（1）这把椅子虽然看起来像金属做的，但其实使用的是非金属材料。

（2）小姐，对不起，这个杯子是非卖品，您可以选择其他的杯子。

2. 非得

副词，常跟"不可、不行"等呼应，表示必须，在口语中也可以单独使用。例如：

（1）要想做出成绩，非得努力工作不可。

（2）你不让我去，我非得去看看。

（3）为了赶明天的飞机，我们非得八点就出发。

3. 废寝忘食

顾不得睡觉，忘记吃饭，形容非常专心努力。例如：

（1）她读这本小说时废寝忘食，一口气就读完了。

（2）他们废寝忘食，提前完成了任务。

4. 沸沸扬扬

像沸腾的水一样喧闹，多形容议论纷纷。例如：

（1）大家对这件事的议论沸沸扬扬。

（2）大家沸沸扬扬地议论起来。

5. 粉丝

"粉丝"在中文里有两个意思：一是指一种食品；二是指迷恋、崇拜某个名人的人，是英语词"fans"的音译词。例如：

（1）我很爱喝妈妈做的羊肉粉丝汤。

（2）这位歌星拥有上千万的粉丝。

6. 分外

副词，表示超过平常，特别。例如：

（1）女儿考上了大学，他们俩今天分外高兴。

（2）月到中秋分外明。

还可以做形容词，表示本分以外的，与"分内"相对。例如：

（3）他从来不把帮助别人看作分外的事。

◎ 速练　　Quick practice

一、选择合适的词语填空　　Choose the right words and fill in the blanks.

（一）　　　　A. 废寝忘食　B. 沸沸扬扬　C. 访谈　D. 放置　E. 飞速　F. 肥料
1. 他为了早点儿做出成果，_____地进行科学研究。
2. 那个明星离婚的消息传得_____。
3. 做饭前，她把准备好的材料先_____在冰箱里。
4. 火车_____向前，车上的她看着窗外的风景发愣。
5. 这个电视_____节目非常有趣。

（二）　　　　A. 分红　B. 分割　C. 分化　D. 分赃　E. 废品　F. 分支
1. 那个富人死前把自己的财产_____成了四部分。
2. 公司的年终_____让大家都很满意。
3. 小偷儿正在_____的时候警察突然出现了。
4. 我家楼下有一个_____收购站。
5. 世界史是历史学的一门_____学科。

二、选择合适的词语完成句子　　Choose the right words to complete the sentences.

1. 老师让大家先读课文，然后_____写一篇短文。
　A. 仿　　　　B. 仿佛　　　　C. 仿制　　　　D. 抄
2. 他说话太_____了，简直是目中无人。
　A. 放过　　　B. 放水　　　　C. 放肆　　　　D. 放纵
3. 旅客朋友们早上好，本次航班_____上海。
　A. 飞速　　　B. 飞往　　　　C. 飞翔　　　　D. 飞跃
4. 他的一生为人民做出了_____的贡献。
　A. 非法　　　B. 非凡　　　　C. 非人　　　　D. 非常
5. 这儿的土地非常_____，很适合种粮食。
　A. 肥料　　　B. 肥胖　　　　C. 肥沃　　　　D. 肥大
6. 从五月一号开始，这项规定会被_____。
　A. 废　　　　B. 开除　　　　C. 废话　　　　D. 废除
7. 他们责任_____，各有各的工作。
　A. 分化　　　B. 分担　　　　C. 分歧　　　　D. 分明

三、将词语填入句中合适的位置　　Choose the appropriate location for the words.

1. 这个孩子 A 一直 B 哭个不停，C 妈妈来 D 抱不可。（非得）
2. 我 A 了好大的 B 劲才 C 把今天的工作 D 做完。（费）
3. 我们国家的球队 A 获得了世界杯冠军 B，所有人都 C 起 D 来了。（沸腾）
4. A 这件事闹得沸沸扬扬，也 B 不清 C 到底谁对 D 谁错。（分辨）

第20单元　Unit 20

◎速记　Quick memory

第1部分　Part 1

1141　粪便　fènbiàn　*n.*　excrement and urine　动物粪便；粪便经过发酵等程序可以成为肥料

1142　丰富多彩　fēngfù-duōcǎi　rich and varied　生活丰富多彩；丰富多彩的文化

1143　丰厚　fēnghòu　*adj.*　rich and generous　收入丰厚；丰厚的礼物

1144　丰满　fēngmǎn　*adj.*　plentiful; full and round; the fur of birds is abundant and dense　粮食丰满；身材丰满；羽毛丰满

1145　丰盛　fēngshèng　*adj.*　rich and solid　丰盛的晚餐；丰盛的酒席

1146　丰硕　fēngshuò　*adj.*　plentiful and substantial　丰硕的果实；成果丰硕

1147　风波　fēngbō　*n.*　disturbance　一场风波；政治风波

1148　风采　fēngcǎi　*n.*　elegant demeanor　迷人的风采；风采动人

1149　风餐露宿　fēngcān-lùsù　live rough　风餐露宿的生活；常年风餐露宿

1150　风范　fēngfàn　*n.*　style　大家风范；领袖风范

1151　风风雨雨　fēngfēngyǔyǔ　*n.*　repeated difficulties and hardships　经历风风雨雨；那些年的风风雨雨

1152　风和日丽　fēnghé-rìlì　warm and sunny　风和日丽的好天气

1153　风浪　fēnglàng　*n.*　stormy waves; stormy experience　海上的风浪；人生的风浪

1154　风力　fēnglì　*n.*　wind power　风力发电

1155　风流　fēngliú　*adj.*　distinguished and admirable; talented and unrestrained　风流人物；风流才子

1156　风貌　fēngmào　*n.*　scene　民间艺术的风貌；社会生活的新风貌

1157　风气　fēngqì　*n.*　atmosphere　社会风气；不良风气

1158　风情　fēngqíng　*n.*　interest and charm; amorous feeling; local manners and customs; circumstance　别有一番风情；风情万种；南国风情；校园风情

1159　风趣　fēngqù　*n.*　flavor, taste　异国风趣；自然的风趣

1160　风沙　fēngshā　*n.*　wind-borne sand　漫天风沙；挡住风沙

从1141～1150中选择合适的词语填空　Choose the right words from 1141-1150 and fill in the blanks.

1. 他的努力给他带来了_____的回报。
2. 小鸟一天天长大，羽毛越来越_____了。
3. 这项研究已经取得了_____的成果。
4. 十分感谢您为我们准备了这么_____的晚餐。
5. 他不管到哪里总要闹点儿_____出来，经常出乱子。

从1151～1160中选择合适的词语填空　Choose the right words from 1151-1160 and fill in the blanks.

6. 今天海上_____很大，不适合出海钓鱼。

7. 这个博物馆让我们了解了中国民间艺术的_____。
8. 现在_____比较强，风向多变，暂时不能出海。
9. 良好的学习_____能促使班上的每一个同学认真学习。
10. 你种的这些花虽然好看，但是总让人觉得缺少自然的_____。

第 2 部分　Part 2

1161 风尚　fēngshàng　n.　prevailing custom　社会风尚；流行风尚
1162 风水　fēng·shuǐ　n.　fengshui　看风水；风水宝地
1163 风味　fēngwèi　n.　flavor　风味小吃；家乡风味
1164 风雨　fēngyǔ　n.　wind and rain; trails and hardships　风雨大作；经历风雨才能成熟
1165 风云　fēngyún　n.　wind and cloud; stormy situation　天有不测风云；风云突变
1166 风筝　fēngzheng　n.　kite　放风筝；风筝线
1167 封顶　fēngdǐng　v.　roof; put a ceiling on　大楼封顶；奖金上不封顶
1168 封建　fēngjiàn　n.　feudalism　封建制度；封建社会
　　　　　　　　　　adj.　feudal　思想封建；想法很封建
1169 封面　fēngmiàn　n.　cover (of a book)　书的封面；封面人物
1170 封锁　fēngsuǒ　v.　blockade　封锁消息；经济封锁
1171 疯子　fēngzi　n.　lunatic　一个疯子；像个疯子
1172 峰回路转　fēnghuí-lùzhuǎn　take a turn for the better after suffering setbacks　人生之
　　　　　路峰回路转，处处景色不同；形势变化峰回路转
1173 蜂蜜　fēngmì　n.　honey　蜂蜜水；蜂蜜蛋糕
1174 逢　féng　v.　meet　相逢；生不逢时
1175 缝　féng　v.　sew　缝衣服；缝伤口
1176 缝合　fénghé　v.　sew up　缝合伤口
1177 讽刺　fěngcì　v.　satirize　讽刺画；讽刺别人
1178 凤凰　fènghuáng　n.　phoenix　凤凰是传说中的动物。
1179 缝　fèng　n.　seam; crack, slit　无缝钢管；门缝；见缝插针
1180 否决　fǒujué　v.　veto　被否决；全票否决

从 1161～1170 中选择合适的词语填空　Choose the right words from 1161-1170 and fill in the blanks.

1. 尊老爱幼是中华民族的传统道德_____。
2. 到这儿来旅游，一定要尝尝有地方_____的特色小吃。
3. 虽然下着大雨，但他们仍然在_____中步伐有力地走着。
4. 有几个小男孩儿在广场上放_____。
5. 那座大楼已经按期_____了。

从 1171～1180 中选择合适的词语填空　Choose the right words from 1171-1180 and fill in the blanks.

6. _____营养丰富，有食用和药用价值。
7. 离开家乡的人每_____节日会更加想念家乡的亲人。
8. 有人说，艺术家一半是天才，一半是_____。

9. 这幅漫画_____了那些只会说空话，而从不付诸行动的人。
10. 我们提的意见被董事会_____了。

第3部分　Part 3

1181 孵化　fūhuà　v.　hatch　人工孵化；孵化小鸡
1182 敷　fū　v.　apply (powder, ointment, etc.); be sufficient for　敷药；外敷；入不敷出
1183 扶持　fúchí　v.　support　扶持乡村小学建设；大力扶持中小型企业
1184 服饰　fúshì　n.　dress and personal adornment　流行服饰；漂亮的服饰
1185 服务器　fúwùqì　n.　server　通信服务器；租用网络服务器
1186 服用　fúyòng　v.　take (medicine)　饭后服用；服用中药
1187 俘获　fúhuò　v.　capture　俘获敌人；被俘获
1188 俘虏　fúlǔ　n.　captive　交换俘虏；释放俘虏
1189 浮力　fúlì　n.　buoyancy force　海水的浮力比较大；依靠浮力
1190 浮现　fúxiàn　v.　appear in one's mind; emerge, reveal　浮现在眼前；脸上浮现出笑容
1191 浮躁　fúzào　adj.　impetuous　浮躁不安；浮躁的心
1192 辐射　fúshè　v.　radiate　核辐射；受到辐射
1193 福气　fúqi　n.　good fortune　有福气；福气大
1194 抚摸　fǔmō　v.　stroke　抚摸着孩子的脸；轻轻抚摸
1195 抚恤　fǔxù　v.　console and compensate　抚恤金；抚恤受工伤的人员
1196 抚养　fǔyǎng　v.　raise, bring up　抚养孩子长大成人；抚养子女
1197 抚养费　fǔyǎngfèi　n.　maintenance　提供抚养费；子女抚养费
1198 斧子　fǔzi　n.　axe　一把斧子；用斧子砍
1199 俯首　fǔshǒu　v.　bow down; obey　俯首沉思；俯首听命
1200 辅导　fǔdǎo　v.　tutor, give guidance　辅导作业；辅导功课

从 1181～1190 中选择合适的词语填空　Choose the right words from 1181-1190 and fill in the blanks.

1. 他小心地在伤口上_____了一些药。
2. 她身上的_____虽然价格便宜，但是很得体。
3. 在昨天的战场上，我们抓住了几个_____。
4. 这些药吃饭前半小时_____效果更好。
5. 她的脸上_____出微笑。

从 1191～1200 中选择合适的词语填空　Choose the right words from 1911-1200 and fill in the blanks.

6. 这个活动可以让人们_____不安的心平静下来。
7. 我爷爷九十岁了，但身体非常好，很有_____。
8. 以前人们担心手机放在床头产生的_____会影响健康。
9. 她利用假期_____孩子学习基础知识。
10. 妈妈轻轻_____孩子的背，安慰他不要难过。

◎ **重点词语**　Focus words

1. 丰富多彩

　　内容丰富，种类多样。例如：

　　（1）校园文化节期间的活动丰富多彩。

　　（2）这些丰富多彩的民族文化我们要发扬光大。

2. 风餐露宿

　　形容旅途或野外生活的艰苦。例如：

　　（1）他们自驾到西部旅行，一路风餐露宿。

　　（2）我们风餐露宿，实地开展调查工作。

3. 风风雨雨

　　比喻经历过的各种艰难困苦。例如：

　　（1）经历了风风雨雨，大家更团结了。

　　（2）生活中的风风雨雨让他积累了丰富的人生经验。

4. 风和日丽

　　形容天气晴朗暖和，多用于春天。例如：

　　（1）春天风和日丽，花开了，草绿了。

　　（2）这几天风和日丽，很多人去公园游玩。

5. 风浪

　　名词，表示水面上的风和浪，也用来比喻艰险的遭遇或者斗争的环境。例如：

　　（1）今天海上风浪太大，不适合出海钓鱼。

　　（2）他经历过太多风浪，这些困难他根本不在乎。

　　与"风浪"相关的词语有"大风大浪""无风不起浪"，与"风浪"用法差不多的还有"风雨"。

6. 峰回路转

　　形容山峰、道路迂回曲折，有时比喻经过挫折后出现转机。例如：

　　（1）车在山上开了一段时间，突然峰回路转，眼前的景色让人震撼。

　　（2）他正因为失去工作伤心时，事情峰回路转，另一家公司邀请他去工作。

7. 逢

　　动词，表示遇到。例如：相逢、每逢佳节倍思亲、逢年过节、千载难逢。

　　（1）他们相逢在一个普通的周六下午。

　　（2）逢年过节我们都会回家乡看望亲人。

8. 否决

动词，表示否定（提交会议讨论决定的提案）。例如：

（1）他的提案被大会否决了。
（2）我们的建议被大多数人否决了。

9. 俘虏

名词，表示打仗时抓住的敌人。例如：

（1）在战争中，双方很少交换俘虏。
（2）我们一共抓住了十多个俘虏。

◎ **速练** Quick practice

一、选择合适的词语填空　Choose the right words and fill in the blanks.

（一）　A.丰富多彩　B.风餐露宿　C.风风雨雨　D.风和日丽　E.峰回路转　F.风平浪静

1. 他觉得大学生活_____，因为可以参加各种活动。
2. 他们经历了很多_____，终于走到了一起。
3. 徒步旅行的人虽然_____，但能看到很多别人看不到的风景。
4. 今天的天气_____，我们一家去动物园玩儿。
5. 我们以为要失败了，没想到_____，出现了转机。

（二）　　　A.风采　B.风沙　C.封锁　D.缝合　E.扶持　F.浮力

1. 教育部门要重点_____乡村的小学。
2. 公司_____了消息，反倒让大家担心起来。
3. 中国西北部地区春季少雨，_____较大。
4. 这个医生技术很好，他_____的伤口恢复得很快。
5. 虽然他现在年纪大了，但是在交谈中我们仍然能感受到他年轻时的_____。

二、选择合适的词语完成句子　Choose the right words to complete the sentences.

1. 他多年来坚持搞科学研究，现在每年都能得到_____的回报。
　　A.丰厚　　　　B.丰满　　　　C.丰盛　　　　D.丰收
2. 那个明星在网上说的话引起了一场不小的_____。
　　A.风波　　　　B.风采　　　　C.风范　　　　D.风水
3. 这里很适合开展_____发电。
　　A.风浪　　　　B.风力　　　　C.风波　　　　D.风流
4. 互帮互助、乐于助人是一种良好的社会_____。
　　A.风貌　　　　B.风气　　　　C.风情　　　　D.风趣
5. 孩子间的某些流行_____在父母眼里会有些奇怪。
　　A.风沙　　　　B.风水　　　　C.风尚　　　　D.风云
6. 离乡多年，我最怀念的就是家乡那些_____小吃。
　　A.风尚　　　　B.风水　　　　C.风雨　　　　D.风味

113

7.＿＿＿＿＿＿子女是父母的责任，谁也不能替代。
   A. 孵化　　　　B. 扶持　　　　C. 抚养　　　　D. 抚摸

三、将词语填入句中合适的位置　Choose the appropriate location for the words.
   1. 没想到我的建议 A 大家 B 否决了，大家 C 都不 D 同意我的看法。（被）
   2. 在政府的大力 A 下 B ，C 这些小工厂 D 发展得越来越好。（扶持）
   3. 妈妈轻轻 A 抚摸 B 孩子的头，眼里充满 C 了爱 D 。（着）
   4. 她把 A 蜂蜜 B 倒 C 了温水里 D 。（进）

第21单元　Unit 21

◎速记　Quick memory

第1部分　Part 1

1201 腐败　fǔbài　adj.　corrupt, depraved　政治腐败；腐败分子
1202 腐化　fǔhuà　v.　corrupt　生活腐化；思想腐化
1203 腐烂　fǔlàn　v.　rot　冷藏可以延缓水果腐烂。
　　　　　　　　　adj.　putrescent; corrupt　腐烂的水果；腐烂的制度
1204 腐蚀　fǔshí　v.　corrode; corrupt　腐蚀金属；思想被腐蚀
1205 腐朽　fǔxiǔ　adj.　rotten; decadent　腐朽的木头；腐朽的生活
1206 付费　fùfèi　v.　pay a sum of money　付费内容；付费观看
1207 付款　fùkuǎn　v.　pay　用现金付款；在哪儿付款
1208 负面　fùmiàn　adj.　negative　负面新闻；负面影响
1209 负有　fùyǒu　bear　父母对子女负有抚养义务。
1210 附　fù　v.　attach; get close to　最好在简历中附上照片；附近
1211 附带　fùdài　v.　attach　我给你这笔钱不附带任何条件。
　　　　　　　　　adj.　incidental, subsidiary　附带产品；附带功能
1212 附和　fùhè　v.　echo, parrot　出声附和；附和别人的意见
1213 附加　fùjiā　v.　attach, add　附加条件；附加手续费
1214 附属　fùshǔ　v.　be affiliated to　这家医院附属于山东大学。
　　　　　　　　　adj.　subsidiary　附属小学；附属工厂
1215 赴　fù　v.　go to　赴京；赴会
1216 复查　fùchá　v.　re-examine　复查身体；去医院复查
1217 复发　fùfā　v.　recur　旧病复发；无复发可能
1218 复合　fùhé　v.　reunite　复合词；复合材料
1219 复活　fùhuó　v.　come back to life　复活全球经济活力
1220 复兴　fùxīng　v.　revive　民族复兴；文艺复兴

从1201～1210中选择合适的词语填空　Choose the right words from 1201-1210 and fill in the blanks.

1. 经济_____问题是政府工作人员不能触碰的红线。
2. 他是专门研究抗_____金属材料的科学家。
3. _____的水果必须扔掉，千万别吃。
4. 沉迷手机游戏会给孩子的成长带来_____影响。
5. 他寄给我的信里_____了一张他的照片。

从1211～1220中选择合适的词语填空　Choose the right words from 1211-1220 and fill in the blanks.

6. 我姐姐在北京中医药大学第三_____医院工作。
7. 医生让他一个月以后到医院_____。
8. 有人提出要休息休息，马上就有人_____。

9. 天气忽冷忽热，他的病又_____了。
10. 文艺_____时期出现了很多优秀的作家、画家和雕塑家。

第 2 部分　Part 2

1221 复原　fù//yuán　restore; recover　被破坏的墙体已经无法复原了；身体复原
1222 副作用　fùzuòyòng　n.　side effect　这种药的副作用之一就是爱出汗。
1223 赋予　fùyǔ　v.　give, entrust　赋予重任；赋予权利
1224 富含　fùhán　v.　be rich in　富含水分；富含维生素
1225 富豪　fùháo　n.　rich and powerful people　大富豪；亿万富豪
1226 富强　fùqiáng　adj.　prosperous and powerful　民族富强；使国家富强
1227 富翁　fùwēng　n.　man of wealth　大富翁；精神富翁
1228 富裕　fùyù　adj.　affluent　生活富裕；富裕起来
1229 富足　fùzú　adj.　abundant　富足的日子；富足的食品供应
1230 腹部　fùbù　n.　abdomen　腹部肥胖；腹部疼痛
1231 腹泻　fùxiè　v.　have diarrhoea　引起腹泻；出现腹泻的症状
1232 覆盖　fùgài　v.　cover, mulch　覆盖范围；南极大陆长年覆盖着冰雪
1233 该　gāi　pron.　this, that　该校；该生
1234 改版　gǎi//bǎn　revise, reformat　杂志改版；全面改版
1235 改编　gǎibiān　v.　adapt　经过改编；把小说改编成电影
1236 改动　gǎidòng　v.　change　改动了一些词；全面改动
1237 改革开放　gǎigé kāifàng　reform and opening-up　改革开放以来；中国改革开放40多年了
1238 改良　gǎiliáng　v.　improve　改良品种；改良制度
1239 改名　gǎimíng　v.　rename　改名换姓；给……改名
1240 改日　gǎirì　adv.　another day　改日再来；改日邀请你

从 1221～1230 中选择合适的词语填空　Choose the right words from 1221-1230 and fill in the blanks.

1. 他出院不到一个月，身体还没完全_____。
2. 这些新鲜的水果_____营养，吃了有利于身体健康。
3. 妈妈担心她每天喝那么多咖啡会不会有什么_____。
4. 国家_____，人民安居乐业。
5. 动物的_____大多比较柔软。

从 1231～1240 中选择合适的词语填空　Choose the right words from 1231-1240 and fill in the blanks.

6. 大雪下了一夜，厚厚的雪_____着大地。
7. _____地交通便利，人民生活富足。
8. 这部电影是根据小说_____的。
9. 科学家_____了这种植物的品种，产量有了很大提升。
10. 这学期的课程安排没有什么_____，跟以前差不多。

第3部分　Part 3

1241 改为　gǎiwéi　change to　喝咖啡改为喝茶；两年改为三年
1242 改邪归正　gǎixié-guīzhèng　turn over a new leaf　他希望改邪归正，过安稳平静的生活。
1243 钙　gài　*n.*　calcium　补钙；钙片
1244 盖子　gàizi　*n.*　lid　瓶盖子；盖上盖子
1245 概况　gàikuàng　*n.*　survey, overview　中国概况；地理概况
1246 概率　gàilǜ　*n.*　probability　概率为零；赢的概率很大
1247 概论　gàilùn　*n.*　introduction (often used in book titles)　《中国文学概论》
1248 干戈　gāngē　*n.*　fight　干戈四起；大动干戈
1249 干旱　gānhàn　*adj.*　dry　干旱地区；干旱少雨
1250 干燥　gānzào　*adj.*　dry　气候干燥；干燥的皮肤
1251 甘心　gānxīn　*v.*　be willing; be complacent about　甘心做这件事；不拿到金牌决不甘心
1252 肝脏　gānzàng　*n.*　liver　肝脏功能；检查肝脏
1253 尴尬　gāngà　*adj.*　awkward　表情尴尬；感到尴尬
1254 赶赴　gǎnfù　*v.*　rush to　赶赴现场；赶赴灾区
1255 赶往　gǎnwǎng　hurry to　赶往公司；赶往机场
1256 敢情　gǎnqing　*adv.*　(showing surprised discovery) why, so; (indicating sth. obvious) indeed, of course　怪不得这么冷，敢情是下雪了。　要在这儿开个商场？那敢情好！
1257 感　gǎn　*suf.*　sense, feeling　强烈的责任感；有安全感
1258 感触　gǎnchù　*n.*　thoughts and feelings　看了这部电影，我很有感触。
1259 感恩　gǎn//ēn　feel grateful　感恩不尽；不知感恩
1260 感激　gǎnjī　*v.*　appreciate　很感激他；感激您给我的帮助

从1241～1250中选择合适的词语填空　Choose the right words from 1241-1250 and fill in the blanks.

1. 专家说通过喝骨头汤补_____是一种错误的观念。
2. 身体复原以后，他喝酒的习惯_____喝茶了。
3. 瓶_____不严，洒了我一书包的水。
4. 《语言学_____》这本书介绍了一些语言学的基础知识和概念。
5. 我对这座老房子的历史_____很了解。

从1251～1260中选择合适的词语填空　Choose the right words from 1251-1260 and fill in the blanks.

6. 这种药物对_____有一定损伤，一定要在医生的指导下服用。
7. 他不_____就在这个农村小学当一辈子老师。
8. 她不小心把咖啡洒在了经理身上，_____极了。
9. 我给了她很多帮助，但是她完全不知_____。
10. _____他已经告诉你了，我还担心你不知道呢。

117

◎ 重点词语　Focus words

1. 该

指示代词，常用来指上文说过的人或事物，多用在公文中。例如：

（1）该生学习态度端正，表现优秀。

（2）该地交通便利，运输条件良好。

2. 改良

动词，去掉事物的个别缺点，使更适合要求。例如：

（1）他们改良了这种花的品种，花期更长了。

（2）要不是他的这些实验，这种机器不可能得到改良。

3. 改邪归正

不再做坏事，走上正路。例如：

（1）父母希望他改邪归正，过正常人的生活。

（2）虽然他以前偷过东西，但是现在已经改邪归正了。

4. 敢情

副词，表示发现原来没有发现的情况或者表示情理明显、不必怀疑。例如：

（1）敢情夜里下了大雪，我说今天怎么格外亮呢。

（2）你要来帮我一起做饭啊，那敢情好。

5. 感

后缀，表示"感觉、感想、情感"。可以用在其他词语后构成新的词语，例如：美感、好感、责任感、自豪感。

（1）他虽然年纪小，但是很有责任感，把妹妹照顾得很好。

（2）当我们看到中国女子排球队夺冠的新闻时，心里充满自豪感。

◎ 速练　Quick practice

一、选择合适的词语填空　Choose the right words and fill in the blanks.

（一）　　　A. 腐朽　B. 负有　C. 附属　D. 复原　E. 改版　F. 复活

1. 他在这所大学工作，孩子在＿＿＿＿＿＿＿小学上学。

2. 这个访谈节目＿＿＿＿＿＿＿以后吸引了很多年轻人观看。

3. 这个木头桌子经历了太多风雨，已经＿＿＿＿＿＿＿了。

4. 中介对交易双方同时＿＿＿＿＿＿＿责任。

5. 妈妈马上就要到家了，儿子，咱们得赶快收拾，把房间＿＿＿＿＿＿＿。

（二）　　　A. 改日　B. 改邪归正　C. 干戈　D. 赶往　E. 感触　F. 感激

1. 他以前偷过东西，但现在已经＿＿＿＿＿＿＿了。

2. 这个问题太复杂了，我们＿＿＿＿＿＿＿再谈。

3. 因为贸易问题，两个国家大动_____。
4. 她当母亲后，对养育孩子的辛苦有很多的_____。
5. 一接到电话，他马上_____医院。

二、选择合适的词语完成句子　Choose the right words to complete the sentences.

1. 由于没有及时进行治疗，他受伤地方的皮肤已经开始_____了。
    A. 腐败　　　　　B. 腐化　　　　　C. 腐烂　　　　　D. 腐蚀
2. 这些内容不健康的书和游戏会_____青少年。
    A. 腐败　　　　　B. 腐烂　　　　　C. 腐朽　　　　　D. 腐蚀
3. 海外购物的话，除了运费以外，还得_____税费。
    A. 附带　　　　　B. 附和　　　　　C. 附加　　　　　D. 附属
4. 医生让她一定要定期来医院_____病情。
    A. 复查　　　　　B. 复发　　　　　C. 复合　　　　　D. 复活
5. 接受九年义务教育是国家_____每个孩子的权利。
    A. 赋予　　　　　B. 送给　　　　　C. 富含　　　　　D. 附加
6. 这部电影是由那个英国作家的小说_____成的。
    A. 改版　　　　　B. 改编　　　　　C. 改良　　　　　D. 改动
7. 五月一号以后，办公室下午上班的时间从两点_____两点半。
    A. 改良　　　　　B. 改名　　　　　C. 改日　　　　　D. 改为

三、将词语填入句中合适的位置　Choose the appropriate location for the words.

1. A 你 B 永远 C 在这个小地方 D 当一个工人吗？（甘心）
2. 我十分 A 您 B 这么多年来 C 对我的支持和 D 帮助。（感激）
3. A 这篇文章 B 写得不错，我只 C 了个别 D 几个句子。（改动）
4. 我 A 在 B 给他的信里 C 上 D 了我拍的一些照片。（附）

第22单元　Unit 22

◎速记　Quick memory

第1部分　Part 1

1261 感慨　gǎnkǎi　v.　sigh with emotion　感慨万千；感慨生活不易
1262 感染　gǎnrǎn　v.　infect　感染疾病；被演员的情绪感染
1263 感染力　gǎnrǎnlì　n.　appeal　富有感染力；艺术感染力
1264 感叹　gǎntàn　v.　sigh with feeling　表示感叹；感叹不已
1265 感性　gǎnxìng　adj.　perceptive　感性认识；感性理解
1266 干部　gànbù　n.　cadre　当干部；人民的好干部
1267 干事　gànshi　n.　secretary/clerk in charge of sth.　宣传干事；人事干事
1268 刚毅　gāngyì　adj.　resolute　性格刚毅；刚毅的表情
1269 纲领　gānglǐng　n.　programme　政治纲领；纲领性文件
1270 纲要　gāngyào　n.　outline; (often used in book titles or file names), compendium　演讲纲要；《汉语语法纲要》
1271 钢　gāng　n.　steel　钢笔；钢板
1272 缸　gāng　n.　vat　水缸；一口缸
1273 港　gǎng　n.　harbor　港口；天然深水港
1274 杠铃　gànglíng　n.　barbell　举杠铃
1275 高昂　gāo'áng　v.　hold high (one's head, etc.)　高昂着头
　　　　　　　　　adj.　(of voice/emotion) high; expensive　歌声高昂；价格高昂
1276 高傲　gāo'ào　adj.　haughty　态度高傲；高傲自大
1277 高超　gāochāo　adj.　superb　技术高超；见解高超
1278 高低　gāodī　n.　height; relative superiority or inferiority　声音的高低变化；难分高低
1279 高调　gāodiào　n.　lofty tone; high profile　唱高调；做事太高调
1280 高额　gāo'é　adj.　high amount　高额奖学金；高额利润

从1261～1270中选择合适的词语填空　Choose the right words from 1261-1270 and fill in the blanks.

1. 这部电影具有很强的艺术_____。
2. 他的笑声_____了全班同学。
3. 我忍不住_____："这儿太美了！"
4. 他性格_____，在困难面前不会轻易放弃。
5. 她把意见写成_____，准备在会上发言。

从1271～1280中选择合适的词语填空　Choose the right words from 1271-1280 and fill in the blanks.

6. 那个小鱼_____里有两条可爱的小鱼。
7. 他骑着马，_____着头从我们面前经过。
8. 妈妈送给我一支黑色的新_____笔。
9. 这两支球队的水平差不多，难分_____。

10. 这些风筝制作工艺_____，是难得一见的精品。

第2部分　Part 2

1281 高尔夫球　gāo'ěrfūqiú　n.　golf　打高尔夫球；高尔夫球赛
1282 高峰期　gāofēngqī　n.　fastigium, peak period　交通高峰期；上下班高峰期
1283 高贵　gāoguì　adj.　noble; very expensive　高贵的品质；服饰高贵
1284 高空　gāokōng　n.　high altitude　高空飞行；高空作业
1285 高龄　gāolíng　n.　advanced age　九十岁的高龄
　　　　　　　　　　　adj.　overage　高龄社会；高龄老人
1286 高明　gāomíng　adj.　brilliant　主意高明；医术高明
1287 高山　gāoshān　n.　high mountain　一座高山；爬上高山
1288 高效　gāoxiào　adj.　efficient　高效完成；高效管理
1289 高新技术　gāoxīn-jìshù　high and new technology　开发高新技术；发展高新技术
1290 高血压　gāoxuèyā　n.　hypertension　有高血压；高血压药
1291 高压　gāoyā　n.　high pressure; high voltage; maximum pressure　高压的工作环境；
　　　　高压电线；病人高压在正常范围内
1292 高雅　gāoyǎ　adj.　elegant and polite　风度高雅；谈吐高雅
1293 高涨　gāozhǎng　v.　rise　河水高涨；海水高涨
　　　　　　　　　　adj.　high, booming　热情高涨；情绪高涨
1294 搞鬼　gǎo//guǐ　play tricks　别搞鬼；你搞什么鬼
1295 搞笑　gǎoxiào　v.　amuse　搞笑的节目；不要乱搞笑
1296 告　gào　v.　accuse; declare　去法院告他；事情已告结束
1297 告辞　gàocí　v.　take leave　我怕耽误他的时间，坐了一会儿就告辞了。
1298 告诫　gàojiè　v.　warn　告诫孩子；再三告诫
1299 告示　gàoshi　n.　notice　一张告示；贴告示
1300 告知　gàozhī　v.　inform　告知大家；及时告知情况

从 1281～1290 中选择合适的词语填空　Choose the right words from 1281-1290 and fill in the blanks.

1. 上下班_____很容易堵车。
2. 在这种天气情况下进行_____作业一定要注意安全。
3. 他心地纯洁，拥有_____的品质。
4. 我们都认为_____的时间管理是他成功的关键。
5. 她每年都会挑战爬一座_____。

从 1291～1300 中选择合适的词语填空　Choose the right words from 1291-1300 and fill in the blanks.

6. 她的房间布置得非常_____。
7. 粉丝们看到他以后，热情_____。
8. 我们不用怕他_____，他骗不了我们。
9. 父母再三_____他不要乱花钱。
10. 我跟他聊了一会儿就_____了。

第3部分　Part 3

1301　告状　gào//zhuàng　press charges (against sb.); tell on　通过正当途径告状；向经理告小王的状

1302　戈壁　gēbì　n.　Gobi　中国的西北部有大片的戈壁。

1303　胳膊　gēbo　n.　arm　两只胳膊；胳膊受伤了

1304　鸽子　gēzi　n.　dove　一只鸽子；灰色的鸽子

1305　搁　gē　v.　put; add; shelve　搁在桌子上；咖啡里搁点儿糖；这件事搁一搁再说

1306　搁浅　gē//qiǎn　be stranded　船搁浅了；搁浅的鲸

1307　搁置　gēzhì　v.　shelve　这件事情很重要，不能搁置。

1308　割　gē　v.　cut　割伤手指；割肉

1309　歌剧　gējù　n.　opera　看歌剧；歌剧表演

1310　歌颂　gēsòng　v.　eulogize　歌颂英雄；歌颂劳动者

1311　歌舞　gēwǔ　n.　song and dance　歌舞团；歌舞表演

1312　歌咏　gēyǒng　v.　sing　歌咏队；歌咏比赛

1313　革命　gémìng　v.　(make) revolution　技术革命；思想革命
　　　　　　　　　　　adj.　revolutionary　工人阶级是最革命的阶级

1314　格　gé　n.　grid　方格纸

1315　格格不入　gégé-búrù　incompatible　和大家格格不入

1316　格局　géjú　n.　pattern, structure, layout　多元格局；新格局

1317　格式　géshi　n.　format　图表格式；固定格式

1318　隔阂　géhé　n.　estrangement　制造隔阂；消除隔阂

1319　隔离　gélí　v.　isolate; quarantine　地理隔离；隔离病房

1320　个案　gè'àn　n.　individual case　个案处理；个案研究

从 1301～1310 中选择合适的词语填空　Choose the right words from 1301-1310 and fill in the blanks.

1. 他的左_____在这次事故中受了伤。
2. 一群_____从天空中飞过。
3. 这个问题因为大家意见不同只好暂时_____起来。
4. 他把东西_____在这儿就走了。
5. 她今天看的_____是根据一本小说改编的。

从 1311～1320 中选择合适的词语填空　Choose the right words from 1311-1320 and fill in the blanks.

6. 请同学们把字写在方_____里。
7. 他在新年晚会上表演了一个_____节目。
8. 这篇文章写得太乱了，_____完全不对。
9. 她住在_____病房里，医生不允许我们去看望她。
10. 他的话消除了我们之间的_____。

◎ 重点词语　Focus words

1. 高低

名词，表示高度。例如：

（1）读课文的时候，要注意声音的高低变化。
（2）因为离得有些远，我看不出那座山的高低。

还可以表示上下、优劣。例如：

（3）两个人的技术水平差不多，很难分出高低。

2. 搞笑

动词，表示制造笑料，逗人发笑。例如：

（1）不要采取那些不太高明的手法搞笑，那样看起来很傻。
（2）一味搞笑的节目的效果不会好。

3. 告状

表示当事人请求司法机关审理某一案件，也可以表示向某人的上级或长辈诉说自己或别人受到这个人的不公正的对待。可以说"告……的状""跟/向……告状"。例如：

（1）他到处告状，希望得到一个公正的处理结果。
（2）妹妹总是跟妈妈告状，说哥哥又欺负她了。

4. 格格不入

有抵触，不投合。例如：

（1）她觉得自己的服装和这个晚会格格不入。
（2）他的观点和我们看问题的角度格格不入。

5. 格式

名词，表示一定的规格式样。例如：

（1）写作文的时候要注意格式。
（2）书信的格式跟一般的文章不一样。

◎ 速练　Quick practice

一、选择合适的词语填空　Choose the right words and fill in the blanks.

（一）　　A. 格格不入　B. 感性　C. 干部　D. 高傲　E. 高血压　F. 高雅

1. 周围的人都在看书，只有他一直玩儿手机，显得_____。
2. _____的发病趋势越来越年轻化，年轻人要多运动，少吃垃圾食品。
3. 这位村_____在洪水来临时救了很多人。
4. 她非常_____，经常看着看着电影就会哭起来。
5. 她是一个很_____的人，从不轻易向别人低头。

（二）　　　　　A.缸　B.戈壁　C.搁浅　D.格局　E.个案　F.歌剧
1. 我们的船_____了，正在等待救援。
2. 这种_____并不能代表全体。
3. 这套房子虽然面积不大，但是_____不错。
4. 在_____上看日落非常美。
5. 以前没有冰箱，在农村，大家喜欢把西瓜放在水_____里。

二、选择合适的词语完成句子　Choose the right words to complete the sentences.
1. 他总是那么快乐，_____着身边的人。
   A. 感慨　　　　B. 感染　　　　C. 感叹　　　　D. 感性
2. 看到戈壁落日、泰山日出……，她_____万千。
   A. 感慨　　　　B. 感染　　　　C. 感触　　　　D. 感性
3. 他性格_____，即使遇到再大的困难，他也能坚持住。
   A. 感性　　　　B. 刚毅　　　　C. 高傲　　　　D. 高调
4. 她虽然穿得很普通，但看起来像一个_____的公主。
   A. 高超　　　　B. 高调　　　　C. 高贵　　　　D. 高低
5. 因为采用了新的办公系统，我们的工作更_____了。
   A. 高明　　　　B. 高额　　　　C. 高低　　　　D. 高效
6. 他准备_____了，但主人留他多住一晚。
   A. 告辞　　　　B. 告诫　　　　C. 告知　　　　D. 告
7. 妈妈_____他不要随便跟别人借钱。
   A. 告示　　　　B. 告知　　　　C. 告诫　　　　D. 告状

三、将词语填入句中合适的位置　Choose the appropriate location for the words.
1. A 她的手在切 B 水果的时候不小心被刀子 C 伤 D 了。（割）
2. A 一群鸽子 B 在空中 C 自由自在 D 飞翔着。（地）
3. 这部歌剧 A 是根据 B 英国作家的同名小说 C 改编而 D 的。（成）
4. 为了不把病 A 传染给别人，他 B 隔离 C 在 D 一个单人病房里。（被）

第 23 单元　Unit 23

◎速记　Quick memory

第 1 部分　Part 1

1321 个头儿　gètóur　n.　size, height　这西瓜个头儿真大；他从小个头儿就比别人高
1322 各奔前程　gèbènqiánchéng　each pursues his own course　毕业后，大家各奔前程，很多人可能永远不会再见面了。
1323 各式各样　gèshì-gèyàng　of various kinds　各式各样的汽车；各式各样的衣服
1324 根基　gēnjī　n.　foundation　打好根基；没什么根基
1325 根深蒂固　gēnshēn-dìgù　ingrained　根深蒂固的观念；根深蒂固的思想
1326 根源　gēnyuán　n.　root, origin　社会根源；思想根源
1327 根治　gēnzhì　v.　cure once and for all　根治疾病；根治水灾
1328 跟不上　gēn bu shàng　fail to keep pace with　跟不上时代；跟不上他的思路
1329 跟上　gēnshang　keep pace with　跟上时代的步伐
1330 跟踪　gēnzōng　v.　track　跟踪小偷儿；秘密跟踪
1331 更改　gēnggǎi　v.　alter　更改日期；更改计划
1332 更衣室　gēngyīshì　n.　locker room　男女更衣室；在更衣室里
1333 耕地　gēngdì　n.　cultivated land　一块耕地；耕地面积
1334 耿直　gěngzhí　adj.　upright　性格耿直；耿直的人
1335 工地　gōngdì　n.　construction site　建筑工地
1336 工会　gōnghuì　n.　labour union　工会主席；工会活动
1337 工科　gōngkē　n.　engineering course　学工科专业；工科院校；工科生
1338 工商界　gōngshāngjiè　n.　business community　工商界人士
1339 工序　gōngxù　n.　procedure　多道工序；新工序
1340 工整　gōngzhěng　adj.　neat　书写工整；字迹工整

从 1321～1330 中选择合适的词语填空　Choose the right words from 1321-1330 and fill in the blanks.

1. 建筑房屋一定要把_____打好。
2. 他_____高大，很适合打篮球。
3. 她太骄傲了，这是她失败的_____。
4. 他的病在这家医院得到了_____。
5. 他走得太快了，我_____。

从 1331～1340 中选择合适的词语填空　Choose the right words from 1331-1340 and fill in the blanks.

6. _____在前边，你可以去那儿换衣服。
7. 教学计划一经发布就不能随便_____。
8. 他是个很_____的人，心里有什么话都会说出来。
9. 我收到了她的来信，字写得很_____。
10. 在建筑_____上必须戴好安全帽。

125

第 2 部分　Part 2

1341 **工作量**　gōngzuòliàng　*n.*　workload　工作量大；繁重的工作量
1342 **弓**　gōng　*n.*　bow　一张弓；拉弓
1343 **公安局**　gōng'ānjú　*n.*　bureau of public security　在公安局工作
1344 **公车**　gōngchē　*n.*　public vehicle　公车管理办法；使用公车
1345 **公道**　gōngdao　*adj.*　fair　办事公道；价钱公道
1346 **公费**　gōngfèi　*n.*　public expense　公费留学；公费医疗
1347 **公共场所**　gōnggòng chǎngsuǒ　public place　不应该在室内公共场所吸烟。
1348 **公关**　gōngguān　*n.*　public relations　公关部门；公关团队
1349 **公函**　gōnghán　*n.*　official letter　主任，刚收到了一封大华公司寄来的公函。
1350 **公积金**　gōngjījīn　*n.*　accumulation fund　我用公积金还房子的贷款。
1351 **公开信**　gōngkāixìn　*n.*　open letter　一封公开信；写公开信
1352 **公款**　gōngkuǎn　*n.*　public fund　使用公款；浪费公款
1353 **公立**　gōnglì　*adj.*　public　公立学校；公立医院
1354 **公墓**　gōngmù　*n.*　cemetery　一座公墓；埋在公墓里
1355 **公仆**　gōngpú　*n.*　public servant　人民公仆
1356 **公顷**　gōngqǐng　*m.*　hectare　一公顷是一万平方米。
1357 **公然**　gōngrán　*adv.*　openly　公然反对；公然抗议
1358 **公示**　gōngshì　*v.*　make known to the public and seek opinions　公示期；公示三天
1359 **公事**　gōngshì　*n.*　official business　办公事；公事公办
1360 **公务**　gōngwù　*n.*　official business　办理公务；公务繁忙

从 1341～1350 中选择合适的词语填空　Choose the right words from 1341-1350 and fill in the blanks.

1. 繁重的_____让他的身体越来越差了。
2. 他做事很_____，大家都信任他。
3. 她学习成绩优秀，获得了_____留学的机会。
4. 严禁用_____去办私事。
5. 在_____不能大声接打电话。

从 1351～1360 中选择合适的词语填空　Choose the right words from 1351-1360 and fill in the blanks.

6. 学生们给校长写了一封_____。
7. 今天开会她竟然_____反对经理。
8. 他退休前在一家_____医院里当医生。
9. 新干部的名单需要_____三天。
10. 先办_____，再办私事。

第3部分　Part 3

1361 **公益**　gōngyì　*n.*　public welfare　公益活动；热心公益事业
1362 **公益性**　gōngyìxìng　*n.*　public welfare　公益性宣传；公益性组织
1363 **公用**　gōngyòng　*v.*　use together, share　公用电话；公用事业
1364 **公寓**　gōngyù　*n.*　apartment　一间新公寓；公寓楼
1365 **公约**　gōngyuē　*n.*　convention; joint pledge　国际公约；订立公约
1366 **公证**　gōngzhèng　*v.*　notarize　公证处；公证一份文件
1367 **公职**　gōngzhí　*n.*　government office, official post　担任公职；辞去公职
1368 **功**　gōng　*n.*　merit　战功；立大功
1369 **功臣**　gōngchén　*n.*　hero　国家的功臣；科技进步的功臣
1370 **功底**　gōngdǐ　*n.*　basic training, foundation　语言功底；功底扎实
1371 **功劳**　gōngláo　*n.*　credit　有很大的功劳；没有功劳，也有苦劳
1372 **功力**　gōnglì　*n.*　ability　功力深厚；艺术功力
1373 **功率**　gōnglǜ　*n.*　power　大功率电器；高功率
1374 **功效**　gōngxiào　*n.*　effect　立见功效；双重功效
1375 **攻**　gōng　*v.*　attack　攻城；攻下敌人的阵地
1376 **攻读**　gōngdú　*v.*　study assiduously　攻读博士学位
1377 **攻关**　gōngguān　*v.*　tackle a key problem　技术攻关；发起攻关
1378 **供**　gōng　*v.*　supply　供电；供水
1379 **供不应求**　gōngbúyìngqiú　demand exceeds supply　新产品供不应求；工作岗位供不应求
1380 **供暖**　gōngnuǎn　*v.*　provide heating　集中供暖；供暖设备

从 1361～1370 中选择合适的词语填空　Choose the right words from 1361-1370 and fill in the blanks.

1. 以前住房很紧张，几家_____一个厨房是很常见的。
2. 那个明星热心_____，建了很多爱心学校。
3. 任何国家都不应该违反国际_____。
4. 他就住在3号_____楼里。
5. 她姐姐大学毕业以后在政府机关担任_____。

从 1371～1380 中选择合适的词语填空　Choose the right words from 1371-1380 and fill in the blanks.

6. 这件事能获得成功，人人都有_____。
7. 他们正在试验新药的_____。
8. 北京在冬季有4个月左右的_____期。
9. 父母辛苦工作_____孩子上学。
10. 经过技术_____，我们找到了解决问题的方法。

◎ 重点词语　Focus words

1. 各奔前程

各走自己的路，寻找自己的前途。比喻各自向自己的既定目标努力。例如：

（1）毕业以后，大家各奔前程。

（2）公司破产后，两个经理各奔前程去了。

2. 各式各样

许多不同的式样或方式。例如：

（1）艺术文化节上，留学生们穿着各式各样的民族服装。

（2）那儿有各式各样的小吃。

3. 根深蒂固

比喻基础稳固，不容易动摇。例如：

（1）陈旧思想根深蒂固，阻碍了社会的发展。

（2）他们在这个行业的地位根深蒂固，很难动摇。

4. 跟不上

"跟上"表示在后面紧接着向同一个方向行动，"跟得上"表示能跟上，否定形式为"跟不上"。例如：

（1）上课时大家一定要跟上老师讲课的节奏。

（2）他走得再快，我也跟得上。

（3）那个女孩儿跑得太快了，她妈妈跟不上。

5. 工商界

名词，"工商界"中"界"是职业、工作或性别等相同的一些社会成员的总体。"工商界"是工业界和商业界的合称。之前学习过"文艺界"，其他如"科学界""妇女界"。

（1）科学家和工商界人士越来越懂得通过合作开发新技术。

（2）文艺界代表在春节期间慰问了退休老人。

6. 公道

读 gōngdao 时是形容词，表示公平、合理。例如：

（1）他说话办事很公道，同事有事都喜欢跟他商量。

（2）这个市场很大，有各式各样的商品，价钱也公道。

读 gōngdào 时是名词，表示公正的道理。例如：

（3）公道自在人心，时间会说明一切。

7. 公然

副词，表示公开地、毫无顾忌地做某事。例如：

（1）这个国家公然拒绝按照国际公约处理污染物。

（2）他在大会上公然反对老板的决定。

8. 供不应求

供应的东西不能满足需求。例如：

（1）我们生产的面包每天供不应求。
（2）这种新型扫地机器人一上市就供不应求。

◎ 速练　Quick practice

一、选择合适的词语填空　Choose the right words and fill in the blanks.

（一）　A.各奔前程　B.各式各样　C.根深蒂固　D.供不应求　E.耕地　F.工会

1. 这儿有_____的风筝，大的、小的、人物的、动物的……
2. 毕业后同学们就要_____了，希望大家都能有所成就。
3. 他们制作的玩具质量非常好，在市场上很受欢迎，_____。
4. 有房才有家的思想在有些人的头脑中_____，不过现在时代变了。
5. 做_____工作的人把自己看作员工们的"娘家人"。

（二）　A.公关　B.公仆　C.公证　D.功率　E.供暖　F.公顷

1. 结婚以前，他们把各自的财产都进行了_____。
2. 这家_____公司帮助很多明星解决了危机。
3. 学校宿舍不允许学生使用大_____的电器。
4. 这位干部一心为人民服务，去世后被称为人民的_____。
5. 中国北方地区的冬天虽然很冷，不过一到冬天就会_____，屋子里暖和极了。

二、选择合适的词语完成句子　Choose the right words to complete the sentences.

1. 学习和盖房子一样，一定要在开始的时候把_____打好。
　A.根基　　　　B.根源　　　　C.根本　　　　D.根据
2. 警察一直在_____那个人，以便收集证据。
　A.跟上　　　　B.跟踪　　　　C.跟前　　　　D.跟不上
3. 请核对一下儿我们统计的你的_____对不对。
　A.数量　　　　B.热量　　　　C.能量　　　　D.工作量
4. 这是公安局发给咱们单位的协助调查_____。
　A.公车　　　　B.公关　　　　C.公函　　　　D.公积金
5. 我们坚决反对干部用_____大吃大喝。
　A.公事　　　　B.公款　　　　C.公积金　　　D.奖金
6. 你不能把_____和私事放在一起来办。
　A.公示　　　　B.公事　　　　C.公务　　　　D.公益
7. 看过这部电影的人都感叹她的台词_____深厚。
　A.功底　　　　B.功劳　　　　C.功率　　　　D.功效

三、将词语填入句中合适的位置　Choose the appropriate location for the words.

1. 他 A 硕士毕业以后，B 继续在北京 C 大学 D 博士学位。（攻读）
2. A 不管 B 时代怎样变化，我们都要 C 时代的 D 步伐。（跟上）
3. 她 A 趁我们 B 不注意，偷偷 C 了登录账户的 D 密码。（更改）
4. 小王 A 在公司的 B 会议上 C 反对经理 D 计算工作量的方案。（公然）

第24单元　Unit 24

◎速记　Quick memory

第1部分　Part 1

1381 供求　gōngqiú　*n.*　supply and demand　供求关系；供求平衡
1382 宫殿　gōngdiàn　*n.*　palace　一座宫殿；高大的宫殿
1383 宫廷　gōngtíng　*n.*　imperial palace　宫廷舞；宫廷生活
1384 恭维　gōng·wéi　*v.*　compliment　恭维话；恭维别人
1385 恭喜　gōngxǐ　*v.*　congratulate　恭喜你完成任务；恭喜发财
1386 拱　gǒng　*v.*　arch　小猫拱了拱腰，叫了一声。
1387 共鸣　gòngmíng　*v.*　resonate　共鸣现象；情感共鸣
1388 共识　gòngshí　*n.*　consensus　取得共识；达成共识
1389 共同体　gòngtóngtǐ　*n.*　community　经济共同体；命运共同体
1390 共性　gòngxìng　*n.*　generality　具有共性；存在共性
1391 供奉　gòngfèng　*v.*　support and serve; make offerings to　供奉父母；供奉神佛
　　　　　　　　　　n.　attendants, actors, etc., in the imperial palace　宫廷供奉
1392 勾　gōu　*v.*　tick off; arouse　在表格里勾一下儿；勾起回忆
1393 勾画　gōuhuà　*v.*　sketch　勾画出来；简单勾画
1394 勾结　gōujié　*v.*　gang up with　和……勾结；勾结在一起
1395 钩　gōu　*v.*　hook　把掉在洞里的东西钩出来。
1396 钩子　gōuzi　*n.*　hook　她的眼神像钩子一样。
1397 构思　gòusī　*v.*　conceive　构思小说；艺术构思
1398 构想　gòuxiǎng　*v.*　conceive　大胆构想；巧妙构想
　　　　　　　　　　n.　concept, idea, plan　提出构想；新构想
1399 购　gòu　*v.*　purchase　购书；认购
1400 够呛　gòuqiàng　*adj.*　unbearable　累得够呛；疼得够呛

从1381～1390中选择合适的词语填空　Choose the right words from 1381-1390 and fill in the blanks.

1. 不要轻易相信他说的那些_____话。
2. 人们精心打扮一番去参加_____舞会。
3. 听说你要结婚了，_____！
4. 他们在几次谈判后终于达成了_____。
5. 这首关于母爱的诗引起了很多读者的_____。

从1391～1400中选择合适的词语填空　Choose the right words from 1391-1400 and fill in the blanks.

6. 这篇文章生动_____了那儿美丽的风景。
7. 她的裙子被门上的钩子_____住了。
8. 警察怀疑银行职员和小偷儿_____在一起。

9. 他提出了进一步改革公司的_____。
10. 他已经_____好了下一本小说的内容。

第 2 部分 Part 2

1401 估算　gūsuàn　v.　estimate　估算时间；仔细估算成本
1402 沽名钓誉　gūmíng-diàoyù　fish for fame and compliments　他这么做绝不是为了沽名钓誉，而是真的想为老百姓做点儿事。
1403 孤单　gūdān　adj.　alone　觉得很孤单；孤孤单单的一个人
1404 孤立　gūlì　adj.　isolated　孤立的小房子；这几件事不是孤立的
　　　　　　　　　　v.　isolate　孤立敌人；被同事孤立
1405 孤零零　gūlínglíng　adj.　alone　孤零零一个人
1406 孤陋寡闻　gūlòu-guǎwén　ignorant and ill-informed　是我孤陋寡闻了，竟然不知道有这样的技术。
1407 辜负　gūfù　v.　disappoint　辜负朋友的信任；辜负父母的期望
1408 古董　gǔdǒng　n.　antique　老古董；收集古董
1409 古怪　gǔguài　adj.　strange　性格古怪；古怪的人
1410 古迹　gǔjì　n.　historic site　历史古迹；参观古迹
1411 古今中外　gǔjīn-zhōngwài　at all times and in all countries　古今中外的艺术家创作了无数经典的艺术作品。
1412 古朴　gǔpǔ　adj.　simple and unsophisticated　古朴的家具；风格古朴
1413 古人　gǔrén　n.　ancients　中国的古人认为世界是由金、木、水、火、土五种元素组成的。
1414 股份　gǔfèn　n.　shares　占公司40%的股份；股份有限公司
1415 股民　gǔmín　n.　stock investor　"资源变资产、资金变股金、农民变股民"，村镇企业发展得越来越好了。
1416 股市　gǔshì　n.　stock market　全球股市；股市动荡
1417 骨干　gǔgàn　n.　backbone　骨干分子；业务骨干
1418 骨气　gǔqì　n.　moral integrity　只有坚持自主创新的骨气和志气，增强自主创新的能力，才能立于不败之地。
1419 骨折　gǔzhé　v.　have a fracture　胳膊有一处骨折；腿骨折
1420 鼓动　gǔdòng　v.　agitate　鼓动大伙儿参加比赛；宣传鼓动

从 1401～1410 中选择合适的词语填空　Choose the right words from 1401-1410 and fill in the blanks.

1. 他的朋友虽然不多，但他从没觉得_____。
2. 我_____了一下儿，咱们的钱应该够了。
3. 她非常努力，因为她不想_____父母对她的期望。
4. 不要_____地看待一件事情，很多事情之间都是有联系的。
5. 她最近的行为有些_____，她一定有什么事没告诉咱们。

第24单元

从1411～1420中选择合适的词语填空　Choose the right words from 1411-1420 and fill in the blanks.

6. 她家的装修风格非常_____，有一种别样的美。
7. 他是公司的董事长，拥有公司51%的_____。
8. 中国_____相信天是圆的、地是方的。
9. 他是我们学校的教学_____，非常有能力。
10. 她告诫儿子，做人一定要有_____。

第3部分　Part 3

1421　鼓舞　gǔwǔ　v.　inspire　鼓舞人心；大受鼓舞
　　　　　　　　　adj.　encouraging　令人鼓舞
1422　固然　gùrán　conj.　of course　这固然是事实，但你也不应该说得这么直接。
1423　固执　gùzhi　adj.　stubborn　他是一个很固执的人，他认定的事别人怎么说也没用。
1424　故　gù　adv.　purposely　明知故犯；故作聪明
　　　　　　　　conj.　so, therefore　这座山的山顶非常平坦，像一张桌子，故名桌山。
1425　顾不得　gùbu·dé　be unable to take care of　顾不得伤心；顾不得休息
1426　顾不上　gùbushàng　cannot attend to or manage　顾不上吃饭；顾不上回家
1427　顾及　gùjí　v.　take into account　顾及自己的安全；要顾及工作，也要顾及生活
1428　顾虑　gùlǜ　n.　misgiving　打消顾虑；减少顾虑
　　　　　　　　v.　have misgivings　顾虑他的感受
1429　顾全大局　gùquán-dàjú　take the interest of the whole into account　军人需要顾全大局，服从命令。
1430　雇　gù　v.　hire　雇人；雇车
1431　雇佣　gùyōng　v.　hire　雇佣单位；雇佣关系
1432　雇员　gùyuán　n.　employee　全球对懂中文雇员的需求增长了40%。
1433　雇主　gùzhǔ　n.　employer　老雇主；他的雇主
1434　瓜分　guāfēn　v.　carve up　瓜分市场；瓜分资源
1435　瓜子　guāzǐ　n.　melon seed　吃瓜子；炒瓜子
1436　刮风　guā fēng　blow a gust of wind　经常刮风；刮了一夜风
1437　寡妇　guǎfu　n.　widow　可怜的寡妇；年轻寡妇
1438　挂钩　guàgōu　n.　hook　衣服挂在挂钩上；买几个挂钩
1439　挂号　guà//hào　register (at a hospital, etc.)　挂号看病；挂专家号
1440　挂念　guàniàn　v.　worry about, miss　十分挂念；挂念孩子

从1421～1430中选择合适的词语填空　Choose the right words from 1421-1430 and fill in the blanks.

1. 他是一个很_____的人，我们很难说服他。
2. 女排夺冠的消息_____了全国人民。
3. 这样做_____可以，但是效率太低了。
4. 我家_____了一个保姆来打扫房间和做饭。
5. 作为教师，一言一行都要_____自己的身份。

从 1431～1440 中选择合适的词语填空　Choose the right words from 1431-1440 and fill in the blanks.

6. 在签订劳动合同后，双方就形成了_____关系。

7. 他们几个人把赢得的奖金_____了。

8. _____和雇员并不是对立的两方。

9. 北京的秋天经常_____。

10. 他把大衣挂在了那个金色的_____上。

◎ **重点词语**　Focus words

1. 够呛

形容词，常在口语中使用，表示十分厉害、够受的。例如：

（1）我今天收拾了一天房间，累得够呛。

（2）早高峰的地铁上人太多了，把我挤得够呛。

2. 沽名钓誉

故意用某种手段谋取名誉。例如：

（1）他捐款只是为了沽名钓誉，并不是真的善良。

（2）他写书不是为了沽名钓誉，而是为了向大众传播知识。

3. 孤陋寡闻

知识浅陋，见闻不广。例如：

（1）请原谅我孤陋寡闻，我实在没听说过这种事。

（2）孤陋寡闻的人往往会目光短浅。

4. 鼓舞

动词，表示使振作起来，增强信心或勇气。例如：

（1）这个好消息实在鼓舞人心。

（2）他的话鼓舞了我，我擦干眼泪，站起来继续练习舞蹈动作。

还可以做形容词，表示兴奋、振作。例如：

（3）这个好消息令人鼓舞。

5. 固然

连词，表示承认某个事实，引起下文转折。例如：

（1）这样做固然好，但是太浪费时间了。

（2）她固然想赢得比赛，不过也要看她的水平。

"固然"还可以表示承认甲事实，但也不否认乙事实。例如：

（3）他的意见对，固然应该接受，就是不对也可以作为参考。

（4）她来，我们固然表示欢迎；她不来，我们也不会生气。

6. 故

副词，表示故意、有意。例如：

（1）他明知故犯，我已经提醒过他很多次了，可他今天又迟到了。
（2）她总是故作聪明，却不知道这样会得小便宜，吃大亏。

"故"还可以做连词，表示因此。例如：

（3）因大雨，故未按计划出发。

7. 顾全大局

考虑、照顾到全局，使整体不受损害。例如：

（1）在工作中要顾全大局，不能因小失大。
（2）当个人利益与集体利益发生冲突的时候，要顾全大局。

◎ 速练　Quick practice

一、选择合适的词语填空　Choose the right words and fill in the blanks.

（一）　A. 沽名钓誉　B. 孤陋寡闻　C. 古今中外　D. 顾全大局　E. 顾不上　F. 共同体

1. 这本书写了不少_____的名人故事。
2. 我们两家公司是利益_____，业务联系非常紧密。
3. 请原谅我的_____，我还是第一次看到这种事。
4. 感谢你_____，没有因为私事影响工作。
5. 她听说学生住院了，_____吃饭就往医院跑。

（二）　　　　A. 宫殿　B. 共性　C. 购　D. 古迹　E. 股民　F. 挂念

1. 老师把学生作业中的_____问题都记下来了。
2. 这些新_____还不太了解股市的规律。
3. 她出差一个星期了，非常_____家里的孩子。
4. 故宫里的_____又高又大，让人对宫廷生活充满好奇。
5. 我们一定要保护好这些历史_____。

二、选择合适的词语完成句子　Choose the right words to complete the sentences.

1. 供不应求和供大于求是两种不同的_____关系。
　　A. 供求　　　　B. 共同体　　　　C. 共性　　　　D. 提供
2. 朋友新买了大房子，我们要对她说："_____！"
　　A. 恭维　　　　B. 恭喜　　　　C. 共鸣　　　　D. 鼓舞
3. 他把老师说的几个重点语法_____了出来。
　　A. 勾　　　　　B. 钩　　　　　C. 购　　　　　D. 够
4. 这个大胆的_____在很多年后变成了现实。
　　A. 构造　　　　B. 购入　　　　C. 构想　　　　D. 结构

5. 他总是一个人吃饭、上班，连个朋友都没有，让人觉得他很_____。
   A. 孤单　　　　B. 孤立　　　　C. 挂念　　　　D. 古朴
6. 现在房地产市场不太稳定，要不要买房子，她_____重重。
   A. 骨气　　　　B. 固然　　　　C. 顾虑　　　　D. 挂念
7. 可以买几个_____用来挂毛巾。
   A. 勾　　　　　B. 锤子　　　　C. 挂　　　　　D. 挂钩

三、将词语填入句中合适的位置　　Choose the appropriate location for the words.

1. 他用钩子 A 住 B 了 C 水里的鱼 D 。（钩）
2. 公司 A 的大股东退出 B 后，他的 C 股权被 D 了。（瓜分）
3. 我为了能 A 根治 B 这种病，C 了一个专家 D 号。（挂）
4. 很多家长 A 认为，孩子成绩好 B 很重要，但身体健康 C 和心理健康 D 也很重要。（固然）

第25单元　Unit 25

◎速记　Quick memory

第1部分　Part 1

1441 挂失　guà//shī　report the loss of sth.　挂失银行卡；及时挂失
1442 乖　guāi　*adj.*　well-behaved; clever　乖孩子；这孩子嘴乖，知道大人爱听什么
1443 乖巧　guāiqiǎo　*adj.*　cute; clever　乖巧的孩子；说话很乖巧
1444 拐弯　guǎi//wān　turn, turn a corner　从这儿拐弯；往左拐弯；拐个大弯
1445 拐杖　guǎizhàng　*n.*　walking stick　一根拐杖；当拐杖；拄拐杖
1446 怪不得　guàibude　*adv.*　no wonder　你误会他了，怪不得他生气呢。
　　　　　　　　　　　　v.　be not to blame　这件事怪不得他，是我的问题。
1447 怪物　guàiwu　*n.*　monster　一个怪物；被当成怪物
1448 怪异　guàiyì　*adj.*　strange　行为怪异；怪异的声音
1449 关掉　guāndiào　turn off　关掉电视；关掉空调
1450 关节　guānjié　*n.*　joint; critical point　关节痛；问题的关节
1451 关税　guānshuì　*n.*　tariff　关税水平；降低关税
1452 关头　guāntóu　*n.*　juncture　重要关头；最后关头
1453 关照　guānzhào　*v.*　take care of　请多关照；关照新同事
1454 观测　guāncè　*v.*　observe and measure　观测风力；观测敌情
1455 观感　guāngǎn　*n.*　impressions　谈谈自己的观感；给人们带来刺激的观感体验
1456 观摩　guānmó　*v.*　observe and emulate　观摩学习；观摩演出
1457 观赏　guānshǎng　*v.*　view and admire　观赏热带植物；观赏表演
1458 观望　guānwàng　*v.*　look around; wait and see　四处观望；观望市场形势
1459 官兵　guānbīng　*n.*　officers and men　一群官兵；武警官兵
1460 官吏　guānlì　*n.*　government official in the old days　中国古代地方官吏

从1441～1450中选择合适的词语填空　Choose the right words from 1441-1450 and fill in the blanks.

1. _____他总说没钱，原来他把钱都花在了吃上。
2. 他的银行卡丢了，他给银行打电话_____。
3. 车辆_____的时候一定要减速慢行。
4. 小孩子常常问世界上有没有_____。
5. 她捡了一根长一点儿的树枝给妈妈当_____用。

从1451～1460中选择合适的词语填空　Choose the right words from 1451-1460 and fill in the blanks.

6. 我走以后，这儿的工作请你多多_____。
7. 已经到了最后_____，千万不要放弃。
8. 这台机器可以_____降雨量的大小。
9. 代表们正在谈论参观新农村的_____。
10. 他没有马上决定下一步怎么做，还在_____。

137

第 2 部分　Part 2

1461 官僚　guānliáo　n.　bureaucrat　官僚思想；封建官僚
1462 官僚主义　guānliáo zhǔyì　bureaucracy　封建官僚主义；杜绝官僚主义
1463 官员　guānyuán　n.　official　外交官员；地方官员
1464 棺材　guāncai　n.　coffin　一口棺材
1465 管家　guǎnjiā　n.　housekeeper　女管家；"管家式"服务
1466 管教　guǎnjiào　v.　discipline, control　管教孩子；缺乏管教
　　　　　　　　　　　n.　officer/warden at a reformatory　管教人员；监狱管教
1467 管理费　guǎnlǐfèi　n.　management expenses　降低管理费；档案管理费
1468 管辖　guǎnxiá　v.　have jurisdiction over　管辖范围；直接管辖
1469 管用　guǎn//yòng　effective　这种药很管用；不太管用的方法
1470 管子　guǎnzi　n.　pipe　一根管子；自来水管子
1471 贯彻　guànchè　v.　carry out　贯彻到底；贯彻教育方针
1472 贯穿　guànchuān　v.　permeate; penetrate　贯穿始终；这条公路贯穿整个国家
1473 贯通　guàntōng　v.　link up　上下贯通；贯通东西
1474 惯　guàn　v.　be used to; spoil　喝不惯；惯孩子
1475 惯例　guànlì　n.　convention　国际惯例；打破惯例
1476 惯性　guànxìng　n.　inertia　惯性作用；依靠惯性
1477 灌　guàn　v.　irrigate; pour, fill; force to drink　引水灌田；灌了一瓶热水；被朋友灌醉了
1478 灌溉　guàngài　v.　irrigate　灌溉耕地；灌溉技术
1479 灌输　guànshū　v.　instil into, inculcate　灌输知识；灌输爱国思想
1480 罐　guàn　n.　pot　茶叶罐；糖罐

从 1461～1470 中选择合适的词语填空　Choose the right words from 1461-1470 and fill in the blanks.

1. 形式主义、_____不利于社会的进步和发展。
2. 他父亲是一位海关_____。
3. 这栋大楼的_____比较高，很多人都付不起。
4. 大家都说宿舍管理员是学生们的好_____。
5. 那个孩子缺乏父母的_____，很没有礼貌。

从 1471～1480 中选择合适的词语填空　Choose the right words from 1471-1480 and fill in the blanks.

6. 这是国际贸易的付款_____，没有问题。
7. 武汉长江大桥修好后，这条铁路就全线_____了。
8. 这条河从西到东_____整个城市。
9. 不要把你的想法强行_____给别人。
10. 我爷爷劳动_____了，一天不干活儿就不舒服。

第3部分　Part 3

1481 罐头　guàntou　*n.*　can　水果罐头；开罐头
1482 光彩　guāngcǎi　*n.*　brilliance　大放光彩；幸福的光彩
　　　　　　　　　　　adj.　honourable, glorious　偷东西是很不光彩的事。
1483 光碟　guāngdié　*n.*　compact disc　一张光碟；音乐光碟
1484 光顾　guānggù　*v.*　patronize　经常光顾；光顾这家店
1485 光滑　guānghuá　*adj.*　smooth　皮肤光滑；冰面很光滑
1486 光环　guānghuán　*n.*　halo　明星光环；冠军光环
1487 光缆　guānglǎn　*n.*　optical cable　海底光缆；生产光缆
1488 光芒　guāngmáng　*n.*　radiance　发出光芒；光芒四射
1489 光明磊落　guāngmíng-lěiluò　upright and honorable　做人光明磊落
1490 光泽　guāngzé　*n.*　lustre, gloss　失去光泽；珍珠的光泽
1491 广义　guǎngyì　*n.*　broad sense　广义上；广义的概念
1492 归根到底　guīgēn-dàodǐ　in the final analysis　政策制定的好坏，归根到底要看人民的满意度。
1493 归还　guīhuán　*v.*　return　归还手机；按时归还
1494 归结　guījié　*v.*　sum up　归结起来；归结到一点
1495 归来　guīlái　*v.*　return　早日归来；从海外归来
1496 归纳　guīnà　*v.*　induce　对分析结果进行整理和归纳。
1497 归属　guīshǔ　*v.*　belong to　归属未定；归属单位
1498 归宿　guīsù　*n.*　destination, final settling place　人生的归宿；有好的归宿
1499 龟　guī　*n.*　turtle　一只龟；海龟
1500 规格　guīgé　*n.*　specifications; requirement　符合规格；接待规格

从 1481～1490 中选择合适的词语填空　Choose the right words from 1481-1490 and fill in the blanks.

1. 他被评为优秀人才，整个团队都觉得很_____。
2. 以前很多人买水果_____去医院看病人。
3. 商家应该推出好的产品和服务，以吸引消费者再次_____。
4. 这个皮沙发非常_____，摸起来很舒服。
5. 在明星_____下，他做了很多违法的事情。

从 1491～1500 中选择合适的词语填空　Choose the right words from 1491-1500 and fill in the blanks.

6. 他已经把捡到的钱包_____给了失主。
7. 这一切_____还是我的错，我不应该这么粗心。
8. 我们都希望你早日学成_____，帮助我们建设家乡。
9. 为学生做好服务工作是我们工作的出发点和_____。
10. 我们这次接待对方代表团的_____很高。

◎ **重点词语** Focus words

1. 怪不得

   副词，表示明白了原因后，对某种情况就不再觉得奇怪。例如：

   （1）怪不得他没去打球，原来下雨了。

   （2）那个女孩儿很漂亮，性格也好，怪不得有很多男孩儿喜欢她。

   还可以做动词，表示不能责备。例如：

   （3）昨天他那么忙，没时间陪你吃饭也怪不得他。

   （4）这件事也怪不得她，她也是好心帮忙。

2. 管用

   表示有效，起作用。例如：

   （1）这种药挺管用，吃了头就不疼了。

   （2）学中文光听不管用，必须要多说多练。

3. 光彩

   名词，表示颜色和光泽。例如：

   （1）他们今晚的表演大放光彩。

   （2）那颗珍珠的光彩非常漂亮。

   还可以做形容词，表示公认为值得尊敬和称赞的。例如：

   （3）他获得比赛第一名，全家人都觉得很光彩。

4. 光明磊落

   形容没有私心，胸怀坦白。例如：

   （1）他的一生光明磊落，深受大家尊敬。

   （2）她做人做事从来都是光明磊落。

5. 归根到底

   表示归结到根本上，也可以说"归根结底"。

   （1）有人说，人生归根到底是一场一个人的旅行，你同意吗？

   （2）虽然成长有烦恼，但归根到底，成长是一种幸福。

◎ 速练　Quick practice

一、选择合适的词语填空　Choose the right words and fill in the blanks.

（一）　　　A. 光明磊落　B. 归根到底　C. 关掉　D. 关节　E. 关税　F. 观摩

1. 新教师通过_____老教师上课成长了很多。
2. 从今天起，我们每天晚上_____电视，读一个小时的书。
3. 她做事做人_____，从不在乎别人说什么。
4. _____，我们要通过提高自己的能力来战胜困难。
5. 一到下雨天，她身上的_____就疼。

（二）　　　A. 管家　B. 管辖　C. 惯性　D. 灌溉　E. 归宿　F. 规格

1. 这种新的_____技术大大节约了水资源。
2. 父母希望她早点儿结婚，早点儿有一个好的_____。
3. 这个公安局的_____范围很大。
4. 你买装修材料以前，要弄清楚它们的_____。
5. 每次停车，我的身体都会因为_____往前倾斜。

二、选择合适的词语完成句子　Choose the right words to complete the sentences.

1. 这种植物非常具有_____性，值得买。
　A. 观测　　　　B. 观感　　　　C. 观摩　　　　D. 观赏
2. 现在市场形势不好，到底应不应该启动新项目，公司还在_____。
　A. 观测　　　　B. 观望　　　　C. 观光　　　　D. 观看
3. 他从小就被父母严格_____。
　A. 管辖　　　　B. 管理　　　　C. 管教　　　　D. 管用
4. 我们要把这项政策_____到底，严格执行。
　A. 贯彻　　　　B. 贯穿　　　　C. 贯通　　　　D. 一贯
5. 这个孩子特别调皮，被大人_____坏了。
　A. 惯性　　　　B. 习惯　　　　C. 惯例　　　　D. 惯
6. 这个茶叶_____既漂亮又实用。
　A. 罐　　　　　B. 罐头　　　　C. 灌　　　　　D. 灌输
7. 老师说了几个句子，让大家_____它们的共同点。
　A. 归还　　　　B. 归来　　　　C. 归纳　　　　D. 归属

三、将词语填入句中合适的位置　Choose the appropriate location for the words.

1. A 她每次出门前都会随手把 B 灯 C，这是一个 D 好习惯。（关掉）
2. 那个出租车司机已经把 A 手机 B 给 C 失主 D 了。（归还）
3. 这条马路 A 从南 B 到北 C 整个小城，D 路两边有很多商店（贯穿）
4. A 代表们 B 坐在一起兴奋地 C 谈论着参观新区建设的 D。（观感）

第26单元　Unit 26

◎速记　Quick memory

第1部分　Part 1

1501　规矩　guīju　*n.*　rule　懂规矩；按规矩办事
　　　　　　　　　　adj.　well-behaved　字写得很规矩；规矩人
1502　闺女　guīnü　*n.*　girl; daughter　那个闺女；我闺女两岁了
1503　瑰宝　guībǎo　*n.*　treasure　艺术瑰宝；精神瑰宝
1504　轨迹　guǐjì　*n.*　trajectory　活动轨迹；卫星运行轨迹
1505　柜台　guìtái　*n.*　counter　银行柜台；食品柜台
1506　贵宾　guìbīn　*n.*　distinguished guest　贵宾室；贵宾通道
1507　贵重　guìzhòng　*adj.*　precious　贵重物品；贵重仪器
1508　贵族　guìzú　*n.*　noble　封建贵族；贵族身份
1509　桂花　guìhuā　*n.*　osmanthus fragrans　桂花树；桂花开了
1510　滚动　gǔndòng　*v.*　repeat at regular intervals; develop step by step　滚动播出；滚动发展
1511　棍　gùn　*n.*　stick　木棍；小棍儿
1512　棍子　gùnzi　*n.*　stick　一根棍子；长棍子
1513　国宝　guóbǎo　*n.*　national treasure　国宝故事；大熊猫是中国的国宝
1514　国防　guófáng　*n.*　national defence　国防建设；国防力量
1515　国画　guóhuà　*n.*　traditional Chinese painting　国画专业；创新国画绘画技巧
1516　国徽　guóhuī　*n.*　national emblem　设计国徽；庄严的国徽
1517　国情　guóqíng　*n.*　national conditions　了解中国国情
1518　国土　guótǔ　*n.*　territory　维护国土完整
1519　国学　guóxué　*n.*　Chinese cultural studies　国学大师；国学热
1520　国有　guóyǒu　*v.*　be state-owned　国有资产；国有企业

从1501～1510中选择合适的词语填空　Choose the right words from 1501-1510 and fill in the blanks.

　　1. 这座博物馆里有很多古代艺术的_____。
　　2. 我们要按_____办事。
　　3. 这些诗歌记录了诗人的人生_____。
　　4. 没有比时间更_____的东西，也没有比它更受人们轻视的东西。
　　5. 他把钱放在了银行_____上。

从1511～1520中选择合适的词语填空　Choose the right words from 1511-1520 and fill in the blanks.

　　6. 他从六岁起开始学画_____，现在已经小有名气了。
　　7. 他拿着一根长长的_____当拐杖。
　　8. 国有企业为中国经济社会发展、科技进步、_____建设等提供了重要支撑。
　　9. 越来越多的外国学生来到中国，既是为了学汉语，也是想了解当代中国的_____。
　　10. 这些_____资产属于国家，受到法律保护。

第 2 部分　Part 2

1521 **果断**　guǒduàn　*adj.*　decisive　果断退出；果断决定
1522 **果园**　guǒyuán　*n.*　orchard　这片果园帮助不少果农走上了致富路。
1523 **果真**　guǒzhēn　*adv.*　really　和我想得一样，他果真赢了。
　　　　　　　　　　　　conj.　if really　果真是这样就好了，我也不会担心了。
1524 **裹**　guǒ　*v.*　wrap　他小心地把那本书用布裹了起来。
1525 **过半**　guòbàn　*v.*　be more than half　时间过半；任务过半
1526 **过不去**　guòbuqù　*v.*　cannot get through; be hard on sb.; feel apologetic　这儿过不去；他故意跟我过不去；没帮上他，我心里有点儿过不去
1527 **过错**　guòcuò　*n.*　fault　所有过错我一个人承担。
1528 **过道**　guòdào　*n.*　aisle　我坐的这趟火车人很多，连过道上都站满了人。
1529 **过关**　guò//guān　pass, be up to standard　考试过关；过不了关
1530 **过奖**　guòjiǎng　*v.*　praise excessively　您过奖了；真是过奖了
1531 **过节**　guò//jié　celebrate a festival　盼望过节；在家过了节再出差
1532 **过境**　guò//jìng　cross a border, be in transit　过境手续；台风过境
1533 **过滤**　guòlǜ　*v.*　filter　过滤干净；过滤茶叶
1534 **过期**　guò//qī　be overdue　过期商品；已经过期
1535 **过日子**　guò rìzi　live, live one's life　会过日子；过好日子
1536 **过剩**　guòshèng　*v.*　have an excess of　营养过剩；精力过剩
1537 **过失**　guòshī　*n.*　fault　改正过失
1538 **过头**　guò//tóu　overdone　聪明过头；这话说过头了
1539 **过往**　guòwǎng　*v.*　come and go; associate with　过往的人；他们俩是老同学，过往很密
　　　　　　　　　　n.　past　过往的日子
1540 **过意不去**　guòyìbúqù　feel sorry　你这么说，我心里更过意不去了。

从 1521～1530 中选择合适的词语填空　Choose the right words from 1521-1530 and fill in the blanks.

　　1. 您_____了，我不过做了应该做的事。
　　2. 他非常_____，没有一点儿犹豫。
　　3. 这条河上没有桥，我们没船_____。
　　4. 房间里太冷了，他把毯子_____在了身上。
　　5. 考试时间已经_____，他的题还没做完三分之一。

从 1531～1540 中选择合适的词语填空　Choose the right words from 1531-1540 and fill in the blanks.

　　6. 孩子们为了_____，都穿上了漂亮的新衣服。
　　7. 她用了不少时间才把咖啡_____好。
　　8. 台风_____，下了一夜的雨，刮了一夜的风。
　　9. 他每个月能挣六七千块钱，_____足够了。
　　10. 你的护照已经_____了，必须换新的。

第3部分　Part 3

1541 过瘾　guò//yǐn　enjoy oneself to the full　辣得真过瘾；过足了瘾
1542 过硬　guò//yìng　perfect, superb　技术过硬；本领过硬
1543 过早　guò zǎo　premature　过早决定；过早结婚
1544 海岸　hǎi'àn　n.　coast　海岸线；沿着海岸
1545 海拔　hǎibá　n.　altitude　海拔8848.86米；高海拔地区
1546 海滨　hǎibīn　n.　seaside　海滨城市；海滨公园
1547 海盗　hǎidào　n.　pirate　海盗船；打击海盗活动
1548 海量　hǎiliàng　n.　magnanimity; great capacity for alcoholic drinks　望您海量包涵；喝酒海量
1549 海绵　hǎimián　n.　sponge　一块海绵；海绵城市
1550 海面　hǎimiàn　n.　sea surface　海面上；平静的海面
1551 海内外　hǎi nèiwài　all the world　海内外友人
1552 海滩　hǎitān　n.　beach　在海滩上游玩
1553 海峡　hǎixiá　n.　strait　海峡两岸；形成海峡
1554 海啸　hǎixiào　n.　tsunami　发生海啸；一场海啸
1555 海域　hǎiyù　n.　sea area　广阔的海域；安全海域
1556 海运　hǎiyùn　v.　ship by sea　海运业务；海运条件便利
1557 海藻　hǎizǎo　n.　seaweed　这种海龟以各种海藻为食。
1558 骇人听闻　hàiréntīngwén　appalling　骇人听闻的暴力事件
1559 害虫　hàichóng　n.　pest　消灭害虫；农业害虫
1560 害臊　hài//sào　feel ashamed　有些害臊；替他害臊

从1541～1550中选择合适的词语填空　Choose the right words from 1541-1550 and fill in the blanks.

1. 他开车沿着长长的_____线一直往前走。
2. 这儿的_____有4000米，所以你会感觉头疼、不舒服。
3. 去_____城市旅游，一定要吃海鲜。
4. 她一直后悔自己_____离开学校，没上过大学。
5. 船在平静的_____上航行。

从1551～1560中选择合适的词语填空　Choose the right words from 1551-1560 and fill in the blanks.

6. 英吉利_____把英国和欧洲大陆分隔开。
7. 大地震过后，这里又发生了非常严重的_____。
8. 这条视频在_____媒体平台上获得了广泛的关注。
9. _____比空运便宜得多。
10. 这片广阔的_____下有着丰富的石油资源。

◎ 重点词语　Focus words

1. 规矩

名词，本来是画圆形和方形的两种工具，借指一定的标准、法则或习惯。例如：

（1）吃饭的时候让年纪大的人先动筷子，这是老规矩。
（2）开学第一次课上，老师会给学生立一些规矩。

还可以做形容词，表示符合标准或常理，也可以表示人的行为端正老实。例如：

（3）她的字写得十分规矩。
（4）他是一个规矩人，不会做那种过分的事。

2. 果真

副词，表示事实和所说的或所想的相符合。例如：

（1）天气预报说今天有雨，果真下雨了。
（2）这儿的风景果真跟他说的一样美。

还可以做连词，表示假设事实和所说的或者所想的相符合。例如：

（3）你果真爱她，就应该在她困难的时候帮助她。
（4）她说暑假有两个月，果真是那样就好了。

3. 过不去

动词，表示有阻碍，没办法通过。例如：

（1）这座大桥正在维修，过不去。

还可以表示为难。例如：

（2）让他早点儿来，他又迟到了，我看他是故意跟我过不去。

也表示过意不去，感到抱歉。例如：

（3）天气这么热，让他白跑一趟，我心里真有点儿过不去。

4. 过往

动词，表示来去或者交往、来往。例如：

（1）今天放假，路上过往的车辆很多。
（2）他们俩认识很多年了，过往很密切。

还可以做名词，表示过去、以往。例如：

（3）过往的日子成了她最美好的回忆。

5. 过意不去

心中不安，感到抱歉。例如：

（1）这本书借了这么长时间才还你，真有点儿过意不去。
（2）他觉得自己没有办法帮助那个人，心里一直过意不去。

6. 骇人听闻

使人听了非常吃惊，常指社会上发生的坏事。例如：

（1）报纸上报道了一起骇人听闻的事件。
（2）那名记者冒着生命危险把这件骇人听闻的事件报道了出来。

◎ 速练　Quick practice

一、选择合适的词语填空　Choose the right words and fill in the blanks.

（一）　　　A. 过意不去　B. 骇人听闻　C. 闺女　D. 轨迹　E. 国防　F. 国徽

1. 看到这个_____的新闻，大家都不敢相信。
2. 让他帮我拿这么重的东西，我心里_____。
3. _____建设关系到国家和人民的安全。
4. 警察分析了他的活动_____，发现了他的同伙。
5. 这个小女孩儿是李老师的_____。

（二）　　　A. 果园　B. 过剩　C. 过头　D. 过硬　E. 海绵　F. 害臊

1. 你这么大的人还哭，我都替你感到_____。
2. 他技术_____，根本不用担心完不成这些工作。
3. 不要在开会时说这些_____的话。
4. 用这种_____刷碗可以把碗刷得很干净。
5. 他总是精力_____，上了一天班一点儿都不觉得累。

二、选择合适的词语完成句子　Choose the right words to complete the sentences.

1. 这些中国画非常_____，是中国传统文化的瑰宝。
　　A. 贵重　　　　B. 贵　　　　　C. 重大　　　　D. 沉重
2. 只要这个考试能_____，他就可以去他想去的大学学习历史专业。
　　A. 过去　　　　B. 过错　　　　C. 过道　　　　D. 过关
3. 您_____了，我只是做了应该做的事情。
　　A. 过关　　　　B. 过奖　　　　C. 过节　　　　D. 过头
4. 这个机器可以把水_____得非常干净。
　　A. 过期　　　　B. 过滤　　　　C. 过虑　　　　D. 过剩
5. 跟朋友们一边吃火锅一边聊天儿，真_____。
　　A. 过奖　　　　B. 过头　　　　C. 过瘾　　　　D. 过早
6. 您是_____，喝这么点儿酒根本不算什么。
　　A. 海滨　　　　B. 海盗　　　　C. 海绵　　　　D. 海量
7. 很多人带着孩子在_____上挖沙子玩儿。
　　A. 海岸　　　　B. 海滨　　　　C. 海滩　　　　D. 海峡

三、将词语填入句中合适的位置　Choose the appropriate location for the words.

1. 出门在外A一定要把B物品C放在安全的D地方。（贵重）
2. A里B的人们用棍子C把成熟的D果子轻轻打了下来。（果园）
3. 他总是A把所有B都怪在别人C身上，从来看不到自己D的问题。（过错）
4. 她A把那幅B中国画铺C柜台上D给客人做介绍。（在）

第27单元　Unit 27

◎速记　Quick memory

第1部分　Part 1

1561 害羞　hài//xiū　shy　他是一个容易害羞的人；她突然害起羞来了
1562 酣畅　hānchàng　*adj.*　comfortable and happy　喝得酣畅；睡得很酣畅
1563 酣睡　hānshuì　*v.*　sleep soundly　他此刻就像一个在妈妈怀里酣睡的孩子。
1564 含糊　hánhu　*adj.*　vague; careless　说话含糊；这事一点儿不能含糊
1565 含蓄　hánxù　*v.*　contain　简短的话语含蓄着深刻的道理。
　　　　　　　　　　adj.　implicit, reserved　性格含蓄；含蓄地表达
1566 函授　hánshòu　*v.*　teach by correspondence　函授生；函授教育
1567 涵盖　hángài　*v.*　contain, cover　涵盖全体师生；涵盖范围；涵盖全部知识点
1568 涵义　hányì　*n.*　meaning　丰富的涵义；涵义深刻
1569 罕见　hǎnjiàn　*adj.*　rare　这种病十分罕见；罕见的鸟
1570 汗水　hànshuǐ　*n.*　sweat　一头汗水；汗水打湿了他的头发
1571 旱　hàn　*adj.*　dry　天旱；防旱
1572 旱灾　hànzāi　*n.*　drought　一场旱灾；严重旱灾
1573 捍卫　hànwèi　*v.*　defend　捍卫国土；捍卫国家安全
1574 焊　hàn　*v.*　weld　焊住；焊接
1575 行家　hángjia　*n.*　expert　老行家；真正的行家
1576 行列　hángliè　*n.*　ranks　整齐的行列；行列的最前边
1577 行情　hángqíng　*n.*　market conditions　股市行情；熟悉行情
1578 航海　hánghǎi　*v.*　navigate　航海家；航海经验
1579 航天　hángtiān　*v.*　make a space flight　航天技术；航天事业
1580 航天员　hángtiānyuán　*n.*　astronaut　首位女航天员

从1561～1570中选择合适的词语填空　Choose the right words from 1561-1570 and fill in the blanks.

1. 那个女孩儿很_____，一说话就脸红。
2. 他一口一杯，喝得很_____。
3. 这种疾病十分_____，现在还没办法根治。
4. 她说得很_____，一点儿也不清楚。
5. 这本书_____了这个学科的大部分基础性知识。

从1571～1580中选择合适的词语填空　Choose the right words from 1571-1580 and fill in the blanks.

6. 我们要_____国家的每一寸国土。
7. 这次的_____很严重，已经好几个月没下雨了。
8. 张经理非常熟悉市场_____。
9. 他一直站在时代_____的最前面。
10. 说到怎么做菜好吃，她可是老_____了。

147

第 2 部分　Part 2

1581 航行　hángxíng　v.　navigate by air or water　空中航行；海上航行
1582 航运　hángyùn　n.　shipping　航运公司；航运业
1583 毫不　háo bù　not at all　毫不相信；毫不在乎
1584 毫不犹豫　háo bù yóuyù　without hesitation　他毫不犹豫地答应了我们的要求。
1585 毫无　háo wú　have not the least bit　毫无兴趣；毫无根据的猜测
1586 豪华　háohuá　adj.　luxurious　豪华的客厅；装修非常豪华
1587 好比　hǎobǐ　v.　be just like　好比一场梦
1588 好歹　hǎodǎi　n.　good and bad; mishap　这人真不知好歹，我们对他还不够好吗？万一他有个好歹，可怎么办？
　　　　　　　adv.　somehow; no matter in what way　好歹吃点儿东西再走；他在的话，好歹能帮咱一把
1589 好感　hǎogǎn　n.　favourable impression, good opinion　对……有好感
1590 好坏　hǎohuài　n.　good or bad　分辨好坏；质量好坏
1591 好家伙　hǎojiāhuo　int.　good heavens　好家伙，真贵啊！
1592 好评　hǎopíng　n.　high opinion　获得好评；受到广泛好评
1593 好说　hǎoshuō　v.　used to express possible agreement/acceptance　这件事好说，全包在我身上了。
1594 好笑　hǎoxiào　adj.　funny　太好笑了；好笑的事
1595 好心　hǎoxīn　n.　good intention　一片好心；好心的老人
1596 好心人　hǎoxīnrén　n.　kind people, good soul　遇上好心人了；是好心人
1597 好意　hǎoyì　n.　kindness　一番好意；好心好意
1598 好在　hǎozài　adv.　fortunately　好在医院离这儿不远，开车过去5分钟就到。
1599 号称　hàochēng　v.　be known as; claim to be　哈尔滨号称冰城；他号称学富五车，其实没什么真本事
1600 好客　hàokè　adj.　hospitable　热情好客；好客的主人

从 1581～1590 中选择合适的词语填空　Choose the right words from 1581-1590 and fill in the blanks.

　1. 我们的船在大海上_____了35天以后，终于到达了目的地。
　2. 计算机芯片就_____人的大脑。
　3. 那个富翁住的房子非常_____。
　4. 网上关于她的消息都是假的，_____根据。
　5. 他又聪明又能干，我对他很有_____。

从 1591～1600 中选择合适的词语填空　Choose the right words from 1591-1600 and fill in the blanks.

　6. 只要您没意见，她那边就_____了。
　7. _____，今天天气这么热啊！
　8. 谢谢你的_____，不过我不能接受这笔钱。
　9. 他说的话让人又好气又_____。
　10. 他们的表演十分精彩，获得了观众的_____。

第3部分　Part 3

1601 **好奇心**　hàoqíxīn　*n.*　curiosity　充满好奇心；有好奇心
1602 **耗**　hào　*v.*　consume　耗油；耗电
1603 **耗费**　hàofèi　*v.*　cost, spend　耗费时间；耗费人力
1604 **耗时**　hàoshí　*v.*　spend time　耗时三小时；耗时少
1605 **浩劫**　hàojié　*n.*　catastrophe　这次地震对当地居民来说，是一场浩劫。
1606 **呵护**　hēhù　*v.*　care　呵护孩子；呵护皮肤
1607 **禾苗**　hémiáo　*n.*　grain seedlings　一把禾苗；绿色的禾苗
1608 **合唱**　héchàng　*v.*　sing in chorus　大合唱；合唱比赛
1609 **合乎**　héhū　*v.*　conform to　合乎规格；合乎标准
1610 **合伙**　héhuǒ　*v.*　form a partnership　合伙人；合伙经营
1611 **合计**　héjì　*v.*　total, add up to　合计六人；合计一千元
1612 **合情合理**　héqíng-hélǐ　be perfectly logical and reasonable　这么做合情合理；合情合理的要求
1613 **合影**　hé//yǐng　take a group photo　合影留念；我们大家合一张影吧
1614 **合资**　hézī　*v.*　make a joint investment　中外合资；合资公司
1615 **合作社**　hézuòshè　*n.*　cooperative　农业合作社
1616 **何必**　hébì　*adv.*　there is no need　今天的分别只是暂时的，又何必难过？
1617 **何处**　hé chù　where　今后的世界将向何处发展，谁也不知道。
1618 **何苦**　hékǔ　*adv.*　why bother　银行工作人员只是按规矩办事，你何苦为难人家。
1619 **何况**　hékuàng　*conj.*　what's more　这个比赛不难，何况还有我们大家，怕什么？
1620 **何时**　hé shí　when　不知他何时归来。

从 1601～1610 中选择合适的词语填空　Choose the right words from 1601-1610 and fill in the blanks.

1. 小孩子很有_____，什么事都想知道为什么。
2. 为了完成这本书的写作工作，他_____了相当多的精力。
3. 这种车非常_____油，每个月都要花不少油钱。
4. 那场比赛_____四个小时才结束。
5. 他们三个_____经营一家饭店。

从 1611～1620 中选择合适的词语填空　Choose the right words from 1611-1620 and fill in the blanks.

6. 这张_____是我们毕业时照的。
7. 这是一家中外_____的汽车生产公司。
8. 今天_____收入五千元。
9. 农业_____可以有效整合土地资源，扩大生产规模，提升农民收入。
10. 下这么大的雨你还要去看电影，_____呢？

◎ 重点词语　Focus words

1. 毫不、毫无

"毫不"表示一点儿也不，完全否定，后面常跟双音节动词或形容词。例如：毫不相信、毫不怀疑、毫不担心。

（1）我们毫不相信他说的话。

（2）他虽然是第一次出国，不过他毫不担心。

"毫无"的意思和"毫不"差不多，后面常跟双音节名词。例如：毫无根据、毫无兴趣、毫无希望。

（3）我对做菜毫无兴趣。

（4）以他的成绩，想上这所大学毫无希望。

2. 毫不犹豫

一点儿也不犹豫，很果断。例如：

（1）在我们需要他的时候，他毫不犹豫地为我们提供了帮助。

（2）他找我借钱，我毫不犹豫地答应了。

3. 好歹

名词，表示好坏。例如：

（1）他这个人真不知好歹。

还可以表示危险，多指生命危险。例如：

（2）不能让那么小的孩子一个人出门，万一有个好歹，那可怎么办？

"好歹"还可以做副词，表示不问条件好坏，将就做某件事。例如：

（3）时间太紧张了，好歹吃点儿就行了。

还可以表示不管怎样，无论如何。例如：

（4）他要是在这里就好了，好歹也能帮我们想想办法。

4. 好在

副词，表示具有某种有利的条件或情况。例如：

（1）我有空儿再来找他，好在我家离这儿不远。

（2）虽然她病得很严重，好在有朋友陪在她身边。

5. 合情合理

符合人情事理。例如：

（1）我这么做合情合理，谁也说不出什么来。

（2）她的要求一点儿也不过分，完全合情合理。

6. 何况

连词，用反问的语气表示更进一层的意思。例如：

（1）他在朋友面前都不喜欢讲话，何况在这么多陌生人面前呢？
（2）连老师都不清楚考试时间，何况我呢？

◎ 速练　Quick practice

一、选择合适的词语填空　Choose the right words and fill in the blanks.

（一）　　　A. 毫不犹豫　B. 合情合理　C. 航运　D. 好坏　E. 好心人　F. 号称
1. 大家都觉得多劳多得、少劳少得是_____的事情。
2. 我找朋友借点儿钱，他_____就答应了。
3. 这座楼_____亚洲第一高楼。
4. 小时候，父母总是教我们怎么分辨_____。
5. 那个年轻人热情地帮助了要过马路的老人，真是一个_____。

（二）　　　A. 好客　B. 浩劫　C. 合乎　D. 合资　E. 何必　F. 何时
1. 他回国了，不知道_____能再来中国。
2. _____企业的发展进一步提升了市场活力。
3. 这么做_____经理的要求吗？
4. 大地震之后又发生了海啸，真是一场_____。
5. 那儿的人都非常_____，去那儿就像到了自己家里一样。

二、选择合适的词语完成句子　Choose the right words to complete the sentences.
1. 他本来还在酣睡，被叫醒的时候说话_____不清。
　A. 含糊　　　B. 含蓄　　　C. 透明　　　D. 含义
2. 从这些诗歌中，我们可以看出中国古人表达情感非常_____。
　A. 害羞　　　B. 害臊　　　C. 含糊　　　D. 含蓄
3. 我们要坚决_____国家领土的完整。
　A. 焊　　　　B. 捍卫　　　C. 航海　　　D. 航天
4. 他很了解这片海域，是航海的_____。
　A. 行家　　　B. 航天员　　C. 好心人　　D. 好家伙
5. 我们的工作_____一场战斗。
　A. 函授　　　B. 涵盖　　　C. 好比　　　D. 好评
6. 只要你能来，什么事都_____。
　A. 好感　　　B. 好评　　　C. 好笑　　　D. 好说
7. 这些工作我们可以一起完成，你_____非要一个人做？
　A. 合乎　　　B. 何处　　　C. 何必　　　D. 何况

三、将词语填入句中合适的位置　Choose the appropriate location for the words.
1. A 我对 B 那个人 C 好感 D，因为他总说假话。（毫无）
2. 我 A 忘记带钱包了，B 很多地方都 C 可以 D 用手机支付。（好在）
3. A 修建这条公路 B 了大量的 C 人力和 D 时间。（耗费）
4. 在母亲的细心 A 下，B 孩子 C 健康成长 D。（呵护）

第28单元　Unit 28

◎ 速记　Quick memory

第1部分　Part 1

1621 和蔼　hé'ǎi　*adj.*　amiable, kind　态度和蔼；和蔼可亲
1622 和解　héjiě　*v.*　become reconciled　双方和解；达成和解
1623 和睦　hémù　*adj.*　harmonious　家庭和睦；夫妻和睦
1624 和平共处　hépíng gòngchǔ　peaceful coexistence　和平共处、合作共赢是当今国际社会应遵循的原则。
1625 和气　héqi　*adj.*　kind, nice　对人和气；和气生财
　　　　　　　　　　　　n.　friendship, harmony　伤和气；讲和气
1626 和尚　héshang　*n.*　buddhist monk　一个和尚；当和尚
1627 河流　héliú　*n.*　river　一条河流；最长的河流
1628 河畔　hépàn　*n.*　riverbank　河畔公园
1629 荷花　héhuā　*n.*　lotus　一朵荷花；荷花开了
1630 核　hé　*n.*　nucleus　核电；核安全
1631 核电站　hédiànzhàn　*n.*　nuclear power plant　一座核电站；修建核电站
1632 核对　héduì　*v.*　check　核对名单；核对数字
1633 核能　hénéng　*n.*　nuclear energy　核能发电；核能工业
1634 核实　héshí　*v.*　verify　事实已经核实清楚；核实情况
1635 核桃　hétao　*n.*　walnut　吃核桃；核桃汁
1636 核武器　héwǔqì　*n.*　nuclear weapon　使用核武器；研究核武器
1637 贺电　hèdiàn　*n.*　congratulatory message/telegram　一份贺电；发贺电
1638 贺信　hèxìn　*n.*　congratulatory letter　一封贺信；发来贺信
1639 喝彩　hè//cǎi　cheer　大声喝彩；喝起彩来
1640 赫然　hèrán　*adj.*　unexpected and shocking　赫然出现；赫然在列

从 1621～1630 中选择合适的词语填空　Choose the right words from 1621-1630 and fill in the blanks.

　1. 我的老师非常_____，对每一个同学都很温柔。
　2. 她总能和同事们_____相处。
　3. 经过谈判，双方终于达成_____。
　4. 长江是世界上最长的_____之一。
　5. 别为了一点儿小事伤了大家的_____。

从 1631～1640 中选择合适的词语填空　Choose the right words from 1631-1640 and fill in the blanks.

　6. 情况已经_____清楚了，这件事跟你没关系。
　7. 修建_____是一项大工程。
　8. 你应该每天吃几个_____，对身体有好处。

9. 在春节时，很多国家会给中国发来_____。
10. 全场观众都为他刚才的表演大声_____。

第2部分 Part 2

1641 鹤立鸡群 hèlìjīqún the best of the bunch 他高高帅帅的，在人群中鹤立鸡群，很显眼。

1642 黑白 hēibái n. black and white; right and wrong 黑白分明；黑白不分

1643 黑客 hēikè n. hacker 一名黑客；黑客攻击

1644 黑马 hēimǎ n. dark horse 一匹黑马；成为黑马

1645 黑手 hēishǒu n. vicious person manipulating sb. or sth. behind the scenes 幕后黑手

1646 黑心 hēixīn adj. black-hearted, evil-minded 黑心老板
　　　　　　　　　n. black heart, evil mind 起黑心

1647 嘿 hēi int. used as a form of greeting or to call attention; used to express satisfaction or self-congratulation; used to express surprise 嘿，老张！ 嘿，咱们干得太棒了！ 嘿，下雪了！

1648 痕迹 hénjì n. mark, trace 留下痕迹；铅笔的痕迹

1649 恨不得 hènbude v. be anxious to 恨不得马上到家

1650 哼 hēng v. groan; croon 他疼得哼了一声；哼着歌

1651 横七竖八 héngqī-shùbā in a mess 横七竖八地躺着；横七竖八地堆着；汉字写得横七竖八

1652 横向 héngxiàng adj. transverse 横向比较；横向交流

1653 横 hèng adj. harsh 那个人真横；说话横

1654 轰 hōng v. bombard; drive off 炮轰平了几个山头；轰走
　　　　　　　　　ono. used of the sound of thunder, cannon, explosion, etc. 轰轰响

1655 轰动 hōngdòng v. cause an sensation 轰动全国；轰动一时

1656 轰炸 hōngzhà v. bombard 轰炸铁路；遭到轰炸

1657 哄 hōng ono. used to describe roars of laughter/uproarious talk 孩子们"哄"的一声散开了。

1658 哄堂大笑 hōngtáng-dàxiào the whole room roars with laughter 他一句话把大家逗得哄堂大笑。

1659 烘干 hōnggān v. dry 烘干衣服；烘干机

1660 烘托 hōngtuō v. set off 红花有了绿叶烘托才更好看。

从 1641～1650 中选择合适的词语填空 Choose the right words from 1641-1650 and fill in the blanks.

1. 警察抓住了那个攻击别人电脑的_____。
2. 那个_____出租车司机拉着外地游客绕了好远的路。
3. 湿杯子在桌面上留下一个圆形的_____。
4. 妈妈_____歌给女儿听。
5. 我_____马上出发去那里和他见面。

从 1651～1660 中选择合适的词语填空　Choose the right words from 1651-1660 and fill in the blanks.

6. 他这个人说话真_____，一点儿道理都不讲。
7. 她把看热闹的人都_____走了。
8. 那个歌手一出现，全场都_____了。
9. 敌人_____了整个城市。
10. 蓝天_____着白云。

第 3 部分　Part 3

1661 弘扬　hóngyáng　v.　carry forward　弘扬民族文化；大力弘扬
1662 红灯　hóngdēng　n.　red light　亮红灯；红灯停；闯红灯
1663 红火　hónghuo　adj.　prosperous　日子红火；生意红火
1664 红扑扑　hóngpūpū　adj.　(of a face) ruddy　红扑扑的脸
1665 红润　hóngrùn　adj.　(use of skin) smooth and ruddy　皮肤红润；脸色红润
1666 红薯　hóngshǔ　n.　sweet potato　吃红薯；一斤红薯3块钱
1667 红眼　hóngyǎn　v.　become infuriated　他一听这话就红眼了，上去就要打人。
1668 宏观　hóngguān　adj.　macroscopic　宏观经济；宏观世界
1669 宏伟　hóngwěi　adj.　grand　宏伟的计划；气势宏伟
1670 洪亮　hóngliàng　adj.　loud and clear　声音洪亮；洪亮的歌声
1671 哄　hǒng　v.　fool; coax　哄骗；哄孩子
1672 哄　hòng　v.　clamour　起哄；一哄而散
1673 喉咙　hóu·lóng　n.　throat　喉咙疼
1674 吼　hǒu　v.　shout, roar　大吼一声；吼人
1675 后备　hòubèi　adj.　reserve　后备力量；后备军
　　　　　　　　　　n.　reserve　留有后备；后备充足
1676 后备箱　hòubèixiāng　n.　trunk　打开后备箱；后备箱里
1677 后代　hòudài　n.　offspring　子孙后代；孔子的后代
1678 后盾　hòudùn　n.　backing　有力的后盾；坚强的后盾
1679 后顾之忧　hòugùzhīyōu　trouble back at home　无后顾之忧；解决后顾之忧
1680 后期　hòuqī　n.　later period　19世纪后期；战争后期

从 1661～1670 中选择合适的词语填空　Choose the right words from 1661-1670 and fill in the blanks.

1. 他们一直诚信经营，这些年来生意一直很_____。
2. 我们要大力_____优秀的民族文化。
3. 现在的手机地图软件很智能，可以给你推荐_____少的路线。
4. 她喝了一点儿酒，脸上_____的。
5. 他声音_____，很适合做主持人。

从 1671～1680 中选择合适的词语填空　Choose the right words from 1671-1680 and fill in the blanks.

6. 她很会_____孩子，孩子很喜欢她。
7. 他把行李放在汽车的_____里了。

8. 警察大_____一声，把小偷儿吓住了。

9. 不管走到哪里，父母永远是我最坚强的_____。

10. 她_____疼得厉害，可能是感冒了。

◎ **重点词语** Focus words

1. 和平共处

指不同社会制度的国家，用和平方式解决彼此争端，在平等互利的基础上，发展彼此间经济和文化联系。例如：

（1）希望国与国之间都能和平共处。

（2）相互尊重、和平共处是国与国相处的基本之道。

2. 鹤立鸡群

比喻一个人的才能或仪表出众。例如：

（1）一米九高的他在人群中鹤立鸡群。

（2）能唱会跳使她在全校学生中鹤立鸡群。

3. 恨不得

动词，表示急切希望实现某事，也可以说"恨不能"。例如：

（1）她恨不得一步就能回到家见孩子。

（2）他恨不得长出翅膀一下子飞到北京去。

4. 横七竖八

形容纵横杂乱。例如：

（1）地上横七竖八堆放着各种工具。

（2）几个孩子横七竖八地躺在床上玩儿。

5. 哄

"哄"是一个多音字。可以读"hōng"，拟声词，形容很多人的大笑声或喧哗声。例如：

（1）大家"哄"的一声散开了。

"哄"还可以读 hǒng，动词，表示哄骗或者哄逗。例如：

（2）你别想哄我，我不会相信你的。

（3）奶奶哄着孙子玩儿。

"哄"还可以读 hòng，动词，表示吵闹、开玩笑。例如：

（4）我还没来得及跟他们说句话，他们就一哄而散。

6. 哄堂大笑

形容全屋子的人同时大笑。例如：

（1）他一句话就把大家逗得哄堂大笑。

（2）他一出现在教室门口，所有人哄堂大笑，原来他剪头发了。

7. 红扑扑

形容词，形容脸色红，后面常加上"的"。例如：

（1）她喝了几杯酒，脸上红扑扑的。

（2）那个女孩儿的脸红扑扑的，像苹果一样。

8. 红眼

动词，表示发怒或发急。例如：

（1）我才说了两句话，他就红眼了。

（2）两个人一见面就红眼。

9. 后顾之忧

需要回过头来照看的忧虑，泛指来自后方或者家里的忧虑。例如：

（1）新开办的幼儿园解决了附近家长上班的后顾之忧。

（2）家里的老人和孩子都很平安，让外出工作的人没有后顾之忧。

◎ 速练　Quick practice

一、选择合适的词语填空　Choose the right words and fill in the blanks.

（一）　A.和平共处　B.鹤立鸡群　C.横七竖八　D.哄堂大笑　E.后顾之忧　F.黑白分明

1. 房间里的东西_____地堆在一起。
2. 她在人群中的气质格外突出，显得_____。
3. 希望世界上不同的国家都能_____，共同发展。
4. 这个孩子的动作太有趣了，让大家_____。
5. 公司解决了大家的_____，大家可以安心工作了。

（二）　　A.核实　B.宏伟　C.后期　D.贺信　E.黑马　F.宏观

1. 19世纪_____发生了很多重大事件。
2. 警察还会_____他提供的信息。
3. 这个慈善组织成立10周年了，很多参与者发来_____。
4. 他是今天比赛的_____，谁也没想到他能赢。
5. 让地球人去太空旅行是一个_____的计划。

二、选择合适的词语完成句子　Choose the right words to complete the sentences.

1. 他们虽然性格不同，但是相处得非常_____。
　A. 和蔼　　　　B. 和解　　　　C. 和睦　　　　D. 和气
2. 虽然她和姐姐昨天吵了一架，不过今天两个人已经_____了。
　A. 和蔼　　　　B. 和解　　　　C. 和睦　　　　D. 和气
3. 这些信息不知道对不对，还需要_____一下儿。
　A. 核桃　　　　B. 核能　　　　C. 核电　　　　D. 核实

4. 这个老板真_____，卖东西缺斤少两。
   A. 黑客　　　　B. 黑马　　　　C. 黑手　　　　D. 黑心
5. _____，真的是你啊！我还以为我认错人了呢。
   A. 嘿　　　　　B. 哼　　　　　C. 轰　　　　　D. 哄
6. 农民们的日子越过越_____，生活水平不断提高。
   A. 红灯　　　　B. 红火　　　　C. 红扑扑　　　D. 红润
7. 这些古代建筑非常_____，是世界闻名的古迹。
   A. 宏观　　　　B. 宏伟　　　　C. 弘扬　　　　D. 烘托

三、将词语填入句中合适的位置　Choose the appropriate location for the words.

1. A 妈妈 B 已经 C 把他的湿衣服 D 烘干了。（都）
2. 大门上 A 赫然 B 写 C 几个大字 D："闲人免进。"（着）
3. 他的 A 身体恢复得 B 不错，最近脸色 C 了不少 D。（红润）
4. 红花 A 在绿叶 B 的烘托 C 显得更好看了 D。（下）

第29单元　Unit 29

◎ 速记　Quick memory

第1部分　Part 1

1681 后勤　hòuqín　n.　rear/general service, logistics　后勤人员；后勤工作
1682 后人　hòurén　n.　offspring, later generations　他的后人；影响后人
1683 后台　hòutái　n.　backstage; backstage supporter　演员在后台化妆；他在公司里没有后台
1684 后退　hòutuì　v.　back away　后退三步；成绩后退
1685 后续　hòuxù　adj.　follow-up　后续报道；后续工作
1686 后遗症　hòuyízhèng　n.　sequelae　有后遗症；严重的后遗症
1687 后裔　hòuyì　n.　offspring　孔子的后裔；贵族后裔
1688 后者　hòuzhě　n.　the latter　在金钱和爱情面前，他毫不犹豫地选择了后者
1689 厚道　hòudao　adj.　honest and kind　为人厚道
1690 厚度　hòudù　n.　thickness　冰的厚度；衣服的厚度
1691 候选人　hòuxuǎnrén　n.　candidate　提出候选人；三名候选人
1692 呼风唤雨　hūfēng-huànyǔ　stir up trouble　他自以为在行业中能呼风唤雨，实则不然。
1693 呼唤　hūhuàn　v.　summon; call out　祖国在呼唤我们；大声呼唤
1694 呼救　hūjiù　v.　call for help　大声呼救；向路人呼救
1695 呼声　hūshēng　n.　voice; (esp.) voice of the people　呼声动天；群众的呼声
1696 呼应　hūyìng　v.　echo　前后呼应；互相呼应
1697 呼吁　hūyù　v.　appeal　大声呼吁；公开呼吁
1698 忽高忽低　hūgāo-hūdī　now high, now low　声音忽高忽低
1699 忽悠　hūyou　v.　cheat, fool　忽悠人；被他忽悠了
1700 胡闹　húnào　v.　make trouble　别胡闹；孩子爱胡闹

从 1681～1690 中选择合适的词语填空　Choose the right words from 1681-1690 and fill in the blanks.

　　1. 前进、_____、转弯……机器人随着说话人的指令做着各种动作。
　　2. 他的文学作品深深影响着_____。
　　3. 我负责旧厂的维护和_____改造工作。
　　4. 王老师和李老师都教我们，前者教英语，_____教历史。
　　5. 这种病的_____之一是永远失去味觉。

从 1691～1700 中选择合适的词语填空　Choose the right words from 1691-1700 and fill in the blanks.

　　6. 妈妈在远处_____着我。
　　7. 他们按要求先选出了三个_____。
　　8. 落水儿童大声_____。
　　9. 干部要多听一听群众的_____。
　　10. 他四处_____大家多帮助那些山区的孩子。

第 2 部分　Part 2

1701 **胡说**　húshuō　v.　talk nonsense　别胡说；一直在胡说
　　　　　　　　　　n.　nonsense　都是胡说
1702 **胡思乱想**　húsī-luànxiǎng　let one's imagination run wild　总是胡思乱想；别胡思乱想
1703 **湖泊**　húpō　n.　lake　一个湖泊；最大的天然湖泊
1704 **糊**　hú　v.　paste, stick (paper, cloth, etc.) with paste　糊风筝；糊信封
1705 **糊涂**　hútu　adj.　confused; messy　糊涂人；糊涂账
1706 **互补**　hùbǔ　v.　complement　色彩互补；双方性格互补
1707 **互访**　hùfǎng　v.　exchange visits　两国互访；代表团互访
1708 **互信**　hùxìn　v.　have mutual trust　政治互信；建立互信
1709 **互助**　hùzhù　v.　mutual aid　友好互助；互助合作
1710 **护理**　hùlǐ　v.　nurse; look after　护理病人；细心护理
1711 **花瓣**　huābàn　n.　petal　一片花瓣；花瓣落下
1712 **花卉**　huāhuì　n.　flowers and plants　花卉种植基地；观赏花卉
1713 **花纹**　huāwén　n.　decorative pattern　漂亮的花纹；各种花纹
1714 **花样**　huāyàng　n.　variety　花样游泳；变着花样给孩子做好吃的
1715 **划算**　huásuàn　v.　calculate　划算来，划算去，一晚上也没睡着。
　　　　　　　　　　adj.　profitable, worthwhile　价格很划算；买套餐最划算
1716 **华丽**　huálì　adj.　gorgeous　华丽的宫殿；华丽的服装
1717 **华侨**　huáqiáo　n.　overseas Chinese　归国华侨；华侨学校
1718 **华裔**　huáyì　n.　foreign citizen of Chinese origin　华裔科学家；华裔美国人
1719 **哗变**　huábiàn　v.　mutiny　军队哗变；哗变的士兵
1720 **哗然**　huárán　adj.　in an uproar　一片哗然；举国哗然

从 1701～1710 中选择合适的词语填空　Choose the right words from 1701-1710 and fill in the blanks.

1. 等门安装好后，在门四周_____上水泥就可以了。
2. 他越解释，我越听不明白，越听越_____。
3. 冷色和暖色正好可以_____。
4. 同事之间当然要_____合作。
5. 两国代表团_____，加深了友好合作关系。

从 1711～1720 中选择合适的词语填空　Choose the right words from 1711-1720 and fill in the blanks.

6. 这块布上有很漂亮的绿色_____。
7. 那个植物园里有很多热带_____，样子很奇特。
8. 一阵风吹过，树上的粉色_____像雨一样落下来。
9. 打折的时候买衣服最_____。
10. 这个国家的军队_____，让全世界哗然。

第3部分　Part 3

1721 滑冰　huábīng　v.　skate on ice　会滑冰；花样滑冰
1722 滑稽　huá·jī　adj.　funny　滑稽的故事；滑稽的表演
1723 滑梯　huátī　n.　slide　玩儿滑梯；冰滑梯
1724 滑雪　huáxuě　v.　ski　高山滑雪；速度滑雪
1725 化肥　huàféi　n.　chemical fertilizer　一袋化肥；买化肥；上化肥
1726 化身　huàshēn　n.　incarnation　小说里把他描写成了正义的化身。
1727 化纤　huàxiān　n.　chemical fibre　化纤材料；化纤服装
1728 化险为夷　huàxiǎnwéiyí　head off a disaster　消防员及时到场救援，终于化险为夷。
1729 化验　huàyàn　v.　make a laboratory test　化验室；药品化验
1730 化妆　huà//zhuāng　make up　化妆品；化妆师
1731 划时代　huàshídài　adj.　epoch-making　划时代的作品；划时代的事件
1732 画册　huàcè　n.　picture album　一本画册；看画册
1733 画龙点睛　huàlóng-diǎnjīng　put a cherry on the top　这些细小的设计起到了画龙点睛的效果。
1734 画蛇添足　huàshé-tiānzú　ruin an effect by adding sth. superfluous　你这样修改反而是画蛇添足。
1735 画展　huàzhǎn　n.　art exhibition　看画展；组织画展
1736 话费　huàfèi　n.　telephone bill　手机话费；交纳话费
1737 话筒　huàtǒng　n.　microphone　对着话筒说；拿着话筒
1738 话语　huàyǔ　n.　speech, remark　天真的话语；充满爱意的话语
1739 怀抱　huáibào　v.　embrace; cherish　怀抱着一束花；怀抱小孩儿；怀抱理想
　　　　　　　　　　n.　bosom　母亲的怀抱；祖国的怀抱
1740 怀旧　huáijiù　v.　be nostalgic for the past　怀旧餐厅；怀旧的气氛

从 1721～1730 中选择合适的词语填空　Choose the right words from 1721-1730 and fill in the blanks.

　1. 他戴着一顶很小的帽子，看上去非常_____。
　2. 我看到她从那个很高的_____上滑了下来。
　3. 她认为_____这项运动比滑冰危险得多。
　4. 这本小说里的这个人物正是作者自己的_____。
　5. 她每天出门以前都要用半个小时_____打扮。

从 1731～1740 中选择合适的词语填空　Choose the right words from 1731-1740 and fill in the blanks.

　6. 这部文学作品影响了几代人，是具有_____意义的作品。
　7. 他今天下午约了朋友去看_____。
　8. 那本_____里的图片质量非常高。
　9. 主持人把_____递给我，让我也讲两句。
　10. 她虽然_____不多，但是说得都很有道理。

◎ **重点词语** Focus words

1. 呼风唤雨

　　使刮风下雨，比喻能够支配自然的力量或左右某种局面。例如：

　　（1）传说天上住着一群能呼风唤雨的神仙。

　　（2）他以为自己在这里能呼风唤雨，没想到大家都不听他的。

2. 忽高忽低

　　"忽高忽低"中"忽"是副词，表示忽而，常用在"忽A忽B"结构中，"A"和"B"常是一对意思相反的单音节形容词。例如：忽冷忽热、忽高忽低、忽明忽暗。

　　（1）最近的天气忽冷忽热，很多人都感冒了。

　　（2）耳机里的声音忽高忽低，一点儿也听不清楚。

　　（3）路灯忽明忽暗，我一个人走在路上有点儿害怕。

3. 胡思乱想

　　没有根据或不切实际地瞎想。例如：

　　（1）不要胡思乱想了，事情总会过去的。

　　（2）她总喜欢胡思乱想，每天看起来都很难过。

4. 互

　　副词，表示互相。例如：互补、互访、互信、互助。"互"一般直接修饰单音节动词，修饰双音节动词时只用于否定式。例如：互不关心、互不相通。

　　（1）他们俩的性格正好互补，一个喜欢安静，一个喜欢热闹。

　　（2）我们要建立政治互信。

　　（3）他们虽然是一家人，但是互不关心。

5. 划算

　　动词，表示计算。例如：

　　（1）划算来，划算去，他为了生活费愁得一直睡不着觉。

　　还可以做形容词，表示合算。例如：

　　（2）在旅游淡季去那儿旅游，订酒店和机票都很划算。

6. 化险为夷

　　使危险的情况或处境变为平安。例如：

　　（1）机长冷静沉着地解决了突发情况，让事故化险为夷。

　　（2）突然下起的大雨让森林火灾化险为夷。

7. 画龙点睛

　　比喻写文章或者说话时在关键地方加上精辟的语句，使内容更加生动传神。例如：

　　（1）这些鲜花给舞台画龙点睛，让舞台更美丽了。

（2）指导老师给我的文章改了几句话，起到了画龙点睛的作用。

8. 画蛇添足

蛇本来没有脚，画蛇添上了脚。比喻做多余的事，反而不恰当。例如：
（1）她已经准备得很充分了，我们不要画蛇添足了。
（2）那个女孩儿很漂亮，化这样的妆有些画蛇添足了。

9. 怀抱

动词，表示抱在怀里或者心里存有。例如：
（1）她怀抱着一个几个月大的孩子。
（2）他怀抱着为人民服务的远大理想。

还可以做名词，表示胸前。例如：
（3）小孩儿睡在母亲的怀抱里。
（4）回到祖国的怀抱里，他非常激动。

◎ 速练　Quick practice

一、选择合适的词语填空　Choose the right words and fill in the blanks.

（一）　A.呼风唤雨　B.忽高忽低　C.胡思乱想　D.化险为夷　E.画龙点睛　F.画蛇添足
1. 他写的这几句话给我的文章_____，真是太棒了！
2. 你不要再_____了，试试就知道行不行了。
3. 他已经答应我了，你再去找他，有些_____。
4. 她好几次遇到危险，但最后都_____了。
5. 这儿不是你的公司，你别想在这儿_____。

（二）　　　A.后退　B.厚道　C.呼应　D.湖泊　E.华丽　F.化验
1. 血液_____结果一个小时后可以取。
2. 写作文的时候前后_____很重要。
3. 他_____了几步把球接住。
4. 平静的_____像一面镜子。
5. 这个男同事为人_____，是我们的大哥哥。

二、选择合适的词语完成句子　Choose the right words to complete the sentences.
1. 这是关于这起事件的最新报道，_____消息请持续关注。
　A.后台　　　　　B.后续　　　　　C.后者　　　　　D.后勤
2. 湖面冰的_____还不够，现在还不能滑冰。
　A.长度　　　　　B.高度　　　　　C.厚度　　　　　D.宽度
3. 她看到有人落水了，马上大声_____。
　A.呼唤　　　　　B.呼声　　　　　C.呼应　　　　　D.呼救

4. 我们向大家_____多乘坐公共交通工具，少开车。
   A. 呼声　　　　B. 呼唤　　　　C. 呼应　　　　D. 呼吁
5. 别听他_____，我不会离开这儿的。
   A. 胡说　　　　B. 胡闹　　　　C. 胡思乱想　　　D. 胡来
6. 两个学校的学生代表定期_____。
   A. 互访　　　　B. 互补　　　　C. 互助　　　　D. 互信
7. 她种植的_____品种在国内很少见。
   A. 花瓣　　　　B. 花卉　　　　C. 花样　　　　D. 华纹

三、将词语填入句中合适的位置　Choose the appropriate location for the words.

1. 姐姐和妹妹 A 性格 B 互补，前者 C 内向，D 活泼。（后者）
2. 她的本子上 A 画 B 满了 C 各种各样 D 花纹。（的）
3. 他和朋友 A 组成了学习 B 小组，两个人 C 一起 D 学习，共同进步。（互助）
4. 那个年轻 A 的母亲怀抱 B 一个几个月大的孩子走了 C 进 D 来。（着）

第30单元　Unit 30

◎速记　Quick memory

第1部分　Part 1

1741 怀里　huái li　in one's arms　在妈妈怀里；抱在怀里
1742 怀孕　huái//yùn　be pregnant　怀孕三个月了；怀孕期间
1743 怀着　huáizhe　be filled with, cherish　怀着希望；怀着复杂的心情
1744 槐树　huáishù　n. pagoda tree　一棵槐树；大槐树
1745 坏事　huàishì　n. bad thing　做坏事；坏人坏事
1746 欢呼　huānhū　v. cheer　热烈欢呼；欢呼胜利
1747 欢聚　huānjù　v. have a happy reunion　欢聚在一起；欢聚一堂
1748 欢快　huānkuài　adj. cheerful　欢快的音乐；欢快的气氛
1749 欢声笑语　huānshēng-xiàoyǔ　cheers and laughter　到处欢声笑语；充满欢声笑语
1750 还款　huán kuǎn　repay, pay back money　及时还款；提前还款
1751 还原　huán//yuán　restore to the original state　还原历史真相
1752 环球　huánqiú　v. go around the world　环球旅行；环球一周
1753 环绕　huánrào　v. surround　地球环绕太阳转动。
1754 缓　huǎn　v. delay; recuperate　缓几天；刚才冷得不行，现在缓过来了
1755 缓和　huǎnhé　v. ease off　缓和气氛；缓和态度
　　　　　　　　　　adj. gentle, mild　药效缓和
1756 缓缓　huǎnhuǎn　adv. slowly　列车缓缓进站；老人缓缓走了过来
1757 缓慢　huǎnmàn　adj. slow　行动缓慢；进展缓慢
1758 幻觉　huànjué　n. hallucination　产生幻觉；引起幻觉
1759 幻影　huànyǐng　n. phantom　出现幻影；种种幻影
1760 换成　huànchéng　change into　换成人民币；换成现金

从1741～1750中选择合适的词语填空　Choose the right words from 1741-1750 and fill in the blanks.

　1. 妈妈把孩子紧紧抱在_____。
　2. 她_____总有一天会成为大明星的梦想。
　3. _____期间不要吸烟，也不要喝酒。
　4. 不要悲观，_____可能变成好事。
　5. 希望我们能在那儿_____。

从1751～1760中选择合适的词语填空　Choose the right words from 1751-1760 and fill in the blanks.

　6. 地球_____着太阳运行。
　7. 通过老人的描述，我们慢慢_____了事情真相。
　8. 他们去_____旅行了，估计三个月后回来。
　9. 她紧张的心情慢慢_____了下来。
　10. 大船在海上_____前进。

第 2 部分　Part 2

1761 换取　huànqǔ　*v.*　exchange for　我们决不以牺牲环境为代价换取一时的经济发展。
1762 换位　huànwèi　*v.*　change positions　换位思考
1763 换言之　huànyánzhī　in other words　他在昨天的比赛中受了伤，换言之，他今天不会上场了。
1764 唤起　huànqǐ　*v.*　arouse　唤起回忆；唤起共鸣
1765 患　huàn　*v.*　suffer from　患病；患者
1766 患病　huànbìng　*v.*　be ill　长期患病；患病期间
1767 患有　huànyǒu　suffer from　患有重病
1768 焕发　huànfā　*v.*　glow　精神焕发；激情焕发
1769 荒　huāng　*v.*　be waste, be uncultivated; be out of practice　地荒了；功课荒了
1770 荒诞　huāngdàn　*adj.*　absurd　荒诞的故事；荒诞的想法
1771 荒凉　huāngliáng　*adj.*　bleak and desolate　一片荒凉；荒凉的景色
1772 荒谬　huāngmiù　*adj.*　absurd　荒谬的观点；荒谬的计划
1773 慌乱　huāngluàn　*adj.*　flurried　脚步慌乱；慌乱不安
1774 慌张　huāng·zhāng　*adj.*　flustered　大家不要慌张；慌慌张张
1775 皇宫　huánggōng　*n.*　imperial palace　参观皇宫；华丽的皇宫
1776 皇后　huánghòu　*n.*　queen　漂亮的皇后
1777 皇上　huángshang　*n.*　emperor　皇上和皇后
1778 皇室　huángshì　*n.*　imperial family　皇室后裔；皇室婚礼
1779 黄昏　huánghūn　*n.*　dusk　黄昏以后；夏日黄昏
1780 恍然大悟　huǎngrán-dàwù　suddenly be enlightened　他的话让我恍然大悟：原来我以前的很多想法都是错的。

从 1761～1770 中选择合适的词语填空　Choose the right words from 1761-1770 and fill in the blanks.

1. 在网上订票后无须_____纸质门票，凭二维码即可入园。
2. 这部电影_____了他对童年的回忆。
3. 她的新工作让她精神_____。
4. 他得知自己_____了重病，心情十分难过。
5. 好好学习，别把功课_____了。

从 1771～1780 中选择合适的词语填空　Choose the right words from 1771-1780 and fill in the blanks.

6. 这里已经很久没有人居住了，一片_____。
7. 她没有一丝_____，马上想到了解决方法。
8. 参观_____的人都觉得那些宫殿非常宏伟。
9. 他总说自己是_____后裔。
10. 每到_____，路灯就慢慢亮起来了。

第3部分 Part 3

1781 晃　huǎng　v.　dazzle; flash past　阳光很晃眼；刚才门口有人影儿一晃就不见了
1782 谎话　huǎnghuà　n.　lie, falsehood　说谎话；谎话连篇
1783 谎言　huǎngyán　n.　lie, falsehood　拆穿谎言
1784 晃　huàng　v.　shake　晃几下；摇头晃脑
1785 晃荡　huàngdang　v.　sway　来回晃荡；晃荡腿
1786 灰　huī　n.　ash; dust　烟灰；好几个月没在家，到处都是灰
　　　　　　　　adj.　grey　他买了顶灰帽子。
1787 灰尘　huīchén　n.　dust　桌上有一层灰尘；扫去灰尘
1788 灰心　huī//xīn　be disheartened　这次考得很差，这让他特别灰心。
1789 挥　huī　v.　wave　挥手；挥刀
1790 辉煌　huīhuáng　adj.　brilliant　辉煌的成就；辉煌的纪录
1791 回归　huíguī　v.　return　回归自然；回归祖国
1792 回扣　huíkòu　n.　kickback　吃回扣；收回扣
1793 回馈　huíkuì　v.　repay, give in return　回馈社会；回馈消费者
1794 回落　huíluò　v.　fall back　水位回落；价格回落
1795 回升　huíshēng　v.　rebound　经济回升；气温回升
1796 回首　huíshǒu　v.　look back　回首过去；常常回首往事
1797 回味　huíwèi　n.　aftertaste　回味无穷
　　　　　　　　v.　ruminate over　回味老师的话
1798 回想　huíxiǎng　v.　recall　回想不起来；回想过去
1799 回忆录　huíyìlù　n.　memoir　前首相的回忆录；写回忆录
1800 悔恨　huǐhèn　v.　be filled with remorse　内心悔恨；悔恨不已

从 1781～1790 中选择合适的词语填空　Choose the right words from 1781-1790 and fill in the blanks.

1. 阳光_____得我睁不开眼睛。
2. 小船在水里直_____。
3. 这本书讲述了中国的_____历史。
4. 这个屋子很久没人住，落了厚厚的一层_____。
5. 虽然这次尝试失败了，但是我们毫不_____。

从 1791～1800 中选择合适的词语填空　Choose the right words from 1791-1800 and fill in the blanks.

6. 那是我最喜欢的美食，至今想来仍_____无穷。
7. 为了_____广大消费者，今天全场商品打七折。
8. 我打算这周末去爬爬山，_____自然。
9. 他做了一个让他_____一生的错误决定。
10. 那天晚上发生的事我一点儿也_____不起来了。

◎ **重点词语** Focus words

1. 欢声笑语

又说又笑，气氛欢乐热烈。例如：

（1）节日的街头充满欢声笑语。
（2）我们的中文课堂充满了欢声笑语。

2. 缓和

动词，表示使和缓。例如：

（1）他说了一个笑话想缓和一下儿紧张的气氛。
（2）她想请朋友吃个饭，缓和一下儿两个人紧张的关系。

还可以做形容词，表示局势、气氛等和缓。例如：

（3）她紧张的心情慢慢缓和下来了。
（4）这种药药性缓和，没什么副作用。

3. 换成

常用于"把A换成B"格式。例如：

（1）我想把这些美元换成人民币。
（2）他为了孩子上学，想办法把粮食换成了学费。
（3）换成我，会选择去北京工作。

4. 换言之

书面语，表示换句话说。例如：

（1）她说今天太忙没工夫去，换言之，就是她不想去。
（2）读万卷书，行万里路，换言之，既要多读书，也要多出去看看。

5. 黄昏

时间名词，表示日落以后、天黑以前的时候。例如：

（1）一到黄昏，路灯就亮了。
（2）黄昏时分，工作了一天的人们都回家去了。

6. 恍然大悟

形容突然醒悟过来。例如：

（1）他说的话让我恍然大悟。
（2）看了那篇文章，她恍然大悟。

◎ 速练　Quick practice

一、选择合适的词语填空　Choose the right words and fill in the blanks.

（一）　　　A. 欢声笑语　B. 恍然大悟　C. 怀孕　D. 欢快　E. 还款　F. 幻觉
1. 她已经_____好几个月了，但是完全看不出来她是个准妈妈。
2. 房间里充满_____，大家聊得很开心。
3. 听了他的话我才_____，原来是我误会他了。
4. 每个月8号是他信用卡的_____日。
5._____的音乐会让人心情愉快。

（二）　　　A. 荒诞　B. 谎话　C. 挥　D. 辉煌　E. 回忆录　F. 回想
1. 改革开放取得了_____的成就。
2. 他_____了一下儿手，转身离开了。
3. 她_____连篇，让人没法相信。
4. 这个故事太_____了，竟然还有人相信。
5. 这本_____使我们充分了解了他的一生。

二、选择合适的词语完成句子　Choose the right words to complete the sentences.

1. 他心里一直都_____为人民服务的理想。
   A. 怀里　　　　B. 怀着　　　　C. 还原　　　　D. 换取
2. 听到他们胜利的消息，大家都_____起来了。
   A. 欢呼　　　　B. 欢聚　　　　C. 欢快　　　　D. 欢笑
3. 他年纪大了，行动_____，我们等等他吧。
   A. 缓　　　　　B. 缓和　　　　C. 缓缓　　　　D. 缓慢
4. 他唱的这首儿歌_____了我对童年的回忆。
   A. 换成　　　　B. 换取　　　　C. 唤起　　　　D. 换位
5. 看她精神_____的样子，肯定是遇到什么好事了。
   A. 幻觉　　　　B. 幻影　　　　C. 焕发　　　　D. 慌乱
6. 猪肉的价格_____，没有那么贵了。
   A. 回落　　　　B. 回升　　　　C. 回扣　　　　D. 回味
7. 她_____着妈妈说的话，慢慢睡着了。
   A. 回首　　　　B. 回味　　　　C. 回归　　　　D. 回落

三、将词语填入句中合适的位置　Choose the appropriate location for the words.

1. A 大槐树 B 坐着 C 一群休息的 D 人。（下）
2. 他慌张地 A 把 B 房间 C 成了原来的 D 样子。（还原）
3. 她把 A 两千美元都 B 换 C 成 D 人民币。（了）
4. 妈妈把 A 都擦 B 干净了，家里 C 收拾 D 得非常整齐。（灰尘）

第31单元 Unit 31

◎速记 Quick memory

第1部分 Part 1

1801 毁坏 huǐhuài v. destroy 毁坏古迹；毁坏公物
1802 毁灭 huǐmiè v. ruin 毁灭证据；毁灭一切
1803 汇合 huìhé v. converge; join 几条小河在这儿汇合成大河；人民的意志汇合成一股巨大的力量
1804 汇集 huìjí v. assemble 人群汇集到广场上；汇集材料
1805 汇聚 huìjù v. converge 汇聚力量；汇聚在一起
1806 会场 huìchǎng n. conference hall 走进会场；离开会场
1807 会面 huì//miàn meet 和他会面；在茶馆儿会面
1808 会晤 huìwù v. meet 正式会晤；会晤地点
1809 会意 huìyì v. understand what each other thinks 会意地笑；会意地看了看我
1810 会诊 huì//zhěn hold a group consultation 专家会诊；中西医会诊
1811 绘声绘色 huìshēng-huìsè vivid, lively 绘声绘色地描述；说得绘声绘色
1812 贿赂 huìlù v. bribe 用金钱贿赂
                     n. bribery 接受贿赂；拒绝贿赂
1813 昏迷 hūnmí v. be comatose 昏迷不醒；昏迷过去
1814 婚纱 hūnshā n. wedding dress 一件婚纱；穿上婚纱
1815 婚姻 hūnyīn n. marriage 婚姻生活；婚姻关系
1816 浑身 húnshēn n. whole body 浑身上下；浑身难受
1817 魂 hún n. soul 诗魂；民族魂
1818 混凝土 hùnníngtǔ n. concrete 用混凝土铺路
1819 混淆 hùnxiáo v. mix up, confuse 混淆黑白；混淆是非
1820 混浊 hùnzhuó adj. turbid 混浊的空气；混浊的河水

从1801～1810中选择合适的词语填空 Choose the right words from 1801-1810 and fill in the blanks.

1. 一条条小河_____成大河。
2. 那次失败_____了他所有的希望。
3. 他把材料_____在一起进行研究。
4. 两国领导人在北京进行了正式_____。
5. 他_____地看了我一眼，接着把我们商量好的话讲给了大家听。

从1811～1820中选择合适的词语填空 Choose the right words from 1811-1820 and fill in the blanks.

6. 他想通过_____领导得到这个出国的机会。
7. 她在车祸中_____了过去，一直没有醒过来。
8. 他们结婚以后，_____生活十分幸福。

9. 我感冒了，_____上下都觉得没有力气。
10. 不要_____是非，错了就要勇敢承认。

第2部分　Part 2

1821 豁　huō　v.　slit, open; give up, sacrifice　豁了一个口子；杯口豁了；就是豁出一年时间也得把它做好

1822 豁出去　huō//chuqu　be ready to risk everything　没更好的办法了，我们这次只好豁出去试试了。

1823 活该　huógāi　v.　serve sb. right　他不讲诚信，现在没人帮他，他活该如此。

1824 活期　huóqī　adj.　current　活期存款；存活期

1825 活儿　huór　n.　work; product　干活儿；出活儿

1826 火暴　huǒbào　adj.　fiery　火暴的脾气

1827 火锅　huǒguō　n.　hotpot　吃火锅；羊肉火锅

1828 火候　huǒhou　n.　duration and degree of heating, cooking, smelting, etc.; level of attainment　想做好这道菜，火候很重要；他的书法到火候了

1829 火花　huǒhuā　n.　spark　生命的火花；打出火花

1830 火炬　huǒjù　n.　torch　奥运火炬手；传递火炬

1831 火辣辣　huǒlàlà　adj.　burning (hot); bold and resolute; hurting as if burnt　火辣辣的阳光；火辣辣的性格；火辣辣地疼

1832 火热　huǒrè　adj.　burning hot; fervent　火热的太阳；火热的心

1833 火山　huǒshān　n.　volcano　一座火山；活火山

1834 火速　huǒsù　adv.　at top speed　火速行动；火速完成

1835 火焰　huǒyàn　n.　flame　燃烧的火焰；扑灭火焰

1836 火药　huǒyào　n.　gunpowder　发明火药；使用火药

1837 伙食　huǒ·shí　n.　food　伙食费；改善伙食

1838 或多或少　huòduō-huòshǎo　more or less　或多或少会受影响；或多或少了解一点儿

1839 货币　huòbì　n.　currency　电子货币；货币单位

1840 货车　huòchē　n.　truck　一辆小货车；驾驶货车

从 1821～1830 中选择合适的词语填空　Choose the right words from 1821-1830 and fill in the blanks.

1. 我们_____了，决心跟他们干到底。
2. 他谎话连篇，_____如此，谁想跟他做朋友？
3. 您在我们银行的存款是_____的，随时可以取。
4. 他干了一天的_____，还没吃上饭。
5. 这个菜正到_____，真好吃！

从 1831～1840 中选择合适的词语填空　Choose the right words from 1831-1840 and fill in the blanks.

6. 太热了，中午出门，太阳_____的。
7. 他_____的话语点燃了在场每一个人心中的热情。
8. 他们把受伤的人_____送到了医院。

9. 火山喷出红红的_____和岩浆。
10. 学校食堂不但有各种肉菜，还有很多素菜和新鲜水果，_____很不错。

第3部分　Part 3

1841	货物	huòwù	n.	goods	进出口货物；运输货物
1842	货运	huòyùn	n.	freight transport	货运车辆；货运业务
1843	获胜	huòshèng	v.	win	昨天的比赛结果是3∶0，我们队获胜了。
1844	获悉	huòxī	v.	learn, hear of	本报记者获悉；日前获悉
1845	祸害	huòhai	n.	scourge	很多父母觉得网络游戏是个祸害，它让很多孩子沉迷其中。
			v.	damage	祸害别人
1846	霍乱	huòluàn	n.	cholera	霍乱患者；出现霍乱
1847	豁达	huòdá	adj.	generous and open-minded	豁达的态度；他十分豁达，不会在意这些小事情
1848	几率	jīlǜ	n.	probability	几率大；获胜的几率
1849	讥笑	jīxiào	v.	sneer at	不要讥笑别人；讥笑他字写得不好看
1850	饥饿	jī'è	adj.	hungry	饥饿难忍；饥饿的人
1851	机舱	jīcāng	n.	cabin	机舱里；飞机机舱
1852	机动	jīdòng	adj.	flexible	机动时间；机动力量
1853	机灵	jīling	adj.	clever	机灵的孩子；机灵的小猴子爬到树上摘桃子吃
1854	机密	jīmì	adj.	confidential	机密文件；机密任务
			n.	secret	国家机密；最高机密
1855	机智	jīzhì	adj.	quick-witted	机智的士兵打败了敌人；表现机智
1856	肌肤	jīfū	n.	skin	肌肤干燥；呵护肌肤
1857	积	jī	v.	accumulate	积水；积雪
1858	积淀	jīdiàn	v.	accumulate and settle	这些经典文学作品积淀着人类的智慧和力量。
			n.	accumulation	历史的积淀；艺术积淀
1859	积蓄	jīxù	v.	save	积蓄力量；积蓄一笔钱
			n.	savings	有积蓄；一生的积蓄
1860	基本功	jīběngōng	n.	basic skill	练好基本功；舞蹈基本功

从1841～1850中选择合适的词语填空　Choose the right words from 1841-1850 and fill in the blanks.

1. 他用那辆小货车运输_____。
2. 我们队差点儿_____，就差一个球。
3. 她从报纸上_____了这一事件，非常吃惊。
4. 刘先生为人十分_____，不会把这件事放在心上。
5. 别人有缺点，我们要热心帮助他改正，不应_____他。

从 1851～1860 中选择合适的词语填空　Choose the right words from 1851-1860 and fill in the blanks.

6. _____里的灯在飞机降落时会变暗。
7. 那个女孩儿挺_____的，很多东西一学就会。
8. 路上_____了不少雪，开车慢点儿。
9. 这笔钱你们可以根据情况_____使用。
10. 每一种文化都是人类智慧长期_____形成的财富。

◎ 重点词语　Focus words

1. 绘声绘色

形容叙述或描写生动逼真。例如：

（1）她绘声绘色地把学校发生的事情讲给妈妈听。
（2）他每次讲故事都绘声绘色的，大家都喜欢听。

2. 豁出去

表示不惜付出任何代价。例如：

（1）为了帮助她，我们豁出去了。
（2）事情已经到这个地步了，我也只好豁出去了。

3. 活该

动词，常用在口语中，表示应该这样，一点儿也不值得可惜。例如：

（1）他平时不努力学习，活该考试不及格。
（2）谁让她总是骗我们，朋友都离开她了，活该如此。

4. 活儿

名词，表示工作，一般指体力劳动的工作。例如：农活儿、重活儿、粗活儿。

（1）我干了一天活儿，累死了。
（2）种植花卉是一个细活儿。

还可以表示产品。例如：

（3）这一批活儿做得非常好。
（4）他们出活儿很快。

5. 或多或少

"或A或B"，"A"和"B"是意思相反的形容词，整个格式表示选择关系。例如：或多或少、或快或慢、或长或短。

（1）关于这件事，他或多或少知道些什么。
（2）虽然写文章有点儿难，不过或长或短你都应该试着写一写。

◎ 速练　Quick practice

一、选择合适的词语填空　Choose the right words and fill in the blanks.

（一）　　　A. 绘声绘色　B. 或多或少　C. 毁坏　D. 汇聚　E. 会面　F. 会诊

1. 专家_____以后提出了根治这种疾病的方法。
2. 她_____地描述了事情的经过。
3. 有个游客_____了古迹，受到了法律的惩罚。
4. 他们来中国以前_____都学过一点儿汉语。
5. 从四面八方来的人_____在一起庆祝新年。

（二）　　　A. 火候　B. 货车　C. 火山　D. 祸害　E. 几率　F. 积蓄

1. 运输农产品的_____可以走绿色通道。
2. 他的书法作品练到_____了。
3. 他做了这么多坏事，真是一个_____。
4. 虽然遇到了困难，但是他们成功的_____很大。
5. 这是一座活_____，随时可能爆发。

二、选择合适的词语完成句子　Choose the right words to complete the sentences.

1. 当警察抓住那个罪犯时，他还想_____证据。
   A. 毁　　　B. 毁灭　　　C. 悔恨　　　D. 混淆
2. 他把很多资料_____在一起进行分析。
   A. 汇合　　B. 汇集　　　C. 汇聚　　　D. 聚会
3. 他们的_____生活看起来非常平淡，却很幸福。
   A. 结婚　　B. 婚纱　　　C. 婚姻　　　D. 婚礼
4. 人多，空气有些_____，把窗户打开吧。
   A. 混浊　　B. 混淆　　　C. 混合　　　D. 混乱
5. 他性格十分_____，千万别惹他生气。
   A. 火暴　　B. 火热　　　C. 机灵　　　D. 机智
6. 司机师傅，你打算把这些_____拉到哪里去？
   A. 货车　　B. 货币　　　C. 货运　　　D. 货物
7. 妈妈让她留了一些现金在身上，遇到意外情况时_____使用。
   A. 机灵　　B. 机智　　　C. 机密　　　D. 机动

三、将词语填入句中合适的位置　Choose the appropriate location for the words.

1. A 他 B 把大部分 C 都存 D 在银行里了。（积蓄）
2. A 民俗 B 文化是 C 慢慢 D 形成的。（积淀）
3. A 我 B 亲眼看见他走进 C 来 D 了，怎么不见了？（会场）
4. 他们把那个 A 昏迷的人 B 送 C 到了 D 附近的医院。（火速）

第32单元　Unit 32

◎速记　Quick memory

第1部分　Part 1

1861 基层　jīcéng　*n.*　grassroots　基层工作；深入基层
1862 基因　jīyīn　*n.*　gene　遗传基因；致癌基因
1863 基于　jīyú　*prep.*　based on　基于事实；基于以上考虑
1864 基准　jīzhǔn　*n.*　benchmark　基准价格；基准汇率；以……为基准
1865 畸形　jīxíng　*adj.*　malformed　发育畸形；畸形发展
1866 激发　jīfā　*v.*　inspire　激发想象力；激发热情
1867 激光　jīguāng　*n.*　laser　激光手术；激光技术
1868 激化　jīhuà　*v.*　intensify, become acute　激化矛盾；激化冲突
1869 激活　jīhuó　*v.*　activate　激活软件；激活民众购买力
1870 激励　jīlì　*v.*　impel, encourage　自我激励；互相激励；在……的激励下
1871 激起　jīqǐ　*v.*　arouse　激起极大的愤怒；激起人民不满；一石激起千层浪
1872 激素　jīsù　*n.*　hormone　生长激素；激素治疗
1873 及　jí　*conj.*　used to join two or more nouns/noun phrases, usually with the one following "及" subordinate in meaning　家长、老师及学生本人应相互配合，共同进步。
1874 及其　jí qí　and (its/their/his/her)　绿色发展理念及其实践在促进经济发展的同时，也实现了人与自然的和谐共存。
1875 及早　jízǎo　*adv.*　as soon as possible　及早开始；及早培养
1876 吉普　jípǔ　*n.*　jeep　一辆吉普；开吉普；吉普车
1877 吉他　jítā　*n.*　guitar　一把吉他；弹吉他
1878 吉祥物　jíxiángwù　*n.*　mascot　奥运会的吉祥物；在当地，大象被人们视为吉祥物
1879 级别　jíbié　*n.*　rank, level　干部级别；安全级别；级别高/低
1880 极度　jídù　*adv.*　extremely　极度自信；极度兴奋

从 1861～1870 中选择合适的词语填空　Choose the right words from 1861-1870 and fill in the blanks.

1. 这几年，影视行业过度依赖广告收益，造成市场的_____发展。
2. 我得出这个结论是_____以下事实。
3. 后来，双方的误会逐渐加深，矛盾不断_____。
4. 这一轮改革必须以公平分配为_____。
5. 购买正版软件后，用户需要输入_____码来完成注册。

从 1870～1880 中选择合适的词语填空　Choose the right words from 1871-1880 and fill in the blanks.

6. 他_____缺乏安全感，总爱胡思乱想，觉得别人要害自己。
7. 有病要_____去医院，不要耽误病情。
8. 这是您的房卡_____早餐券，祝您入住愉快！

9. 这次读书会＿＿＿＿＿＿＿了同学们学习、研究动植物的兴趣。
10. 王爷爷虽然是＿＿＿＿＿＿＿很高的老干部，可是在吃穿住行上都很普通。

第 2 部分　Part 2

1881 极力　jílì　*adv.*　extremely, (exert oneself) to the utmost　极力反对；极力阻止
1882 极少数　jí shǎoshù　very few　极少数人；极少数企业
1883 极为　jíwéi　*adv.*　extremely　极为重要；极为痛苦
1884 极限　jíxiàn　*n.*　limit, maximum　超过极限；达到极限；极限挑战
1885 即　jí　*adv.*　immediately, at once　招之即来，挥之即去；有过即改
1886 即便　jíbiàn　*conj.*　even if　即便是很小的事情，他也会用心完成。
1887 即可　jíkě　*v.*　be able to, be sufficient　略加修改即可过关；了解大概情况即可
1888 急剧　jíjù　*adj.*　sudden, rapid　急剧下降；急剧减少；发生急剧变化
1889 急迫　jípò　*adj.*　urgent　形势急迫；呼吸急迫
1890 急性　jíxìng　*adj.*　acute　急性传染病；急性腹泻
1891 急需　jíxū　*v.*　urgently need　急需资金；急需帮助
1892 急于　jíyú　*v.*　be eager to　急于表态；急于回家
1893 急诊　jízhěn　*v.*　give emergency treatment　高烧不退的病人应立即到医院急诊。
　　　　　　　　　　n.　emergency treatment　看急诊；急诊科
1894 急转弯　jízhuǎnwān　turn sharply　汽车突然急转弯；90度急转弯
1895 棘手　jíshǒu　*adj.*　troublesome, tough　棘手的局面；工作棘手
1896 集会　jíhuì　*n.*　assembly　举行集会；大型集会
　　　　　　　　　　v.　assemble　集会反对；禁止非法集会
1897 集结　jíjié　*v.*　mass, muster　集结军队；大批士兵在城外集结
1898 集邮　jí//yóu　collect stamps　爱好集邮；集邮的乐趣
1899 集装箱　jízhuāngxiāng　*n.*　container　集装箱码头；采用集装箱运输
1900 集资　jízī　*v.*　raise funds　集资建房；为工程集资

从 1881～1890 中选择合适的词语填空　Choose the right words from 1881-1890 and fill in the blanks.

1. 这道题没有标准答案，只要说得有道理、有说服力＿＿＿＿＿＿＿。
2. 现在形势很＿＿＿＿＿＿＿，需要有个人来主持大局。
3. 随着国庆节的临近，中短途火车票的搜索量＿＿＿＿＿＿＿上升。
4. 我＿＿＿＿＿＿＿想让自己平静下来，可就是做不到。
5. 听到母亲去世的消息，他的内心＿＿＿＿＿＿＿悲痛。

从 1891～1900 中选择合适的词语填空　Choose the right words from 1891-1900 and fill in the blanks.

6. 这个问题太＿＿＿＿＿＿＿了，大家都毫无办法。
7. 今天我们在这里隆重＿＿＿＿＿＿＿，举行新学期开学典礼。
8. 车开慢一点儿，前面有个＿＿＿＿＿＿＿。
9. 遇到事情不要＿＿＿＿＿＿＿下结论，要学会等一等。
10. 公司现在＿＿＿＿＿＿＿一笔资金摆脱目前的困境。

第3部分　Part 3

1901 **嫉妒**　jídù　v.　be jealous of　嫉妒别人；遭人嫉妒
1902 **挤压**　jǐyā　v.　squeeze　挤压海绵；受到挤压
1903 **脊梁**　jǐ·liáng　n.　back (of a human body); a metaphor for someone who plays an intermediary role in a country, nation, or group　挺直脊梁；民族的脊梁
1904 **计**　jì　n.　plan, stratagem　百年大计；计上心来；中计了
　　　　　　　　v.　count　不计成本；计时
1905 **计策**　jìcè　n.　stratagem　想出一个好计策
1906 **计较**　jìjiào　v.　bother about　计较得失；过分计较考试名次
1907 **计时**　jìshí　v.　reckon by time, time　计时器；计时准确；倒数计时
1908 **记号**　jìhao　n.　mark　刻下记号；做记号
1909 **记忆犹新**　jìyì-yóuxīn　remain fresh in one's memory　至今记忆犹新；对那件事情记忆犹新
1910 **纪录片**　jìlùpiàn　n.　documentary　一部纪录片；拍摄纪录片
1911 **纪念碑**　jìniànbēi　n.　monument　人民英雄纪念碑；建造纪念碑
1912 **纪念馆**　jìniànguǎn　n.　memorial hall　一座纪念馆；参观纪念馆
1913 **纪念日**　jìniànrì　n.　anniversary　结婚纪念日；庆祝纪念日
1914 **纪实**　jìshí　v.　record things as they are　纪实小说；纪实影片
　　　　　　　　n.　record of actual events　运动会纪实
1915 **技艺**　jìyì　n.　skill　技艺高超；足球技艺
1916 **忌**　jì　v.　avoid; give up　忌甜食；切忌晃动；忌烟
1917 **忌讳**　jì·huì　v.　treat as a taboo; abstain from　过年过节时忌讳说不吉利的话；气管炎患者忌讳抽烟
　　　　　　　　n.　taboo　犯忌讳
1918 **忌口**　jì//kǒu　avoid certain food (as when one is ill)　高血压患者要想健康必须学会忌口。
1919 **剂**　jì　n.　small piece of dough　剂子；面剂儿
　　　　　　　　m.　used of concoctions of herbal medicine　一剂中药
1920 **迹象**　jìxiàng　n.　sign　可喜的迹象；有迹象表明

从 1901～1910 中选择合适的词语填空　Choose the right words from 1901-1910 and fill in the blanks.

　1. 他为人大气，即使你得罪过他，他也不会_____的。
　2. 他在每道错题前都用红笔做了_____。
　3. 那时的经历，我如今仍然_____。
　4. 从工程开工第一天起，我们就进入了倒_____状态，工人们24小时轮换施工。
　5. 《白雪公主》里的王后_____白雪公主的美丽。

从 1911～1920 中选择合适的词语填空　Choose the right words from 1911-1920 and fill in the blanks.

　6. 这是一篇_____小说，里面的故事和人物都是有原型的。

7. 每个国家或民族都有自己喜爱或_____的数字。
8. 吃这药需要_____的食物很多，这不能吃那不能吃，真麻烦。
9. 他们刚刚过完 10 周年结婚_____。
10. 人民英雄_____位于北京天安门广场。

◎ **重点词语** Focus words

1. 基于

介词，表示以某种事物作为前提或基础。例如：
（1）这个新方案是基于什么理论做出来的？为什么这么做呢？
（2）国际中文教育应建立一套基于中文特色的教学模式。
（3）基于以上理由，我不赞成他的意见。

2. 及

连词，用来连接并列的名词或名词性短语，主要的成分一般放在"及"的前面。例如：
（1）教师、家长及学生都参加了此次会议。
（2）主要内容包括校内的文化、体育和科技等活动及校外社会实践活动。

3. 极为

副词，表示程度达到极点。例如：
（1）对王教授，我一向极为尊敬。
（2）城市地理学在中国有着极为广阔的发展前景。
（3）心理暗示在生活中极为常见，个体无意识接受了某种暗示，从而做出相应的反应。

4. 即

副词，相当于"就"，多用于书面语。例如：
（1）出现问题不怕，有错即改即可。
（2）和老王打过交道的人都忘不了他那张口即来的笑话。
（3）这种巧克力很薄，入口即化。

◎ **速练** Quick practice

一、选择合适的词语填空　Choose the right words and fill in the blanks.

（一）　　A. 激发　B. 纪录片　C. 激励　D. 畸形　E. 吉祥物　F. 极度

1. 教师工作的核心是_____学生对知识的渴望。
2. 他拍摄了一部关于中国美食的_____。
3. 失败对弱者是一种打击，对强者是一种_____。
4. 他小时候得了一种怪病，导致全身_____。
5. 电视台拍摄了一部以奥运_____为主角的电视剧。

177

（二）　　　　A.基层　B.激光　C.计策　D.挤压　E.即便　F.集资

1. 父母的爱就像阳光，_____在寒冷的冬天也能让你感受到温暖。
2. _____技术广泛应用于生产、生活的各个方面。
3. 我倒有个_____，说出来供大家参考。
4. 现在很多大学毕业生都愿意下_____去工作。
5. 警察到事故现场后发现，车头和车门严重_____变形，好在司机没受重伤。

二、选择合适的词语完成句子　Choose the right words to complete the sentences.

1. 冬天开车前最好先暖暖车，千万不要上车_____走。
   A. 才　　　　B. 即　　　　C. 再　　　　D. 已
2. 武汉是中国中部地区的中心城市，形成了铁路、公路、水路、航空综合交通网，交通_____便利。
   A. 极了　　　B. 极不　　　C. 极为　　　D. 极力
3. 外出旅游只要事先做好计划，_____吃住都很简单，也可以玩儿得很尽兴。
   A. 即　　　　B. 既然　　　C. 即便　　　D. 既
4. 两人组成家庭，最_____的是不互相信任。
   A. 忌口　　　B. 忌　　　　C. 忌讳　　　D. 妒忌
5. 你所说的理论全部_____你的假设。
   A. 关于　　　B. 在于　　　C. 处于　　　D. 基于
6. 这里气候干燥，水资源_____缺乏。
   A. 极度　　　B. 极端　　　C. 及其　　　D. 极了
7. 这座纪念馆是当地村民_____修建的。
   A. 集中　　　B. 集合　　　C. 集资　　　D. 筹集

三、将词语填入句中合适的位置　Choose the appropriate location for the words.

1. A 中医院的 B 老中医给他开了 C 几 D 中药。（剂）
2. 这项调查的目的 A 是了解独居老人的 B 生活自理能力 C 影响 D 因素。（及其）
3. 这个著名的 A 青少年 B 运动 C 训练 D 营成立于 2010 年。（极限）
4. 一味地降价 A 销售，不仅不能有效 B 市场，反而 C 会让消费者 D 产生等待观望心态。（激活）

第33单元　Unit 33

◎速记　Quick memory

第1部分　Part 1

1921 继　jì　v.　continue　夜以继日；相继问世
1922 继而　jì'ér　conj.　then　她先是一惊，继而放声大哭。
1923 继父　jìfù　n.　stepfather　他由生母和继父抚养成人。
1924 继母　jìmǔ　n.　stepmother　白雪公主的继母十分恶毒。
1925 祭　jì　v.　offer sacrifices　祭品；祭文；祭礼；祭神
1926 祭奠　jìdiàn　v.　hold a memorial ceremony for　祭奠英雄；祭奠死者；用传统的方式祭奠；到墓前祭奠
1927 祭祀　jìsì　v.　offer sacrifices to gods or ancestors　祭祀活动；民间祭祀；祭祀天地
1928 寄托　jìtuō　v.　place (hope, etc.) on　把希望寄托在年轻人身上。
1929 寂静　jìjìng　adj.　quiet　寂静的村庄；寂静无声
1930 寂寞　jìmò　adj.　lonely　感到寂寞；一个寂寞的夜晚
1931 加紧　jiājǐn　v.　intensify, speed up　加紧复习；加紧生产
1932 加剧　jiājù　v.　aggravate　疼痛加剧；矛盾进一步加剧
1933 加深　jiāshēn　v.　deepen　加深了解；加深印象；逐步加深
1934 加重　jiāzhòng　v.　make or become heavier or more serious　病情加重；加重语气；加重心脏负担
1935 佳节　jiājié　n.　joyous festival　新春佳节；和家人共度佳节
1936 家伙　jiāhuo　n.　tool, utensil; weapon; fellow, guy　我家里有不少做菜用的家伙；拿出家伙奔了过去；老家伙；坏家伙；你这个家伙
1937 家家户户　jiājiāhùhù　n.　every family　春节快到了，家家户户都忙着准备年货。
1938 家教　jiājiào　n.　family education; private tutor　家教严格；有家教；我给一个小学生当家教
1939 家境　jiājìng　n.　family circumstances　家境富裕；家境贫困
1940 家禽　jiāqín　n.　poultry　这里的家禽养殖已经形成了产业和特色。

从1921～1930中选择合适的词语填空　Choose the right words from 1921-1930 and fill in the blanks.

1. 他小时候父母就离婚了，他和妈妈、_____生活在一起。
2. 当觉得生活_____无聊的时候，你就读书吧。
3. 我用文字_____我的青春，纪念我的爱情。
4. 春节的风俗习惯据说起源于农业_____。
5. 别把所有的希望都_____在一个人身上。

从1931～1940中选择合适的词语填空　Choose the right words from 1931-1940 and fill in the blanks.

6. 这家市场的食品种类丰富，包括鲜肉、_____、鱼、水果、蔬菜等。
7. 刚读大一时，小何跟其他同学一样，想做_____赚点儿生活费。

8. 那个_____很不老实,你得提防着点儿他。
9. 为了迎接奥运会,运动员们正_____训练。
10. _____富裕的他,体会不到生活的艰难。

第 2 部分　Part 2

1941　家用　jiāyòng　n.　family expenses　补贴家用;维持家用
　　　　　　　　　　　　adj.　domestic　家用电器;家用电脑
1942　家喻户晓　jiāyù-hùxiǎo　known to all　《论语》在中国家喻户晓。
1943　家政　jiāzhèng　n.　housekeeping　家政服务;家政中心;做家政
1944　家族　jiāzú　n.　family, clan　大家族;家族的历史;家族观念
1945　嘉年华　jiāniánhuá　n.　carnival　国际音乐嘉年华;举办大型户外啤酒嘉年华
1946　假定　jiǎdìng　v.　assume　假定不考虑其他因素;假定的前提条件
1947　假冒　jiǎmào　v.　pose as, pass off as　假冒产品;假冒名牌
1948　假设　jiǎshè　v.　assume; make up　假设计划成功;假设一个前提
　　　　　　　　　　　n.　hypothesis　基于假设;提出假设
1949　假使　jiǎshǐ　conj.　if　假使你同意,我们明天一早就出发。
1950　假装　jiǎzhuāng　v.　pretend　假装生病;假装吃惊;表面上假装接受
1951　价位　jiàwèi　n.　price　以合理价位出售;理想价位
1952　价值观　jiàzhíguān　n.　values　核心价值观;传统的价值观
1953　驾　jià　v.　drive　驾飞机;驾着摩托
1954　驾车　jià chē　drive a vehicle　严禁酒后驾车
1955　驾驭　jiàyù　v.　control　难以驾驭;驾驭全局;驾驭不了
1956　架势　jiàshi　n.　posture　摆好架势;拉开架势;做出一副要进攻的架势
1957　架子　jiàzi　n.　shelf; framework; airs, haughty manner　书架子;搭好论文的架子;他从来不摆架子
1958　嫁　jià　v.　(of a woman) marry　嫁女儿;嫁给他
1959　嫁妆　jiàzhuang　n.　dowry　一份嫁妆;丰厚的嫁妆;准备嫁妆
1960　尖端　jiānduān　n.　pointed end　毛笔的尖端;手指尖端
　　　　　　　　　　　adj.　most advanced　尖端产品;尖端技术

从 1941～1950 中选择合适的词语填空　Choose the right words from 1941-1950 and fill in the blanks.

1. "夏日音乐_____"大型活动将在下周举行。
2. 她_____哭了起来,是想引起大家的同情。
3. 这种_____吸尘器在市场上非常畅销。
4. 这些产品都是_____的,我们已经报警了。
5. "盲人摸象"的故事在中国几乎是_____。

从 1951～1960 中选择合适的词语填空　Choose the right words from 1951-1960 and fill in the blanks.

6. 爸爸为出嫁的女儿准备了一份丰厚的_____。
7. 他具备_____市场、抓住机遇、勇于创新的能力。

8. 他性格温和，没有名人的_____。
9. 这类复合塑料材料可以用于航天航空等_____产业。
10. 他慢慢站起来，做出送客的_____。

第3部分　Part 3

1961 尖锐　jiānruì　adj.　sharp; (of debate, etc.) intense　尖锐物体；尖锐的斗争；尖锐地指出
1962 奸诈　jiānzhà　adj.　crafty, treacherous　为人奸诈；奸诈的手段
1963 歼灭　jiānmiè　v.　annihilate　歼灭敌人；全部歼灭
1964 坚持不懈　jiānchí-búxiè　persistent　坚持不懈的努力
1965 坚韧　jiānrèn　adj.　firm and tenacious　坚韧的质地；性格坚韧
1966 坚实　jiānshí　adj.　solid　打下了坚实的基础；迈出坚实的一步
1967 坚守　jiānshǒu　v.　stick to　坚守岗位；坚守信念；长期坚守在工作一线
1968 坚信　jiānxìn　v.　firmly believe　坚信真理；坚信不疑
1969 坚硬　jiānyìng　adj.　hard　坚硬的石头；坚硬的刺
1970 肩膀　jiānbǎng　n.　shoulder　宽阔的肩膀；拍肩膀；站在巨人的肩膀上
1971 肩负　jiānfù　v.　shoulder, undertake　肩负起重任；肩负养家的责任
1972 艰巨　jiānjù　adj.　arduous　任务艰巨；艰巨的工作
1973 艰苦奋斗　jiānkǔ-fèndòu　work hard and perseveringly　经过多年的艰苦奋斗，公司的新产品开发取得了重大的成就。
1974 艰险　jiānxiǎn　adj.　difficult and dangerous　不怕艰险；山路艰险
1975 艰辛　jiānxīn　adj.　hard　艰辛的劳动；艰辛创业
1976 监察　jiānchá　v.　supervise　监察机关；加强市场监察工作
1977 监管　jiānguǎn　v.　supervise and control　加强市场监管；监管物价
1978 监护　jiānhù　v.　serve as a guardian; observe and nurse　监护人；监护病人
1979 监控　jiānkòng　v.　monitor; supervise and control　监控设备；监控质量；严密监控
1980 监视　jiānshì　v.　keep watch on　监视敌人的行动；监视他们的一举一动；密切监视

从1961～1970中选择合适的词语填空　Choose the right words from 1961-1970 and fill in the blanks.

1. 敌人已经被我方军队全部_____。
2. 这件事要_____地长期做下去。
3. 报告会后开始现场提问，学生们的问题提得_____、深刻。
4. 经济的稳定增长为商品市场的发展提供了_____的基础。
5. 兴趣是最好的老师，我一直_____这一点。

从1971～1980中选择合适的词语填空　Choose the right words from 1971-1980 and fill in the blanks.

6. 他善于从最简单的地方开始去做_____而复杂的工作。
7. 科学家不应只埋头做研究，还应_____起对社会的责任。
8. 这份工作的_____只有他本人知道。

9. 医院对病人进行 24 小时_____。
10. 工作条件越差,我们越要发扬_____的精神。

◎ **重点词语** Focus words

1. 继而

连词,表示紧接着某个情况或动作之后。例如:

(1)为了身体健康,他先是戒了烟,继而戒了酒。
(2)大家先是一惊,继而露出不解的神情:这到底是怎么回事呢?
(3)了解到这些,我很气愤,继而一想又觉得自己当初的决定是正确的。

2. 家喻户晓

表示每家每户都知道,形容人人都知道。例如:

(1)烤鸭几乎是家喻户晓、人人皆知的北京特色美食。
(2)这部电影 20 世纪 80 年代初在中国可谓是家喻户晓。
(3)一夜之间,这个 12 岁的小男孩儿成了家喻户晓的童星。

3. 假使

连词,意思是"如果",常与副词"便"搭配使用,多用于书面语。例如:

(1)假使有一点点机会,我便会全力争取。
(2)假使你懂得了微笑,你便懂得了生活。
(3)假使这样的假冒产品流入市场,后果将不堪设想。

4. 坚持不懈

表示坚持到底,精神上不松弛。例如:

(1)这项研究要坚持不懈地长期做下去。
(2)我们相信,经过坚持不懈的努力,我们的工作一定会取得新的突破。
(3)靠着这种长期的、坚持不懈的观察,他揭开了动物世界种种有趣的秘密。

◎ **速练** Quick practice

一、选择合适的词语填空　Choose the right words and fill in the blanks.

(一)　　A. 继而　B. 继母　C. 寂静　D. 假装　E. 坚守　F. 家族

1. 他一直不开口,_____自己什么都不知道。
2. 白雪公主被_____赶出去后,和七个小矮人生活在一起。
3. 京剧是中国戏剧大_____中的杰出代表。
4. 夜深了,曾经热闹的广场变得十分_____。
5. 他虽然身患重病,但一直_____在自己的工作岗位上。

(二)　　A. 加重　B. 佳节　C. 家家户户　D. 家教　E. 价值观　F. 价位

1. 小明一看就是一个很有_____的孩子,对人彬彬有礼。

2. "每逢_____倍思亲"的意思是每当遇到美好的节日，就会更加思念亲人。

3. 要过年了，_____都把屋里屋外打扫得干干净净，准备迎接新年。

4. 糟糕的天气_____了他的病情。

5. 人与人交流时，不同文化背景、不同_____、不同语言都可能会造成误解。

二、选择合适的词语完成句子　Choose the right words to complete the sentences.

1. 战争_____了原本已经很严重的经济危机。
   A. 加深　　　　B. 加紧　　　　C. 加剧　　　　D. 加速

2. _____你在做决定前有所犹豫，就给我打电话。
   A. 假装　　　　B. 即使　　　　C. 假定　　　　D. 假使

3. 你为什么要将自己的命运_____在别人身上呢？
   A. 寄　　　　　B. 寄托　　　　C. 放　　　　　D. 存放

4. 作为父母，应该学会放下大人的_____，学会听孩子讲他们内心真实的想法。
   A. 架势　　　　B. 架子　　　　C. 样子　　　　D. 样式

5. 年轻教师在工作中，应该结合实际反复学习教育学，不断_____对理论知识的理解。
   A. 加大　　　　B. 加盟　　　　C. 加深　　　　D. 加剧

6. 人们从喜悦到绝望，_____变得愤怒。
   A. 继而　　　　B. 继续　　　　C. 从而　　　　D. 后续

7. 顾客买东西时会对商品进行比较，选择他们认为_____适中的商品。
   A. 物价　　　　B. 价位　　　　C. 价值　　　　D. 代价

三、将词语填入句中合适的位置　Choose the appropriate location for the words.

1. 我现在 A 不知道怎么 B 面对他，我没办法 C 那件事 D 没发生过。（假装）
2. 大学四年的 A 专业 B 学习为她如今开展 C 工作奠定了 D 基础。（坚实的）
3. A 经常 B 按摩、C 按压小指 D 有利于心脏健康。（尖端）
4. A 你连自己 B 都不爱 C，又怎么 D 爱别人呢？（假使）

第34单元　Unit 34

◎速记　Quick memory

第1部分　Part 1

1981 监狱　jiānyù　n.　prison　蹲监狱；关进监狱
1982 兼　jiān　v.　hold two or more things concurrently　兼而有之；经理兼工程师
1983 兼顾　jiāngù　v.　give consideration to two or more things　公私兼顾；兼顾事业与家庭
1984 兼任　jiānrèn　v.　hold a concurrent post　由董事会成员兼任经理
1985 兼容　jiānróng　v.　be compatible　与本设备兼容；完全兼容
1986 兼职　jiānzhí　n.　part-time job　他辞去了全部社会兼职，专心搞研究。
1987 煎　jiān　v.　fry in shallow oil; simmer in water　煎蛋；煎熟；煎药
1988 拣　jiǎn　v.　choose, pick　拣个好日子登记结婚。
1989 检察　jiǎnchá　v.　(esp. of a procuratorial organ) perform procuratorial work　检察官；人民检察院
1990 检讨　jiǎntǎo　v.　make self-criticism　自我检讨；做检讨
1991 减免　jiǎnmiǎn　v.　exempt and reduce (tax etc.)　减免关税；减免学费；得到减免
1992 减弱　jiǎnruò　v.　weaken　风力减弱；逐渐减弱
1993 减速　jiǎn//sù　slow down　慢慢减速；逐渐减速到静止
1994 减压　jiǎnyā　v.　decompress, reduce pressure　减压运动；给孩子减减压
1995 简称　jiǎnchēng　v.　be abbreviated to　可以把北京大学简称为"北大"
　　　　　　　　　　n.　abbreviation　环保是环境保护的简称。
1996 简短　jiǎnduǎn　adj.　brief　简短的发言；简短而精彩的讲话
1997 简化　jiǎnhuà　v.　simplify　简化程序；进一步简化
1998 简洁　jiǎnjié　adj.　terse, concise　简洁的装饰；表达简洁
1999 简陋　jiǎnlòu　adj.　simple and crude　简陋的房子；条件简陋
2000 简体字　jiǎntǐzì　n.　simplified Chinese character　简体字是由繁体字经过简化而成的，书写起来更方便。

从1981～1990中选择合适的词语填空　Choose the right words from 1981-1990 and fill in the blanks.

1. 他做工作总爱挑肥_____瘦，大家都不愿意和他共事。
2. 课程资源建设应该_____教师和学生的需要。
3. 两个蛋，双面_____，不要_____得过熟。
4. 学校的建筑设计_____中西，独具风格。
5. 他出了问题从来不好好_____自己，反而总怪别人。

从1991～2000中选择合适的词语填空　Choose the right words from 1991-2000 and fill in the blanks.

6. 工作方式要_____，但不要简单化。
7. 这所条件_____的乡村学校培养出了很多优秀的学生。

8. 这本书有繁体字和_____对照表。
9. 随着年龄的增长，人心脏跳动的力量会逐渐_____。
10. 考虑到他家庭困难，学校_____了他的部分学费。

第 2 部分　Part 2

2001 简要　jiǎnyào　*adj.*　brief and to the point　简要地介绍；简要回顾；做了简要的说明
2002 简易　jiǎnyì　*adj.*　simple and easy　简易程序；简易的房子
2003 见解　jiànjiě　*n.*　opinion　独特的见解；发表见解
2004 见钱眼开　jiànqián-yǎnkāi　be hungry for money　他是个见钱眼开的家伙，绝对不会错过任何一个赚钱的机会。
2005 见仁见智　jiànrén-jiànzhì　different people, different views　对这个问题的看法，大家见仁见智。
2006 见识　jiànshi　*v.*　widen one's horizons　见识一下儿；见识世界；见识了许多新生事物
　　　　　　　　　　　　n.　knowledge, experience　（增）长见识；有见识
2007 见外　jiànwài　*adj.*　overly polite　你这么说太见外了；别跟我见外
2008 见效　jiànxiào　*v.*　be effective　这种药见效很快；开始见效
2009 见义勇为　jiànyì-yǒngwéi　bravely do what is righteous　见义勇为的行为
2010 见证　jiànzhèng　*v.*　witness　见证这一重要时刻；在场见证
　　　　　　　　　　　　n.　witness, evidence　重要见证；历史是最好的见证
2011 间谍　jiàndié　*n.*　spy　国际间谍；间谍组织
2012 间断　jiànduàn　*v.*　interrupt　从不间断；不间断地工作
2013 间隔　jiàngé　*v.*　separate　间隔一分钟；间隔半米
　　　　　　　　　　　　n.　interval　时间间隔
2014 间隙　jiànxì　*n.*　gap, interval　工作间隙；留出间隙
2015 建交　jiàn//jiāo　establish diplomatic relations　与中国建交；建交五十周年
2016 建树　jiànshù　*v.*　contribute　他在科研领域建树了不凡的成绩。
　　　　　　　　　　　　n.　contribution　在外交方面很有建树；毫无建树
2017 建筑师　jiànzhùshī　*n.*　architect　著名的建筑师；天才建筑师
2018 建筑物　jiànzhùwù　*n.*　building　被毁坏的建筑物；公共建筑物
2019 贱　jiàn　*adj.*　cheap; low　贱卖；贱价；贫贱
2020 健美　jiànměi　*n.*　bodybuilding　健美运动；健美比赛
　　　　　　　　　　　　adj.　vigorous and graceful　健美的肤色；健美的身材

从 2001～2010 中选择合适的词语填空　Choose the right words from 2001-2010 and fill in the blanks.

1. 前几天，我在电视上看到了一则大学生_____的新闻。
2. 老师用几分钟的时间给同学们_____地介绍了这篇文章的主要内容。
3. 旅行可以使人增长_____。
4. 他一时糊涂，_____，偷拿了邻居的钱。
5. 对此问题，人们由于立场不同，观点也是_____。

从 2011～2020 中选择合适的词语填空　Choose the right words from 2011-2020 and fill in the blanks.

　　6. 他每天早上都在公园打太极拳，风雨无阻，几乎从不_____。
　　7. 染发对头发会造成一定的损伤，所以建议大家染发、烫发的_____时间至少为 3 个月。
　　8. 花茶具有缓解紧张情绪的功效，适合工作_____饮用。
　　9. 看到学生们在事业上各有_____，王老师别提有多高兴了。
　　10. 因为急需用钱，他把房子_____价卖了。

第 3 部分　Part 3

2021　健壮　jiànzhuàng　adj.　healthy and strong　健壮的青年；身体健壮
2022　溅　jiàn　v.　splash　汤溅了出来；油溅在衣服上
2023　鉴别　jiànbié　v.　differentiate　鉴别材料；鉴别真假；仔细鉴别
2024　鉴赏　jiànshǎng　v.　appreciate　鉴赏家；鉴赏大自然的美；鉴赏古董
2025　鉴于　jiànyú　prep.　in view of　鉴于此；鉴于以上原因
2026　姜　jiāng　n.　ginger　一块姜；姜片
2027　僵　jiāng　adj.　stiff; deadlocked　冻僵了；把关系弄僵了
2028　僵化　jiānghuà　v.　become rigid　僵化的做法；思想僵化
2029　僵局　jiāngjú　n.　deadlock　打破僵局；陷入僵局
2030　讲解　jiǎngjiě　v.　explain　讲解知识；详细讲解
2031　讲述　jiǎngshù　v.　tell about　讲述人生经历；生动地讲述
2032　讲学　jiǎng//xué　　give/deliver lectures　去国外讲学
2033　奖杯　jiǎngbēi　n.　trophy　一座奖杯；冠军奖杯；获得奖杯
2034　奖牌　jiǎngpái　n.　medal　一块奖牌；争夺冠军奖牌
2035　奖品　jiǎngpǐn　n.　prize　丰厚的奖品；颁发奖品
2036　奖项　jiǎngxiàng　n.　award category/title　设立奖项；赢得无数奖项
2037　降临　jiànglín　v.　befall　危险降临；突然降临
2038　交叉　jiāochā　v.　overlap; alternate　交叉学科；交叉进行
2039　交锋　jiāo//fēng　　have a confrontation　直接交锋；面对面交锋；正面交锋
2040　交付　jiāofù　v.　pay, hand over　交付定金；交付使用；按时交付

从 2021～2030 中选择合适的词语填空　Choose the right words from 2021-2030 and fill in the blanks.

　　1. 妈妈教我包饺子，一边_____一边示范。
　　2. 谈判桌上双方不能达成共识，谈判陷入_____。
　　3. _____他的良好表现，学校撤销了对他的处分。
　　4. 他请专家_____了一下儿这件古董的真假。
　　5. 今天下大雨，汽车开过时_____了我们一身水。

从 2031～2040 中选择合适的词语填空　Choose the right words from 2031-2040 and fill in the blanks.

　　6. 这本书_____了一个奇妙的童话故事，深深地吸引了读者。
　　7. 凡是参加此次比赛的选手，无论名次如何，都有_____。

8. 每个项目比赛完成后都将颁发_____，第一名为金牌，第二名为银牌，第三名为铜牌。
9. 这本小说三个故事_____进行，给人耳目一新的感觉。
10. 在敌强我弱的情况下，我们不能和对手正面_____。

◎**重点词语** Focus words

1. 见仁见智

意思是对于同一个问题，不同的人会有不同的看法，各有各的道理。也可以说"仁者见仁，智者见智"。例如：
（1）关于这个问题，社会各界<u>见仁见智</u>，看法不一。
（2）我们邀请3位专家就有关话题进行了<u>见仁见智</u>的对话。
（3）谈到如何发展，那就要<u>仁者见仁，智者见智</u>了。

2. 鉴于

介词，表示以某种情况为前提加以考虑。例如：
（1）<u>鉴于</u>以上原因，这个方案最好重新设计。
（2）<u>鉴于</u>这条路线拥挤的状况，公交公司增加了一条新的公共汽车线路。
（3）<u>鉴于</u>此，我们就该事件进行了专门的调查。

◎**速练** Quick practice

一、选择合适的词语填空　Choose the right words and fill in the blanks.

（一）　　　A. 建筑师　B. 兼任　C. 兼职　D. 监狱　E. 检察　F. 减速
1. 他辞去了好几个社会_____，一心一意做自己的研究。
2. 人人都是自己人生的_____。
3. 他_____了好几个社会职务，根本忙不过来。
4. _____机关实行严格的保密制度。
5. 这个家伙做了那么多坏事，早该进_____了。

（二）　　　A. 减压　B. 简称　C. 简短　D. 见解　E. 见外　F. 见效
1. 他想的办法真好，很快就_____了。
2. 我们这么多年的朋友，你就别跟我_____了，你有困难我一定帮。
3. 学术上有不同的_____是很正常的事情。
4. 她的讲话虽然_____，却包含了许多深刻的道理。
5. 面对复杂问题时，先要给自己_____，让自己放松下来。

二、选择合适的词语完成句子　Choose the right words to complete the sentences.
1. 这座纪念馆将于今年年底_____使用。
　　A. 交给　　　　B. 交付　　　　C. 交换　　　　D. 提交

2. 他在雪地里站了好久，两条腿都冻_____了。
   A. 凉　　　　　B. 冰　　　　　C. 僵　　　　　D. 冷

3. 他们在山脚搭了几个_____的棚子，准备在那儿过夜。
   A. 简单　　　　B. 简洁　　　　C. 简易　　　　D. 容易

4. 他还年轻，很多事情不知深浅，你别和他一般_____了。
   A. 见外　　　　B. 见识　　　　C. 生气　　　　D. 见解

5. 他难以相信，这种好事居然会_____到自己身上。
   A. 降落　　　　B. 下降　　　　C. 降临　　　　D. 放

6. 开车时，在每个交叉路口或转弯的地方，都应该_____慢行。
   A. 高速　　　　B. 快速　　　　C. 加速　　　　D. 减速

7.《说文解字》_____《说文》，是中国第一部专门研究、解释汉字的书。
   A. 称为　　　　B. 称呼　　　　C. 号称　　　　D. 简称

三、将词语填入句中合适的位置　Choose the appropriate location for the words.

1. 这个系统可以 A 设置为完全 B 手动的，也可以设置为完全 C 自动化的，还可以两者 D 有。(兼)

2. 不少人 A 提出解决 B 纠纷需第三方 C，要不然调解的结果就没有 D 效力。(见证)

3. 小严天天忙于复习 A 备考 B，父母也不 C 打扰他，只是趁着他休息的 D 说上几句话。(间隙)

4. A 你近一年来的良好 B 表现，C 公司决定给你 D 涨薪。(鉴于)

第35单元 Unit 35

◎速记 Quick memory

第1部分 Part 1

2041 **交集** jiāojí v. (of different feelings) be mixed; intersect 百感交集；爱恨交集；几条地铁线路都在这里交集

2042 **交接** jiāojiē v. hand over 工作交接记录；新旧交接；与李校长交接工作

2043 **交界** jiāojiè v. have a common boundary 两省交界处；与河北、河南两省交界

2044 **交纳** jiāonà v. pay 交纳租金；交纳会费；按时交纳

2045 **交情** jiāoqing n. friendship 多年的交情；老交情；讲交情

2046 **交涉** jiāoshè v. negotiate 进行交涉；与房东交涉

2047 **交谈** jiāotán v. converse, chat 日常交谈；与人交谈；大声交谈

2048 **交替** jiāotì v. supersede, replace; alternate 新老交替；四季交替；交替进行

2049 **交头接耳** jiāotóu-jiē'ěr whisper to each other 听报告时交头接耳聊私事是很不礼貌的。

2050 **交响乐** jiāoxiǎngyuè n. symphony 小型交响乐；交响乐音乐会

2051 **郊外** jiāowài n. outskirts 去郊外春游；郊外的风景

2052 **郊游** jiāoyóu v. go on an outing 郊游活动；去郊游

2053 **浇** jiāo v. irrigate, pour 浇花；浇水；火上浇油

2054 **娇惯** jiāoguàn v. pamper 娇惯孩子；从小被娇惯；对儿子十分娇惯

2055 **娇气** jiāo·qì adj. delicate 娇气的孩子；克服娇气

2056 **胶囊** jiāonáng n. capsule 一粒胶囊；胶囊咖啡

2057 **胶片** jiāopiàn n. film 一卷胶片；彩色胶片；电影胶片

2058 **焦** jiāo adj. burnt, charred 烧焦；烤焦

2059 **焦急** jiāojí adj. worried 焦急地等待；焦急万分；焦急的目光

2060 **焦距** jiāojù n. focal length 调整焦距；镜头的焦距

从2041～2050中选择合适的词语填空 Choose the right words from 2041-2050 and fill in the blanks.

1. 他们两家_____很浅，少有往来。
2. 总会有一些人和物，不论相隔多么遥远，都会有_____的时刻。
3. 离任以前，你和小王_____一下儿手头的工作。
4. 有意见就当面提，不要在一旁_____。
5. 早上，集市里的叫卖声、讲价声，汇成了一曲_____。

从2051～2060中选择合适的词语填空 Choose the right words from 2051-2060 and fill in the blanks.

6. 雨越下越大，_____得人睁不开眼。
7. 春天来了，人们都喜欢到_____走一走，活动活动身体。
8. 正是桃花盛开的季节，大家决定一起去_____。

9. 当在沙漠里找不到方向，车又快没油了时，司机小王_____万分。
10. 虽然小明是家中的独子，但父母从来不_____他。

第2部分　Part 2

2061　焦虑　jiāolǜ　adj.　anxious　焦虑的眼光；充满焦虑；产生焦虑
2062　焦躁　jiāozào　adj.　anxious and fretful　焦躁不安；焦躁的情绪；焦躁地来回走着
2063　礁石　jiāoshí　n.　reef　一块礁石；海里的礁石
2064　嚼　jiáo　v.　chew　嚼碎；嚼不烂；咬文嚼字
2065　角落　jiǎoluò　n.　corner　黑暗的角落；每个角落
2066　狡猾　jiǎohuá　adj.　cunning　狡猾的敌人；狡猾的间谍；狡猾地笑了
2067　绞　jiǎo　v.　(of two or more strands) twist into one; wring　几条铁丝紧紧地绞在一起；绞干毛巾
2068　矫正　jiǎozhèng　v.　correct　矫正发音；矫正动作；及时矫正
2069　搅　jiǎo　v.　stir; disturb　搅散；搅开；课堂纪律叫他搅乱了
2070　搅拌　jiǎobàn　v.　stir　搅拌均匀；不停地搅拌水泥
2071　缴　jiǎo　v.　pay (fulfilling obligations or being forced)　缴水费；缴电费
2072　缴费　jiǎofèi　v.　pay fees　缴费单；个人缴费
2073　缴纳　jiǎonà　v.　pay (fulfilling obligations or being forced)　缴纳费用；缴纳罚款；自觉缴纳
2074　叫板　jiào//bǎn　challenge　向国内同行叫板；跟对手叫板；叫板国际品牌
2075　叫好　jiào//hǎo　applaud　连声叫好；鼓掌叫好
2076　轿车　jiàochē　n.　car　一辆轿车；坐轿车
2077　较劲　jiào//jìn　set oneself against　暗暗较劲；和对手较劲
2078　较量　jiàoliàng　v.　have a contest　与你较量；较量力气
2079　教科书　jiàokēshū　n.　textbook　发放教科书；一本中文教科书
2080　教条　jiàotiáo　n.　dogma　死搬教条；信奉教条
　　　　　　　　　　　　adj.　dogmatic　如此教条的方法；显得有些教条

从 2061～2070 中选择合适的词语填空　Choose the right words from 2061-2070 and fill in the blanks.

1. 明天的考试尽力而为就好，不必弄得自己_____不安。
2. 船在海面上左右晃荡了几下，还是撞在了_____上。
3. 牛肉干儿有点儿硬，牙齿不好的人_____不烂。
4. 房间的_____里放着一把椅子。
5. 她的手指一直在_____着衣角，看起来很不安。

从 2071～2080 中选择合适的词语填空　Choose the right words from 2071-2080 and fill in the blanks.

6. 我们要善于动脑，从实际出发，避免_____式的理解。
7. 他在与对手的_____中占据了主动。
8. 有时候你生气，只是因为结果和预期差得太远。其实没必要和自己_____，要学会接纳。

9. 台上孩子们的精彩表演赢得了观众的连声_____。
10. 现在很多医院实现了信息化，患者可以通过手机快速挂号、快速_____。

第3部分　Part 3

2081 **教养** jiàoyǎng　v.　bring up, educate　教养子女
　　　　　　　　　　 n.　upbringing　有教养；良好的教养
2082 **阶层** jiēcéng　n.　stratum　社会各阶层；高/低收入阶层
2083 **阶级** jiējí　n.　(within a given socio-economic structure) class　工人阶级；阶级斗争
2084 **阶梯** jiētī　n.　ladder　最后一级阶梯；知识的阶梯；走向成功的阶梯
2085 **皆** jiē　adv.　all　比比皆是；尽人皆知
2086 **结** jiē　v.　bear (fruit)　结满了果实；结出果子
2087 **结果** jiē//guǒ　bear fruit　开花结果；结了不少果
2088 **接班** jiē//bān　take one's turn on duty; be a successor to sb.　下午三点接班；接班的司机；接父亲的班
2089 **接班人** jiēbānrén　n.　successor　培养接班人；新一代接班人
2090 **接二连三** jiē'èr-liánsān　one after another　接二连三的失败让他感到绝望。
2091 **接轨** jiē//guǐ　join up the track, integrate　顺利接轨；与国际接轨
2092 **接济** jiējì　v.　give financial help to　接济穷人；接济500元；靠亲戚接济生活
2093 **接见** jiējiàn　v.　(usually of a host, a senior, etc.) receive　接见代表团；接见客人；亲自接见
2094 **接力** jiēlì　v.　relay　400米接力跑；接力比赛
2095 **接纳** jiēnà　v.　admit (into); adopt　接纳新会员；展览会每日接纳上万人参观；虚心接纳意见
2096 **接手** jiēshǒu　v.　take over　接手工作；由新同事接手
2097 **接送** jiēsòng　v.　pick up and drop off　接送孩子上学；轮流接送
2098 **接替** jiētì　v.　take over, replace　接替他的岗位；由……接替
2099 **接听** jiētīng　v.　answer (phone)　接听电话；拒绝接听
2100 **接通** jiētōng　v.　put through　接通电源；无法接通

从2081～2090中选择合适的词语填空　Choose the right words from 2081-2090 and fill in the blanks.

1. 书是人类进步的_____。
2. 爱美之心，人_____有之。
3. 青少年代表未来，是我们事业的_____。
4. 这_____的打击使他几乎无法承受，整夜整夜地失眠。
5. 今年院子里的桃树终于开花_____了。

从2091～2100中选择合适的词语填空　Choose the right words from 2091-2100 and fill in the blanks.

6. 由于父亲去世得早，母亲又没有一份稳定的工作，他们兄妹几个上学全靠亲戚朋友_____。
7. 他曾多次受到国家领导人的_____。

8. 很抱歉，您拨打的电话暂时无人_____。
9. 我们电影协会目前可_____五名新会员。
10. 每到游泳训练时，爸爸不管多忙，都会_____我。

◎ **重点词语 Focus words**

1. 交头接耳

   表示彼此头靠着头，在耳边低声说话。例如：

   （1）听到这里，大家都兴奋了，<u>交头接耳</u>地议论起来。

   （2）考试的时候请大家不要<u>交头接耳</u>，保持安静。

   （3）王教授的报告非常精彩，报告过程中没有任何人<u>交头接耳</u>，甚至听不到一点儿响动。

2. 皆

   副词，表示全、都，多用于书面语。例如：

   （1）在这个充满梦想的时代，一切<u>皆</u>有可能。

   （2）热敷操作简单，取材方便，无副作用，老少<u>皆</u>宜。

   （3）喜怒哀乐，人<u>皆</u>有之。

3. 接二连三

   表示一个接着一个，不间断。例如：

   （1）门开了，代表们<u>接二连三</u>地走了出来。

   （2）<u>接二连三</u>的打击使他无法承受，心灰意冷。

   （3）记者们<u>接二连三</u>的问题让他有点儿手忙脚乱。

◎ **速练 Quick practice**

一、选择合适的词语填空 Choose the right words and fill in the blanks.

（一）   A. 交界 B. 交纳 C. 交涉 D. 胶囊 E. 娇气 F. 焦

1. 他每月都按时_____房租和水电费。
2. 公司位于北京、天津的_____处，交通便利，环境优越。
3. 她确实一点儿也不_____，很能吃苦。
4. 这肉都烤_____了，不能吃了。
5. 如果担心_____过大不好吞咽，可以把里面的药物倒出来，用温水混匀再服用。

（二）   A. 矫正 B. 阶层 C. 接轨 D. 接力 E. 接手 F. 搅拌

1. 戴上眼镜后，他双眼的_____视力达到了5.0。
2. 老年人要做到人老心不老，和现代化的生活_____。
3. 他们想在男子4×100米_____中取得好成绩。
4. 社会由各种不同的_____组成。
5. 这么复杂的问题她怎么可能解决得了？毕竟她才_____这个项目不久。

二、选择合适的词语完成句子　Choose the right words to complete the sentences.

1. 想让孩子有_____，就应该从小培养他良好的习惯。
   A. 教育　　　　　B. 养育　　　　　C. 教养　　　　　D. 教练
2. "校长奖"是这个中学为优秀学生设立的最高_____。
   A. 奖杯　　　　　B. 奖品　　　　　C. 奖品　　　　　D. 奖项
3. 在王老师的_____下，同学们明白了"爱"和"爱好"的区别。
   A. 讲学　　　　　B. 讲课　　　　　C. 讲述　　　　　D. 讲解
4. 今天上午，王院长和李院长_____交接了工作。
   A. 交接　　　　　B. 交付　　　　　C. 接手　　　　　D. 接班
5. 为解决职工的后顾之忧，公司专门购买了一辆大客车，_____职工子女上下学。
   A. 接济　　　　　B. 接见　　　　　C. 接送　　　　　D. 接替
6. 经过一番_____，问题总算得到了解决。
   A. 交往　　　　　B. 交换　　　　　C. 交涉　　　　　D. 交接
7. 他用小勺缓缓地_____着杯里的咖啡。
   A. 搅乱　　　　　B. 搅拌　　　　　C. 摇　　　　　　D. 打搅

三、将词语填入句中合适的位置　Choose the appropriate location for the words.

1. 这个事情与大家 A 都 B 有关，可让全体人员 C 参与 D 问题的讨论。（皆）
2. A 人们 B 地议论着，每个人脸上 C 的表情都不一样 D 。（交头接耳）
3. 公司在各 A 楼层 B 里设置了一个 C 休息区，里面有 D 沙发和饮料。（角落）
4. 不幸 A 的事情 B 降临到他 C 身上，对他 D 的打击很大。（接二连三）

第36单元　Unit 36

◎速记　Quick memory

第1部分　Part 1

2101 揭发　jiēfā　v.　expose, unmask　揭发犯罪活动；被人揭发
2102 揭露　jiēlù　v.　unmask　揭露真相；揭露问题；无情地揭露
2103 揭示　jiēshì　v.　reveal　揭示出来；揭示规律；深刻地揭示
2104 揭晓　jiēxiǎo　v.　announce, publish　揭晓结果；提前揭晓
2105 节俭　jiéjiǎn　adj.　frugal　节俭的习惯；生活节俭
2106 节气　jié·qì　n.　solar term　二十四节气中蕴涵着中国古人的智慧。
2107 节水　jiéshuǐ　v.　save water　节水节电；节水设备
2108 节衣缩食　jiéyī-suōshí　scrimp and save　父亲为了供儿女读书，过着节衣缩食的生活。
2109 劫　jié　v.　rob　劫走；劫财
2110 劫持　jiéchí　v.　hijack　劫持车辆；劫持乘客
2111 洁净　jiéjìng　adj.　clean, spotless　洁净的水；洁净的空气；保持洁净
2112 结冰　jiébīng　v.　ice over, freeze　河水结冰；遇冷结冰
2113 结晶　jiéjīng　n.　crystal; crystallization　盐结晶；爱情的结晶；知识的结晶
2114 结局　jiéjú　n.　final result, ending　悲惨的结局；故事的结局
2115 结识　jiéshí　v.　get acquainted with　结识新朋友；与他结识
2116 结尾　jiéwěi　v.　end　以悲剧结尾
　　　　　　　　　　n.　ending　影片的结尾；大团圆的结尾
2117 截　jié　v.　cut; stop　截断；截成两段；警察截住了歹徒
　　　　　　　　　m.　section　半截木头；你话怎么就说半截
2118 截然不同　jiérán-bùtóng　be entirely different　风景截然不同；两人有着截然不同的结局
2119 竭尽全力　jiéjìn-quánlì　do one's utmost　竭尽全力奋斗；竭尽全力救治病人
2120 竭力　jiélì　adv.　try one's best, spare no effort　竭力证明；竭力完成

从2101～2110中选择合适的词语填空　Choose the right words from 2101-2110 and fill in the blanks.

　　1. 获胜者的名单将在今晚_____。
　　2. 老人一生勤劳_____，从不乱花一分钱。
　　3. 班上同学病了，他掏出自己_____省下来的钱，硬塞给同学。
　　4. 在国际气象界，二十四_____被称为"中国第五大发明"。
　　5. 他持枪_____客车的行为已构成犯罪。

从2111～2120中选择合适的词语填空　Choose the right words from 2111-2120 and fill in the blanks.

　　6. 你是小说的作者，你想怎么_____是你的自由。
　　7. 大家都在为最后的胜利而_____地奋斗着。
　　8. 她在外地生活了很多年，_____了很多朋友。

9. 文字的创造是人类智慧的_____，绝不是一个人的功劳。
10. 他们父子俩在这件事情上的态度_____。

第2部分　Part 2

2121 解答　jiědá　v.　answer　解答问题；耐心解答
2122 解读　jiědú　v.　read and understand, analyse, interpret　解读历史；解读经典；重新解读；详细解读
2123 解雇　jiěgù　v.　fire, dismiss　被公司解雇；解雇工人
2124 解救　jiějiù　v.　rescue　解救出来；解救伤员；成功解救人质
2125 解剖　jiěpōu　v.　dissect　解剖学；解剖动物
2126 解散　jiěsàn　v.　disband　解散队伍；突然解散
2127 解体　jiětǐ　v.　compose; disintegrate　飞机在空中解体；集团解体
2128 解脱　jiětuō　v.　extricate oneself　难以解脱；解脱出来
2129 解围　jiě//wéi　debarrass, get sb. out of a fix　替朋友解围；幸好王老师帮我解了围
2130 解析　jiěxī　v.　analyse　答案解析；解析基因；全面解析
2131 介入　jièrù　v.　intervene　介入调查；提前介入；申请第三方介入
2132 介意　jiè//yì　mind　不必介意；毫不介意
2133 介于　jièyú　v.　be situated between　难度介于二者之间；气温介于26度到34度之间
2134 戒备　jièbèi　v.　guard, be on the alert　严加戒备；处于戒备状态；毫无戒备之心
2135 戒烟　jiè yān　quit smoking　戒烟成功；开始戒烟
2136 戒指　jièzhi　n.　ring　戴戒指；结婚戒指
2137 届时　jièshí　adv.　on the occasion　签约活动将于7月27日举行，届时会有30多家媒体参与报道。
2138 界定　jièdìng　v.　define　如何界定责任；界定工作范围
2139 界限　jièxiàn　n.　limit, boundary　划清界限；网络打破了传统的空间界限
2140 界线　jièxiàn　n.　boundary line; edge, verge　两国间的界线；跨越界线；标出界线

从2121～2130中选择合适的词语填空　Choose the right words from 2121-2130 and fill in the blanks.

1. 我将从这几个方面分别_____同学们提出的问题。
2. 谁也没想到，刚起飞没多久，这架飞机就在空中爆炸_____了。
3. 实验课上，王老师耐心地指导学生们_____青蛙。
4. 爷爷退休后，终于从紧张的工作中_____出来了。
5. 谢谢你替我_____，要不然我真不知道如何结束这个话题。

从2131～2140中选择合适的词语填空　Choose the right words from 2131-2140 and fill in the blanks.

6. 对于他的这种言行表现，老师们非但不_____，还一直关心着他的成长。
7. 他对陌生人总是保持着高度的警惕和_____。
8. 法律上对处罚的种类有着严格的_____。
9. 他们俩划清了_____，以后桥归桥，路归路，互不干涉。
10. 有人说，男人_____就和女人减肥一样，永远都是从明天开始。

第3部分　Part 3

2141 借口　jièkǒu　v.　use as an excuse　借口头疼不去学校
　　　　　　　　 n.　excuse　找借口；以头疼为借口
2142 借条　jiètiáo　n.　receipt for a loan　一张借条；给你打个借条
2143 借用　jièyòng　v.　borrow　借用电脑；临时借用会议室
2144 借助　jièzhù　v.　have the aid of, with the help of　借助新技术的支持；借助法律手段
2145 金属　jīnshǔ　n.　metal　工业金属；重金属
2146 金子　jīnzi　n.　gold　一克金子；一块金子
2147 金字塔　jīnzìtǎ　n.　pyramid　一提到金字塔，人们就会想到埃及（Āijí, Egypt）。
2148 津津有味　jīnjīn-yǒuwèi　with keen pleasure　同学们听老师讲故事听得津津有味。
2149 津贴　jīntiē　n.　allowance　出差津贴；伙食津贴；领取津贴
2150 筋　jīn　n.　sinew; veins that stand out under the skin　伤筋动骨；胳膊上的青筋
2151 禁不住　jīnbuzhù　v.　be unable to bear or endure; can't help (doing)　他怎么这么禁不住批评；禁不住笑了起来；禁不住流下眼泪
2152 仅次于　jǐn cì yú　rank only second to　世界大学生运动会是规模仅次于奥运会的综合性世界运动会。
2153 尽　jǐn　v.　try one's best　尽快；尽可能地减少错误
　　　　　　　adv.　(used before phrases indicating direction/location, in the same way as "最") furthest　李老师走在我们班队伍的尽前头。
2154 尽早　jǐnzǎo　adv.　as soon as possible　尽早结束；尽早采取行动
2155 紧凑　jǐncòu　adj.　compact　情节紧凑；行程安排得很紧凑
2156 紧接着　jǐn jiēzhe　in rapid sequence　紧接着又问；紧接着发生
2157 紧迫　jǐnpò　adj.　urgent　时间紧迫；紧迫的任务
2158 紧缺　jǐnquē　adj.　scarce　资源紧缺；人才紧缺；十分紧缺
2159 紧缩　jǐnsuō　v.　tighten, cut (down)　实行紧缩的货币政策；紧缩的经济政策；通货紧缩
2160 锦旗　jǐnqí　n.　silk banner (as an award/a gift)　一面锦旗；挂锦旗；送锦旗

从2141～2150中选择合适的词语填空　Choose the right words from 2141-2150 and fill in the blanks.

1. 他实在不想工作，后来_____生病，辞职回家了。
2. 同学们都被张老师讲的故事吸引住了，听得_____。
3. _____是工资以外的补助费。
4. 一提到埃及，人们首先想到的就是_____。
5. 如果你想借钱，最好先写一张_____。

从2151～2160中选择合适的词语填空　Choose the right words from 2151-2160 and fill in the blanks.

6. 当她从校长手中接过奖杯时，她_____流下了眼泪。
7. 这些问题应_____得到解决。
8. 公司在资金_____的情况下，开始寻求新的合作伙伴。
9. 她越说越高兴，越说越快，一句_____一句。
10. 在端午节假期最受欢迎的目的地中，广州排名第三，_____北京和上海。

◎ **重点词语**　Focus words

1. 节衣缩食

　　表示省穿省吃，形容生活节俭。例如：
　　（1）求学期间，他用自己节衣缩食省下的钱买书和各种资料。
　　（2）为了供孩子读书，他节衣缩食，不抽烟不喝酒。
　　（3）老人几十年如一日，把节衣缩食省下来的钱捐给社会上最需要帮助的人。

2. 截然不同

　　表示很容易看出或感觉到不一样，非常明显地不一样。例如：
　　（1）如果没有那次意外的话，他的人生会截然不同。
　　（2）对同一件事情，他们有着截然不同的反应和评价。
　　（3）关于这个问题，学术界存在两种截然不同的观点。

3. 介于

　　动词，表示处在两者（或两者以上）之中的范围内，常常与"之间"搭配，构成"介于……之间"格式。例如：
　　（1）这次调查的对象介于12到18岁之间。
　　（2）中期计划是介于长期计划与短期计划之间的计划。
　　（3）人们把介于"白领"和"蓝领"之间的有知识、有技能的人才称为"灰领"。

4. 津津有味

　　形容特别有趣味、有兴趣。例如：
　　（1）临睡前，他捧起一本杂志，津津有味地看了起来。
　　（2）大家围坐在一起，津津有味地吃着妈妈精心准备的饭菜。
　　（3）孩子们被老人的故事吸引住了，听得津津有味，时不时提出几个问题。

5. 禁不住

　　动词，表示（人或物）没有力量承受（外来的影响）。例如：
　　（1）这些玻璃杯子禁不住磕碰，要轻拿轻放。
　　（2）有些孩子就像温室里的花朵，禁不住风吹雨打。
　　还表示（人）控制不住，忍不住（做出某事）。例如：
　　（3）当她从校长手中接过毕业证书时，禁不住流下了眼泪。
　　（4）听了这样的回答，人们禁不住哈哈大笑起来。

6. 紧接着

　　表示某一动作或情况跟着另一动作或情况连续发生，强调主观上认为两种动作或情况时间间隔很短。例如：
　　（1）鱼儿跳出水面，紧接着又掉回了水里。
　　（2）面部皮肤老化会先从眼睛周围长皱纹开始，紧接着，眼袋就出现了。
　　（3）他们在北京设立了第一个分公司，紧接着又在深圳设立了分公司。

◎ 速练　Quick practice

一、选择合适的词语填空　Choose the right words and fill in the blanks.

（一）　　　　　A. 揭发　B. 揭示　C. 洁净　D. 结局　E. 竭力　F. 解雇
1. 用人单位单方面解除劳务合同，称为_____或辞退。
2. 老王提出辞职，同事们_____劝他留下，但他去意已定。
3. 最近我们接到了好几封_____不法行为的信件。
4. 教育学是研究教育问题、_____教育规律的科学。
5. _____的水、空气和食物是一切动物生存的基本条件。

（二）　　　　　A. 解救　B. 解散　C. 解析　D. 介于　E. 届时　F. 戒指
1. 由于经营不善，资金短缺，他们不得不_____了公司。
2. 一个人要获得真正的幸福，就要既不太聪明，也不太糊涂，这种_____聪明和糊涂之间的状态就是生活的智慧。
3. 电影节开幕式将于本周五举行，_____将有众多影视明星出席。
4. 消防员冒着生命危险将困在火中的群众_____了出来。
5. 做错的题可以自己先看看答案_____，再不明白的话，可以去问老师。

二、选择合适的词语完成句子　Choose the right words to complete the sentences.
1. 经过多年的研究，海鸟集体死亡的谜底终于_____了。
　　A. 揭发　　　　B. 揭露　　　　C. 揭幕　　　　D. 揭晓
2. 每个人对生命都有着自己不同的_____。
　　A. 解除　　　　B. 解读　　　　C. 解雇　　　　D. 解救
3. 只有_____空气的浮力，鸟儿才能在空中自由地飞翔。
　　A. 借用　　　　B. 借鉴　　　　C. 借助　　　　D. 借口
4. 人们常说，好饭不怕晚，是_____总会发光的。
　　A. 金钱　　　　B. 金子　　　　C. 金额　　　　D. 金属
5. 政府目前采取了相对保守的金融措施，实行_____的货币政策。
　　A. 紧凑　　　　B. 紧紧　　　　C. 紧迫　　　　D. 紧缩
6. 这部影片的_____是开放式的，留给了观众很多想象的空间。
　　A. 结果　　　　B. 结局　　　　C. 结束　　　　D. 结晶
7. 他想把家里传下来的那枚珍贵的红宝石_____送给女友。
　　A. 戒指　　　　B. 项链　　　　C. 耳环　　　　D. 手链

三、将词语填入句中合适的位置　Choose the appropriate location for the words.
1. A 我们一定 B 快 C 完成 D 任务。（尽）
2. 转眼间，A 风越来越大，B 雨就 C 开始 D 下了。（紧接着）
3. 这是 A 他们夫妻 B 的事情，旁人 C 只会令 D 事情变得更复杂 D。（介入）
4. A 说起过去的 B 苦难，C 他 D 流下了眼泪。（禁不住）

第37单元　Unit 37

◎速记　Quick memory

第1部分　Part 1

2161 谨慎　jǐnshèn　*adj.*　cautious　不够谨慎；谨慎的态度；谨慎地处理
2162 尽情　jìnqíng　*adv.*　to one's heart's content　尽情游玩；尽情享受
2163 尽头　jìntóu　*n.*　end　爱情走到尽头；世界的尽头
2164 进场　jìnchǎng　*v.*　enter the arena; enter the market　运动员进场；进场交易
2165 进程　jìnchéng　*n.*　process　比赛的进程；工作进程；加快进程
2166 进出　jìnchū　*v.*　get in and out　进出方便；从大门进出
2167 进出口　jìn-chūkǒu　entrances and exits; import and export　超市有两个进出口；进出口公司；进出口贸易
2168 进度　jìndù　*n.*　degree or speed of progress　按目前的进度；工作进度；加快进度
2169 进而　jìn'ér　*conj.*　and then　现在，大部分信息都通过网络进入我们的眼睛、耳朵，进而进入我们的头脑。
2170 进修　jìnxiū　*v.*　engage in advanced studies　进修生；去大学进修中文
2171 近年来　jìnnián lái　(in) recent years　近年来才出现
2172 劲头　jìntóu　*n.*　energy, vigour　一股劲头；劲头十足；很有劲头
2173 晋升　jìnshēng　*v.*　promote to a higher position　由部门主任晋升为经理；获得晋升
2174 浸泡　jìnpào　*v.*　soak　浸泡豆子；在水里浸泡；长时间浸泡
2175 禁忌　jìnjì　*n.*　taboo　语言禁忌；文化禁忌
　　　　　　　　　　　　v.　avoid　吃这种药时禁忌吃辣的东西。
2176 禁区　jìnqū　*n.*　forbidden zone　闯入禁区；文化禁区
2177 茎　jīng　*n.*　stem, stalk　茎叶；根茎
2178 经　jīng　*v.*　go through; stand, endure　几经周折；经得起考验
2179 经度　jīngdù　*n.*　longitude　所在经度；每15个经度相差1小时
2180 经久不息　jīngjiǔ-bùxī　prolonged　经久不息的掌声

从2161～2170中选择合适的词语填空　Choose the right words from 2161-2170 and fill in the blanks.

1. 成功时他能保持_____，失败时也能满怀希望。
2. 滑雪场上，人们_____地享受着冰雪运动带来的乐趣。
3. 学校准备派20名青年学者到国外知名大学_____。
4. 当发现两个人的感情到了_____时，那种感受很无奈。
5. 教育现代化_____中面临着这样几个基本问题。

从2171～2180中选择合适的词语填空　Choose the right words from 2171-2180 and fill in the blanks.

6. 每次洗衣服前，妈妈总要把衣服先放在盆里_____一会儿。
7. 同一个民族日常生活中的食物_____习惯大体是一致的。
8. 舞台下响起了_____的掌声，观众们都被刚才的表演深深打动了。

9. 在任何单位，职务_____都有一个基本的程序。
10. 很多人都认为糖是饮食的"_____"，觉得吃糖有害健康。

第2部分　Part 2

2181 经贸　jīngmào　n.　economy and trade　经贸规则；经贸合作
2182 经商　jīng//shāng　be in business　经商才能；经商的本钱
2183 经受　jīngshòu　v.　withstand　经受考验；经受挑战；经受不住
2184 荆棘　jīngjí　n.　thistles and thorns　荆棘遍地；布满荆棘
2185 惊　jīng　v.　start, startle　受惊；心里一惊
2186 惊诧　jīngchà　adj.　surprised　令人惊诧；表示惊诧
2187 惊慌　jīnghuāng　adj.　panic　心中惊慌；毫不惊慌；不必惊慌
2188 惊慌失措　jīnghuāng-shīcuò　be frightened out of one's wits　惊慌失措的表情；让人惊慌失措
2189 惊奇　jīngqí　adj.　amazed　惊奇地发现；惊奇的目光；感到惊奇
2190 惊叹　jīngtàn　v.　wonder at　惊叹不已；令人惊叹
2191 惊天动地　jīngtiān-dòngdì　earthshaking　惊天动地的事业
2192 惊险　jīngxiǎn　adj.　thrilling, breathtaking　惊险的表演；惊险的一幕；动作惊险
2193 惊心动魄　jīngxīn-dòngpò　soul-stirring　惊心动魄的经历；让人觉得惊心动魄
2194 惊醒　jīngxǐng　v.　wake up with a start　惊醒过来；从梦中惊醒
2195 惊讶　jīngyà　adj.　astonished　惊讶的表情；惊讶地发现；令人惊讶
2196 晶莹　jīngyíng　adj.　glittering and translucent　晶莹的冰雪；晶莹的泪水
2197 兢兢业业　jīngjīngyèyè　adj.　conscientious and careful　兢兢业业的态度；对待工作兢兢业业
2198 精打细算　jīngdǎ-xìsuàn　calculate carefully and budget strictly　精打细算的生活；买东西精打细算
2199 精华　jīnghuá　n.　essence　吸收精华；文化的精华
2200 精简　jīngjiǎn　v.　simplify　精简机构；精简文章内容

从2181～2190中选择合适的词语填空　Choose the right words from 2181-2190 and fill in the blanks.

1. 成功的道路上总是布满_____。
2. 妻子以为丈夫出事了，_____地向医院跑去。
3. 在发展的过程中，我们成功地_____住了来自各方面的考验。
4. _____多年的他意识到一个十分重大的商机正在向他招手。
5. 这座小城这几年的变化之大、变化之快令人_____。

从2191～2200中选择合适的词语填空　Choose the right words from 2191-2200 and fill in the blanks.

6. 作为年轻教师的他在教学上_____，在科研上成果丰硕。
7. 这一章写得很精彩，是全文的_____和重点。
8. 我和她有十年没见面了，我很_____，这些年来她居然没有什么变化。
9. 这对夫妇在生活上_____，除了必须支出的以外，其他一概能免则免。

10. 电影真实地还原了那场_____的战斗。

第3部分　Part 3

2201 精练　jīngliàn　*adj.*　succinct　语言精练；精练的表达；精练地概括了全文的内容
2202 精妙　jīngmiào　*adj.*　exquisite and ingenious　制作精妙；精妙的见解；精妙地处理；写得精妙
2203 精明　jīngmíng　*adj.*　shrewd　精明的商人；精明的策略；长得精明
2204 精疲力竭　jīngpí-lìjié　exhausted　忙了一天，他拖着精疲力竭的身体回了家。
2205 精确　jīngquè　*adj.*　accurate, precise　精确的计算结果；精确预测；算得精确
2206 精神病　jīngshénbìng　*n.*　mental disease　精神病院；得了精神病
2207 精髓　jīngsuǐ　*n.*　quintessence　文化的精髓；吸收思想精髓
2208 精通　jīngtōng　*v.*　have mastered, be proficient in　精通经济学；精通多种语言；样样精通
2209 精细　jīngxì　*adj.*　meticulous, fine　做工精细；精细的食物
2210 精心　jīngxīn　*adj.*　elaborate　精心指导；精心安排；精心设计
2211 精益求精　jīngyìqiújīng　constantly strive for perfection　对工作精益求精；精益求精的态度
2212 精英　jīngyīng　*n.*　elite　国家的精英；法律精英
2213 精致　jīngzhì　*adj.*　exquisite　精致的工艺品；包装精致；活得精致
2214 颈部　jǐngbù　*n.*　neck　颈部疼痛；按摩颈部
2215 景观　jǐngguān　*n.*　landscape　美丽的景观；自然景观
2216 景区　jǐngqū　*n.*　scenic area or spot　旅游景区；景区大门
2217 警车　jǐngchē　*n.*　police car　一辆警车；驾驶警车
2218 警官　jǐngguān　*n.*　police officer　女警官；他在湖北警官学院工作
2219 警惕　jǐngtì　*v.*　be on guard/on the alert　保持警惕；提高警惕；警惕药物的副作用
2220 警钟　jǐngzhōng　*n.*　alarm bell　敲响警钟；警钟长鸣

从 2201～2210 中选择合适的词语填空　Choose the right words from 2201-2210 and fill in the blanks.

1. 结束了一天的工作回到家时，他已经累得_____。
2. 吃加工过于_____的食物会导致人体内营养素的缺乏。
3. 在我看来，人们所争论的内容就是这本小说的_____。
4. 这是我为他_____准备的礼物。
5. 他_____好几种语言。

从 2211～2220 中选择合适的词语填空　Choose the right words from 2211-2220 and fill in the blanks.

6. 西湖_____美丽的风景让人们赞叹不已。
7. 妹妹非常喜欢那个_____的布娃娃玩具。
8. 这次大会为世界各国的文化教育_____提供了一次交流的机会。
9. 他无论做什么事情都坚持_____的态度。
10. 对手非常狡猾，我们要保持高度_____。

◎ **重点词语　Focus words**

1. 尽情

    副词，表示不受约束地尽量按照自己的感情（做某事）。例如：

    （1）孩子们在大自然的怀抱里尽情欢笑、奔跑。

    （2）面对突如其来的惊喜，她只想找个无人的地方尽情地哭一场。

    （3）放假了，我们应该把工作放在一边，尽情享受和家人在一起的美好时光。

2. 进而

    连词，表示在现有的基础上更进一步，常用于后一小句。例如：

    （1）我们只能改变自己去适应环境，进而取得成功。

    （2）只有这样，你才能真正学会生活，进而发现生活的意义。

    （3）人的情绪直接影响人体机能的正常发挥，进而影响心脏、心血管及其他器官。

3. 近年来

    表示从过去几年直到现在的一段时间。例如：

    （1）近年来，国际上掀起了一股"中文热"，越来越多的外国人开始学习中文。

    （2）近年来，随着人们生活水平的提高，网球运动的普及度越来越高。

    （3）一谈到这些他近年来一直关注的问题，老王就有说不完的话。

4. 经久不息

    表示持续很长时间不停止，多用于掌声、欢呼声。例如：

    （1）演出结束后，台下爆发出经久不息的掌声。

    （2）董事长的讲话赢得了大家经久不息的掌声和欢呼声。

    （3）人们以经久不息的掌声表达了对这个节目的喜爱。

5. 兢兢业业

    形容词，表示做事小心谨慎、勤劳踏实、认真负责。例如：

    （1）他每天工作10个小时以上，兢兢业业，把自己的全部精力都用在了工作上。

    （2）为了实现自己的理想，老王兢兢业业地工作着、奋斗着，数十年如一日。

    （3）工作中，他兢兢业业，不敢有一丝大意。

6. 精打细算

    表示使用人力物力时，精心计划，仔细计算。例如：

    （1）他们在工程建设中精打细算，把每一分钱花到实处。

    （2）为了节约开支，公司精打细算，严格控制出差、办公等费用支出。

    （3）多年来，父母习惯了精打细算——能不花的就一分不花，能少花的就尽量少花。

◎ 速练　Quick practice

一、选择合适的词语填空　Choose the right words and fill in the blanks.

（一）　　　A.精练　B.精明　C.精确　D.进而　E.惊讶　F.晶莹

1. 不可能保证每一次科学实验的结果都做到绝对_____。
2. 这篇文章人物形象比较概念化，而且语言也不够_____生动。
3. 受火山爆发影响，机场多个航班取消，_____造成大量旅客滞留。
4. 他_____的商业头脑让同行佩服不已。
5. 秋天，一串串的葡萄又圆又大，果肉_____透明。

（二）　　　A.近年来　B.进度　C.进出口　D.惊天动地　E.惊醒　F.精英

1. 他想要创办公司、自己做老板，干一番_____的事业。
2. 他在睡梦中被屋外一阵响亮的鞭炮声_____。
3. 这门课太难了，有很多同学跟不上老师讲的_____。
4. 互联网咨询是_____逐渐发展起来的一种新型的咨询方式。
5. 有了资金，他开始做_____贸易，钱就像滚雪球一样，越滚越多。

二、选择合适的词语完成句子　Choose the right words to complete the sentences.

1. 这些政策为货物_____提供了方便的条件。
   A.进出　　　　B.进入　　　　C.输出　　　　D.进出口
2. 苏州以园林闻名于世，集中了中国园林建筑艺术的_____。
   A.精英　　　　B.精华　　　　C.精明　　　　D.精致
3. 高原天气多变，_____烈日当空，_____风雪交加。
   A.反而　　　　B.进而　　　　C.然而　　　　D.时而
4. 也许就在你停下来的时候，你会_____地发现一条通向你人生目标的新路。
   A.惊人　　　　B.惊慌　　　　C.惊奇　　　　D.惊叹
5. 诗歌是语言的艺术，它要求语言_____而形象。
   A.精简　　　　B.精练　　　　C.精确　　　　D.精细
6. 顶尖的名校为社会培养了许多_____。
   A.精英　　　　B.精髓　　　　C.英雄　　　　D.精品
7. 他是一位超级富翁，但他生活节俭得令人_____。
   A.惊慌　　　　B.触目惊心　　C.惊讶　　　　D.惊奇

三、将词语填入句中合适的位置　Choose the appropriate location for the words.

1. 同学 A 聚会上，大伙儿 B 吃喝、C 说笑，把话题 D 扯到了天南海北。（尽情）
2. 他最开始是 A 做小生意的，B 等有了一定规模后，又开始 C 做对外贸易，D 有了如今的商业帝国。（进而）
3. A 女儿这么一 B 说，C 我也放心了，于是把这件事交给 D 她处理。（经）
4. 在他的 A 经营下，企业迅速 B 发展 C 壮大，业务 D 遍及全国各地。（精心）

203

第38单元　Unit 38

◎速记　Quick memory

第1部分　Part 1

2221 净化　jìnghuà　v.　purify　净化空气；净化心灵；彻底净化
2222 竞技　jìngjì　v.　compete in athletics　竞技比赛；竞技运动；同台竞技；电子竞技
2223 竞相　jìngxiāng　adv.　competitively　竞相模仿；竞相开放
2224 竞选　jìngxuǎn　v.　run for　竞选总统；参加竞选
2225 竟　jìng　adv.　used to indicate unexpectedness/surprise　他一身才华，竟不被重视；忙活一整夜，竟是一场空
2226 竟敢　jìnggǎn　v.　dare　竟敢背后搞小动作；竟敢公开抵抗
2227 敬　jìng　v.　offer politely　敬酒；敬烟；敬礼；敬你一杯茶
2228 敬爱　jìng'ài　v.　respect and love　受人们敬爱；敬爱的老师
2229 敬而远之　jìng'éryuǎnzhī　stay at a respectful distance　对他敬而远之；令人敬而远之
2230 敬酒　jìngjiǔ　v.　toast　向来宾敬酒
2231 敬礼　jìng//lǐ　salute　举手敬礼；警察向人群敬了个礼
2232 敬佩　jìngpèi　v.　admire　表示敬佩；心生敬佩；令人敬佩
2233 敬请　jìngqǐng　v.　respectfully invite, request　敬请原谅；敬请期待
2234 敬业　jìngyè　v.　be dedicated to one's job　敬业的精神；爱岗敬业
2235 敬意　jìngyì　n.　respect, tribute　表示敬意；深深的敬意
2236 敬重　jìngzhòng　v.　respect deeply　敬重之心；敬重老师
2237 静止　jìngzhǐ　v.　be still/static　静止状态；保持静止；静止不动
2238 境地　jìngdì　n.　circumstance　尴尬的境地；理想的境地；处于被动的境地
2239 境界　jìngjiè　n.　state, realm　道德境界；最佳境界
2240 境内　jìngnèi　n.　area inside a border　中国境内

从2221～2230中选择合适的词语填空　Choose the right words from 2221-2230 and fill in the blanks.

　　1. 读书能够_____人的心灵，激励人们追求美好的事物。
　　2. 他_____在警察面前偷东西！
　　3. 他总是认为自己天下第一，谁也不放在眼里，周围的人都对他_____。
　　4. 春天到了，美丽的花_____开放。
　　5. 张老师是一位同学们_____的好老师。

从2231～2240中选择合适的词语填空　Choose the right words from 2231-2240 and fill in the blanks.

　　6. 志愿者的这种无私奉献精神令我们_____。
　　7. 长期处于_____不动的状态，不利于身体健康。
　　8. 这本书难免存在缺点和不足，_____各位读者批评。
　　9. 人们向英雄纪念碑献上一束束鲜花，表达深深的_____。

10. 快乐是生活的最高_____。如果一个人对什么事情都没有兴趣，那生活还有什么意义呢？

第2部分　Part 2

2241	境外	jìngwài	n.	area outside a border	境外消费；境外旅游
2242	境遇	jìngyù	n.	circumstances	悲惨的境遇；艰难的境遇
2243	窘迫	jiǒngpò	adj.	poverty-stricken; abashed, embarrassed	生活窘迫；窘迫地低下头
2244	纠缠	jiūchán	v.	get entangled; bother	问题纠缠在一起；你别再纠缠我了
2245	揪	jiū	v.	pull, clutch	揪住不放；揪耳朵；令人揪心
2246	久违	jiǔwéi	v.	not to have met for a long time	久违的老朋友；久违的笑容
2247	久仰	jiǔyǎng	v.	have long been looking forward to meeting sb.	久仰大名；久仰久仰
2248	酒精	jiǔjīng	n.	alcohol	酒精灯；不含酒精
2249	酒楼	jiǔlóu	n.	restaurant	那家酒楼；杭州大酒楼
2250	救护车	jiùhùchē	n.	ambulance	一辆救护车；出动救护车；叫救护车
2251	救济	jiùjì	v.	relieve	救济金；获得救济；救济生活有困难的人
2252	救治	jiùzhì	v.	treat and cure	得到救治；无法救治；及时救治
2253	就餐	jiùcān	v.	have one's meal	外出就餐；在饭店就餐
2254	就地	jiùdì	adv.	locally, on the spot	就地解决；就地解散
2255	就读	jiùdú	v.	attend school	就读于北京大学；在当地最好的高中就读
2256	就近	jiùjìn	adv.	nearby	就近入学；就近安置
2257	就任	jiùrèn	v.	take office	就任总统；宣誓就任
2258	就医	jiù//yī		see a doctor	来就医的病人；去国外就医
2259	就诊	jiù//zhěn		see a doctor	去医院就诊；在网上预约就诊
2260	就职	jiù//zhí		take office	宣布就职；就职期间

从 2241～2250 中选择合适的词语填空　Choose the right words from 2241-2250 and fill in the blanks.

1. 接受采访时，人们表示他们的生活_____得到了很大的改善。
2. 转眼已经毕业三年了，今天他回到母校见到_____的老师，心里十分激动。
3. 创业失败让他的生活陷入_____之中。
4. 咱们已经分手了，请不要再_____我。
5. 很快，一辆_____将孕妇直接送到了市中心医院。

从 2251～2260 中选择合适的词语填空　Choose the right words from 2251-2260 and fill in the blanks.

6. 这个孩子因为没有得到及时的_____而死亡。
7. 外出_____时，可自备筷子和勺子，减少一次性餐具的使用。
8. 由于流感病毒，来医院_____的人很多。
9. 目前，她_____于一家外贸企业。
10. 这是他正式_____校长后参加的第一次全校大会。

第3部分　Part 3

2261　就座　jiù//zuò　take one' seat　依次就座；在主席台就座
2262　舅舅　jiùjiu　n.　(maternal) uncle　大舅舅；小舅舅；亲舅舅
2263　拘留　jūliú　v.　detain　拘留期间；依法拘留
2264　拘束　jūshù　v.　restrict, limit　拘束孩子的活动；被情感拘束
　　　　　　　　adj.　constrained, embarrassed　感到拘束；有点儿拘束
2265　居高临下　jūgāo-línxià　occupy a commanding position　摆出居高临下的态度；一副居高临下的样子
2266　居民楼　jūmínlóu　n.　residential building　一座居民楼；普通居民楼
2267　鞠躬　jū//gōng　bow　给大家鞠躬；鞠了个躬
2268　局部　júbù　n.　part, region　局部战争；局部地区
2269　局势　júshì　n.　situation, state of affairs　国际局势；紧张的局势
2270　局限　júxiàn　v.　limit, confine　历史的局限；打破局限
2271　菊花　júhuā　n.　chrysanthemum　一朵菊花；菊花茶
2272　橘子　júzi　n.　tangerine　一个橘子；橘子汁；橘子树
2273　沮丧　jǔsàng　adj.　depressed　感到沮丧；沮丧的心情
2274　举报　jǔbào　v.　report　举报人；公开举报
2275　举措　jǔcuò　n.　measure, act　重大举措；新举措；采取有力举措
2276　举例　jǔ//lì　give an example　举例说明；多举例
2277　举世闻名　jǔshì-wénmíng　world-famous　举世闻名的建筑；长城举世闻名
2278　举世无双　jǔshì-wúshuāng　be unrivalled　举世无双的成就；举世无双的宝贝
2279　举世瞩目　jǔshì-zhǔmù　attract worldwide attention　举世瞩目的日子；取得的成就举世瞩目
2280　举一反三　jǔyī-fǎnsān　make inferences by analogy　举一反三的能力；在学习中应做到举一反三

从 2261～2270 中选择合适的词语填空　Choose the right words from 2261-2270 and fill in the blanks.

　　1. 在这种没有足够证据的情况下，最多能_____他 24 小时。
　　2. 他见到不认识的人，会感到有点儿_____。
　　3. 他说话时_____的样子十分让人讨厌。
　　4. 明天白天我市_____地区有雨。
　　5. 我们不要把自己的学习只_____于课堂上。

从 2271～2280 中选择合适的词语填空　Choose the right words from 2271-2280 and fill in the blanks.

　　6. 美丽的_____在秋天开放。
　　7. 听到这个好消息，他_____的神情马上就消失了。
　　8. 我们思考问题时，应该学会_____。
　　9. 中国的长城可以用_____来形容。
　　10. 这一_____在社会上引起了强烈反响，深得人心。

◎ 重点词语　Focus words

1. 竟敢

　　动词，表示出乎意料地有勇气、有胆量（做某事）。例如：

　　（1）真没想到他竟敢当着大家的面撒谎。

　　（2）他小小年纪，竟敢在老师面前摆架子。

　　（3）你竟敢问也不问一声就把那些文件给扔掉了！

2. 敬而远之

　　表示（对人）表面上尊敬，实际上不愿意接近。例如：

　　（1）他那一脸严肃的表情让人们对他敬而远之。

　　（2）这种人很难相处，还是敬而远之为好。

　　（3）爱占便宜的人，人们只会对他敬而远之。

3. 久仰

　　动词，初次见面时的客套话，表示敬仰对方很长时间了。例如：

　　（1）久仰大名，今天终于见到您了。

　　（2）久仰他的大名，很多企业都高薪聘请他去当顾问。

　　（3）我拜读过您的很多文章，久仰久仰！

4. 就地

　　副词，表示就在原处。例如：

　　（1）运动员们准备了一些睡袋，训练间隙可以就地休息。

　　（2）她在两个新建居民区办了幼儿园，解决了幼儿就地入园的问题。

　　（3）建立自然保护区是就地保护野生动植物最有效的措施。

5. 就近

　　副词，表示就在附近。例如：

　　（1）干完活儿已经过了饭点，我们就近找了家餐馆，随便吃了点儿东西。

　　（2）事故发生后，伤者第一时间被就近送到了第一医院接受治疗。

　　（3）为了就近照顾父母，毕业后他回到了家乡。

6. 居高临下

　　表示处在高位，面向下方，形容处于有利的位置、地位或傲慢地看待他人。例如：

　　（1）来信中，他以一种居高临下的口气指责我。

　　（2）她站在窗口居高临下地看了几眼楼下来来往往的行人。

　　（3）你有什么权力居高临下地指挥我们做什么、不做什么？

7. 举一反三

　　表示从一件事情的道理推出许多同类事情的道理。例如：

　　（1）对这类问题我们不能就事论事，要学会举一反三。

（2）真正会学习的人能够把所学的知识举一反三，活学活用。

◎ 速练　Quick practice

一、选择合适的词语填空　Choose the right words and fill in the blanks.

（一）　　　　A. 竞选　B. 境地　C. 举世闻名　D. 久违　E. 酒精　F. 就座

1. 听着那一首首经典老歌，工作多年的我仿佛又回到了那_____的校园。
2. 中国的北京、西安等_____的历史文化名城，吸引着无数中外游客。
3. 他跑来找我，说他要_____校学生会主席，希望我能支持他。
4. 接二连三的打击使他对生活失去了信心，开始用_____麻醉自己。
5. 请根据椅子上贴的名字在指定位置_____。

（二）　　　　A. 敬酒　B. 境内　C. 举世瞩目　D. 居民楼　E. 局势　F. 举例

1. 在中国_____的外资企业和中外合资经营的企业，都必须遵守中国的法律。
2. 良好的生活习惯究竟包括哪些内容呢？请_____说明。
3. 瑶族（Yáozú）人在向客人_____时，一般都由少女举杯，以表示对客人的尊敬。
4. 中国经过几十年的努力，在环境保护方面取得了_____的成就。
5. 这个新开发的小区有30栋_____，大多数居民已经入住。

二、选择合适的词语完成句子　Choose the right words to complete the sentences.

1. 上周，该国新一任总统在首都正式宣誓_____，任期4年。
   A. 就职　　　　B. 就业　　　　C. 就医　　　　D. 就座
2. 在他的电影中永远是只见角色，不见演员，我想这应该是一个演员的最高_____吧！
   A. 境地　　　　B. 境界　　　　C. 境遇　　　　D. 环境
3. 在各方的_____下，大部分伤者已被救出，其中20多名重伤人员被送往医院抢救。
   A. 救济　　　　B. 资助　　　　C. 救治　　　　D. 救援
4. 从世界农业发展的_____看，科学技术将越来越受到人们的重视。
   A. 局势　　　　B. 架势　　　　C. 趋势　　　　D. 优势
5. 中小学的位置设置应考虑到附近适龄儿童、少年的_____入学问题。
   A. 就近　　　　B. 就地　　　　C. 就餐　　　　D. 就读
6. 接到母亲的来信，他陷入去留两难的_____。最终他还是决定放弃学业回国。
   A. 境地　　　　B. 境界　　　　C. 境遇　　　　D. 环境
7. 他凭借政治家的敏锐眼光，早已经看清了当时的_____。
   A. 结局　　　　B. 大局　　　　C. 局势　　　　D. 布局

三、将词语填入句中合适的位置　Choose the appropriate location for the words.

1. 一开始，我就 A 知道这部电影 B 会成功。但我没 C 想到，它 D 会这么成功。（竟）

2. A 虽然周末健身族由于时间 B 限制，平时不能像周末那样运动，但完全可以饭后 C 进行 D 适度锻炼。（就近）

3. 公园里的花真多啊，各种各样的花 A 开放，人们 B 一 C 走进公园，香气就 D 扑鼻而来。（竞相）

4. 市长 A 针对代表们 B 反映强烈的问题，深入 C 现场调查，D 解决问题。（就地）

第39单元　Unit 39

◎速记　Quick memory

第1部分　Part 1

2281 举止　jǔzhǐ　*n.*　manner, behaviour　注意你的举止；行为举止
2282 举重　jǔzhòng　*n.*　weightlifting　举重比赛；举重运动员
2283 巨额　jù'é　*adj.*　(of a sum/an amount) huge　巨额存款；巨额财产
2284 巨人　jùrén　*n.*　giant, colossus　巨人的肩膀；思想上的巨人
2285 巨头　jùtóu　*n.*　magnate　金融巨头；商业巨头
2286 巨星　jùxīng　*n.*　superstar　娱乐巨星；电影巨星；成为巨星
2287 巨型　jùxíng　*adj.*　giant　巨型广告牌；巨型企业
2288 剧烈　jùliè　*adj.*　violent, fierce　剧烈运动；剧烈的疼痛
2289 剧目　jùmù　*n.*　list of plays or operas　大型剧目；演出的剧目；保留剧目
2290 剧情　jùqíng　*n.*　plot of a play or an opera　感人的剧情；剧情复杂
2291 剧团　jùtuán　*n.*　theatrical troupe　经营剧团；成立剧团
2292 剧院　jùyuàn　*n.*　theatre　国家剧院；在剧院工作
2293 剧组　jùzǔ　*n.*　stage or film crew　电影剧组；剧组成员
2294 据此　jùcǐ　*v.*　in view of the above, judge on these grounds　据此猜测；据此做出判断
2295 据悉　jùxī　*v.*　it is reported　据悉，会议将进行一个小时。
2296 距　jù　*v.*　be at a distance from　距北京一千多公里；相距不远；距今已有十年
2297 锯　jù　*n.*　saw　一把锯；电锯
　　　　　　　v.　saw　锯木头；锯树；锯开
2298 聚集　jùjí　*v.*　gather　聚集在一起；聚集起来
2299 聚精会神　jùjīng-huìshén　concentrate one's attention on　聚精会神地听讲；学习时要聚精会神
2300 捐献　juānxiàn　*v.*　donate　捐献器官；捐献给国家

从 2281～2290 中选择合适的词语填空　Choose the right words from 2281-2290 and fill in the blanks.

1. 父母的言行_____、思想观念或多或少都会影响孩子。
2. 这次成功的合作，让双方都获得了_____的利润。
3. 在日常锻炼中不应进行过于_____的运动，要根据身体情况量力而行。
4. 这部电影的_____很感人，不少观众都流下了眼泪。
5. 我们要学会学习别人的长处，学会站在_____的肩上看世界。

从 2291～2300 中选择合适的词语填空　Choose the right words from 2291-2300 and fill in the blanks.

6. 这次表演十分成功，人民_____里掌声不断。
7. 新星_____每次到上海演出新剧目时，都能引起一定的反响。
8. 同学们_____在操场上观看篮球比赛。

9. 他_____地听着老师讲课，生怕漏掉重点。
10. 当初父亲提出要_____器官时，我们全家都犹豫了。

第2部分　Part 2

2301 卷入　juǎnrù　v.　be involved in　卷入战争；卷入争议；逐渐被卷入
2302 卷子　juànzi　n.　examination paper　一份语文卷子；领取卷子
2303 圈　juàn　n.　pen, fold　猪圈；羊圈
2304 决议　juéyì　n.　resolution　一项决议；撤销决议；通过决议
2305 诀别　juébié　v.　bid farewell　诀别书；与……诀别
2306 诀窍　juéqiào　n.　knack　做生意的诀窍；小诀窍
2307 角逐　juézhú　v.　contend　展开角逐；权力角逐
2308 觉醒　juéxǐng　v.　wake up (to reality)　意识觉醒；逐渐觉醒
2309 绝技　juéjì　n.　unique skill　中华绝技；练成绝技
2310 绝缘　juéyuán　v.　insulate; be isolated from　绝缘体；绝缘材料；与艺术绝缘
2311 绝招　juézhāo　n.　unique skill, trump card　亮出绝招；使绝招
2312 倔强　juéjiàng　adj.　hard-nosed, intractable　倔强的孩子；倔强的性格
2313 崛起　juéqǐ　v.　rise (as a political force), spring into being　迅速崛起；正在崛起
2314 爵士　juéshì　n.　jazz　爵士音乐；爵士舞
2315 倔　juè　adj.　stubborn　脾气倔；倔老头儿
2316 军官　jūnguān　n.　military officer　海军军官；青年军官
2317 均衡　jūnhéng　adj.　balanced　均衡发展；营养均衡
2318 均匀　jūnyún　adj.　well-proportioned, even　均匀的呼吸；搅拌均匀
2319 君子　jūnzǐ　n.　man of noble character　正人君子；君子爱财，取之有道；称其为君子
2320 俊　jùn　adj.　handsome, pretty　模样俊；长得俊

从2301～2310中选择合适的词语填空　Choose the right words from 2301-2310 and fill in the blanks.

1. 他莫名其妙地_____了一场官司。
2. 会上，代表们集体通过了关于环境保护的_____。
3. 成功的唯一_____就是实实在在去做事。
4. 谁能想到，这次的会面是这对好朋友的_____，之后她们再也没见过面。
5. 中国"二十四节气"中的春分标志着大地回暖，沉睡的万物开始_____。

从2311～2320中选择合适的词语填空　Choose the right words from 2311-2320 and fill in the blanks.

6. 我的妹妹十分_____，无论别人怎么劝她都不听。
7. "为中华之_____而读书"是周恩来在少年时代立下的宏伟目标。
8. 只有实现物质文明与精神文明的_____发展、相互促进，才能真正推动国家进步。
9. 制作面包时，要把糖和面粉_____混合。
10. 孔子说："_____和而不同，小人同而不和。"

第3部分　Part 3

2321	俊俏	jùnqiào	adj.	pretty and charming	俊俏的模样；长得俊俏
2322	骏马	jùnmǎ	n.	fine horse, steed	一匹骏马；骑着骏马
2323	竣工	jùngōng	v.	(of a project) be completed	即将竣工；全部竣工
2324	卡车	kǎchē	n.	truck	一辆卡车；轻型卡车
2325	卡片	kǎpiàn	n.	card	这张卡片；生日卡片
2326	卡通	kǎtōng	n.	cartoon	卡通人物；卡通片
2327	开办	kāibàn	v.	start, open	开办企业；开办学校
2328	开采	kāicǎi	v.	extract, exploit	开采石油；资源开采；进行开采
2329	开场	kāi//chǎng		start, begin	比赛刚开场不久；开场表演
2330	开场白	kāichǎngbái	n.	opening speech	讲几句开场白；用一个故事做开场白
2331	开除	kāichú	v.	fire, expel	开除员工；被学校开除
2332	开动	kāidòng	v.	start, set in motion	开动机器；缓缓地开动
2333	开发区	kāifāqū	n.	development zone	经济开发区；建设开发区
2334	开发商	kāifāshāng	n.	developer	游戏开发商；地产开发商
2335	开工	kāi//gōng		start a construction job, go into production	顺利开工；即将开工
2336	开垦	kāikěn	v.	bring under cultivation	开垦土地；尚未开垦
2337	开口	kāi//kǒu		start to talk	开口说话；不知如何开口；怎么也开不了口
2338	开阔	kāikuò	adj.	wide; tolerant, liberal	开阔的草原；开阔的土地；思想开阔
			v.	widen	开阔思路；开阔眼界
2339	开朗	kāilǎng	adj.	cheerful, optimistic	开朗的性格；乐观开朗
2340	开辟	kāipì	v.	open; develop, expand	开辟新路线；开辟销售渠道

从 2321～2330 中选择合适的词语填空　Choose the right words from 2321-2330 and fill in the blanks.

1. 模样_____的孩子特别容易讨人喜欢。
2. 经过一年多的紧张施工，全部场馆已于近日_____。
3. 这所学校是为残疾儿童_____的。
4. 逢年过节的时候，他都会给老师们寄一张小_____表示问候。
5. 比赛_____后，他久久不能进入状态，比分一直落后。

从 2331～2340 中选择合适的词语填空　Choose the right words from 2331-2340 and fill in the blanks.

6. 那孩子太调皮了，差一点儿没被学校_____。
7. 这座大桥的_____时间是 2023 年 6 月 9 日。
8. 大量的阅读可以让你的思路更加_____。
9. 这个经济_____的建设得到了政府的资金支持。
10. 现代科学为医疗技术的进步_____了道路。

◎ **重点词语** Focus words

1. 巨型

形容词，表示规格等特别大的。一般做定语，直接修饰名词，不能做谓语或状语。例如：

（1）经济全球化后出现了许多巨型跨国公司。
（2）在他的办公室里，挂着一幅巨型的中国地图。
（3）观众一走进晚会现场就被这巨型舞台吸引住了。

2. 据此

动词，表示根据前面提到的情况。例如：

（1）我们要更好地了解客户的需求，并据此对产品结构进行调整。
（2）我们每个人都应对自己有一个清醒的认识，并据此确定自己努力的方向。

3. 据悉

动词，表示根据了解的情况知道，常用于书面语，放在句首，不能做谓语。例如：

（1）据悉，今年入境旅游人数达 1.45 亿人次。
（2）据悉，该新规自 2023 年 12 月 1 日起实施。
（3）据悉，这座投资 3 亿元的体育中心将于下月竣工。

4. 聚精会神

表示集中精神，集中注意力，形容非常专心。例如：

（1）夜深了，爸爸还在灯下聚精会神地翻阅着资料。
（2）大家正聚精会神地听着，突然外面响起了一阵敲门声。
（3）教室里，王老师讲得津津有味，孩子们听得聚精会神，不知不觉一节课就过去了。

◎ **速练** Quick practice

一、选择合适的词语填空 Choose the right words and fill in the blanks.

（一） A. 据此 B. 巨型 C. 角逐 D. 绝技 E. 绝缘 F. 开发商

1. 围棋比赛是长时间的脑力与体力的_____。据说，一场围棋比赛的体力消耗相当于两场足球赛。
2. 中国民间不乏一些身怀_____的中医奇人。
3. 房地产_____应对相关的法规和政策进行认真的学习和研究。
4. 观众们一走进现场，便被充满现代感的_____舞台深深吸引住了。
5. 极不容易导电的物体叫_____体，比如玻璃、塑料等。

（二） A. 绝招 B. 军官 C. 骏马 D. 锯 E. 开垦 F. 开场白

1. 屋子旁边有片荒地，父母在那儿_____出了一块菜地。
2. 他的父亲是位非常优秀的海军_____。

3. 他的马画得生动逼真，一匹匹_____仿佛在奋力奔跑。
4. 进入正式比赛之前，主持人先引用李白的几句诗作为_____。
5. 一个人只要有恒心、肯努力，就一定能绳_____木断，水滴石穿。

二、选择合适的词语完成句子　Choose the right words to complete the sentences.

1. 在旅游业的_____下，这个城市的经济有了长足的发展。
   A. 开动　　　　　B. 发动　　　　　C. 启动　　　　　D. 带动
2. 上午9时，庆祝大会在庄严的国歌声中隆重_____。
   A. 开朗　　　　　B. 开机　　　　　C. 开口　　　　　D. 开幕
3. 我们希望两国贸易能在稳定扩大中求得_____发展。
   A. 均衡　　　　　B. 均匀　　　　　C. 平淡　　　　　D. 平均
4. 外科专家发现，鼠标_____身体越远，对肩的损害越大。
   A. 据　　　　　　B. 锯　　　　　　C. 距　　　　　　D. 剧
5. 他觉得自己取得成功的唯一_____就是实实在在去做事。
   A. 绝技　　　　　B. 决议　　　　　C. 诀窍　　　　　D. 技巧
6. 蜻蜓的飞行行为很简单，仅靠两对翅膀不停地拍打。科学家_____研制出了直升机。
   A. 据说　　　　　B. 据此　　　　　C. 依据　　　　　D. 根据
7. 公司能发展到今天这个规模，也没什么_____，就是一切从实际出发。
   A. 绝招　　　　　B. 技艺　　　　　C. 绝技　　　　　D. 技能

三、将词语填入句中合适的位置　Choose the appropriate location for the words.

1. 有关部门 A 正在组建紧急救援队，B 以应对意外事故的发生。另 C，活动期间，D 景区内将有部分路段禁行。（据悉）
2. 人们不难 A 推算出 B 这些产品的成本 C 是多少 D。（据此）
3. A 人来人往的 B 中央 C 广场上，竖立着一座 D 雕塑。（巨型）
4. 如果平时不是经常 A 运动，就不要突然 B 进行 C 运动，另外，在运动前要做好热身 D。（剧烈）

第40单元　Unit 40

◎速记　Quick memory

第1部分　Part 1

2341 开启　kāiqǐ　v.　open; found, inaugurate　开启成功的大门；开启新时代
2342 开枪　kāi qiāng　shoot　开枪射击；朝他开枪
2343 开天辟地　kāitiān-pìdì　heroic　开天辟地的大事
2344 开拓　kāituò　v.　pioneer, open up　开拓新市场；开拓新局面；努力开拓
2345 开销　kāi·xiāo　v.　spend, pay expenses　带的钱不够开销；开销不起
　　　　　　　　　　　n.　spending　一笔开销；日常开销
2346 开张　kāi//zhāng　open a business　新店开张；顺利开张
2347 开支　kāizhī　n.　expenses, expenditure　控制开支；节约开支；大笔开支
2348 凯歌　kǎigē　n.　triumphant song　高唱凯歌；一曲凯歌
2349 楷模　kǎimó　n.　model　道德楷模；学习的楷模
2350 刊登　kāndēng　v.　publish　刊登作品；刊登在报纸上；连续刊登
2351 刊物　kānwù　n.　publication　内部刊物；机关刊物；办刊物
2352 看护　kānhù　v.　look after　小心看护；看护病人
　　　　　　　　　n.　nurse　一名看护；请看护
2353 勘探　kāntàn　v.　prospect, explore　勘探石油；勘探技术；地质勘探
2354 堪称　kānchēng　v.　can be called as　堪称第一；堪称经典
2355 侃大山　kǎn dàshān　shoot the breeze, chew the fat　他一天也没什么工作，到处跟人侃大山。
2356 砍　kǎn　v.　hew, chop　用刀砍；被砍伤
2357 看得出　kàndechū　v.　can see　看得出不一般；一眼就能看得出这是好东西
2358 看热闹　kàn rènao　watch a bustling scene　爱看热闹；看热闹的人
2359 看似　kànsì　v.　seem　看似简单；看似无关
2360 看台　kàntái　n.　stand, bleachers　看台上的观众；走下看台

从2341～2350中选择合适的词语填空　Choose the right words from 2341-2350 and fill in the blanks.

1. 勤奋和努力是_____成功之门的钥匙。
2. 张老师见义勇为的故事已经在报纸上_____出来了。
3. 职业拳击赛在这个城市举办是_____第一次。
4. 经过一段时间的准备，当地最大的一家购物中心终于_____了。
5. 教育支出是当地政府总_____中的最大项目。

从2351～2360中选择合适的词语填空　Choose the right words from 2351-2360 and fill in the blanks.

6. 养老院里的_____人员每天都会陪老人们聊天儿。
7. 一个大规模的石油_____计划正在进行。
8. 他们几个都喜欢_____，经常在一起聊天儿。

9. 比赛要开始了，我_____她很紧张。

10. 人们都跑来_____，男男女女高兴地说着、笑着。

第 2 部分　Part 2

2361 看样子　kàn yàngzi　it seems　这件事看样子有点儿奇怪。

2362 看中　kàn//zhòng　take a fancy to　一眼看中；看中这件衣服

2363 看重　kànzhòng　v.　value, regard as important　看重家庭；看重个人努力

2364 慷慨　kāngkǎi　adj.　generous　慷慨的行为；慷慨地答应了

2365 扛　káng　v.　carry on the shoulder; bear, stand　扛枪；扛得起；往肩上扛；扛住压力

2366 抗衡　kànghéng　v.　contend against　相互抗衡；与大公司抗衡

2367 抗拒　kàngjù　v.　resist, repel　不可抗拒；难以抗拒；抗拒外来的干扰

2368 抗生素　kàngshēngsù　n.　antibiotic　口服抗生素；慎用抗生素

2369 抗争　kàngzhēng　v.　make a stand and fight against　与命运抗争；无力抗争

2370 考量　kǎo·liáng　v.　consider　充分考量；全面考量

2371 烤　kǎo　v.　roast, bake　烤肉；烤鸭

2372 靠拢　kàolǒng　v.　close up　向国际惯例靠拢；靠拢国际市场

2373 苛刻　kēkè　adj.　rigorous　条件苛刻；苛刻的要求

2374 科幻　kēhuàn　n.　science fiction　科幻小说；科幻电影

2375 科目　kēmù　n.　subject　学习的科目；考试科目

2376 科普　kēpǔ　n.　popularization of science　科普作品；科普电影

2377 磕　kē　v.　knock (against sth. hard)　磕头；手磕在门上；磕破

2378 壳　ké　n.　shell　蛋壳；贝壳

2379 咳嗽　késou　v.　cough　引起咳嗽；经常咳嗽

2380 可悲　kěbēi　adj.　sad, lamentable　可悲的经历；一件可悲的事

从 2361～2370 中选择合适的词语填空　Choose the right words from 2361-2370 and fill in the blanks.

1. 他是个很_____家庭生活的人，只要有空儿，他就尽量和家人在一起。

2. 题目太难了，_____我需要向老师请教了。

3. 他虽然很穷，但对朋友却很_____。

4. 步入老年是人类无法_____的自然规律。

5. 他们正为改变自己的命运进行着顽强的_____。

从 2371～2380 中选择合适的词语填空　Choose the right words from 2371-2380 and fill in the blanks.

6. 你对他的要求也太_____了，这么小的孩子根本做不到。

7. 这部_____小说把读者带入了一个神奇的世界。

8. 孩子们通过观看_____纪录片，学到了很多科学知识。

9. 吃了几天药，他的_____差不多好了。

10. 最_____的是那些对生活失去激情的人。

第3部分　Part 3

2381 **可不是** kěbú·shi *adv.* exactly　A：中国的京剧太有意思了。
　　　　　　　　　　　　　　　　　　B：可不是，我都想去学了。
2382 **可乘之机** kěchéngzhījī opportunity that can be exploited to one's advantage　我们绝不给犯罪分子任何可乘之机。
2383 **可耻** kěchǐ *adj.* ignominious, shameful　感到可耻；可耻的行为
2384 **可歌可泣** kěgē-kěqì move one to song and tears　可歌可泣的英雄故事
2385 **可观** kěguān *adj.* considerable　数目可观；可观的财产
2386 **可贵** kěguì *adj.* valuable　可贵的精神；难能可贵
2387 **可口** kěkǒu *adj.* delicious　可口的食物；美味可口
2388 **可谓** kěwèi *v.* may be said　可谓名利双收；不可谓不深刻
2389 **可恶** kěwù *adj.* hateful　实在可恶；可恶的小偷儿
2390 **可想而知** kěxiǎng'érzhī one can well imagine　后果可想而知
2391 **可笑** kěxiào *adj.* ridiculous, laughable　可笑极了；感到可笑；可笑的行为
2392 **可信** kěxìn *adj.* believable, credible　可信的说法；未必可信
2393 **可行** kěxíng *adj.* feasible　完全可行；可行的方案
2394 **可疑** kěyí *adj.* suspicious　可疑的举动；可疑的人；觉得可疑
2395 **克隆** kèlóng *v.* clone　克隆羊；克隆技术
2396 **克制** kèzhì *v.* restrain　克制情绪；自我克制；稍微克制一下儿
2397 **刻苦** kèkǔ *adj.* industrious, hard-working　学习刻苦；刻苦的精神
2398 **刻意** kèyì *adv.* deliberately　刻意追求；刻意接近
2399 **刻舟求剑** kèzhōu-qiújiàn take measures without considering changes in circumstances
　　　　形势大变，你还在按原计划进行，不知变通，简直就是刻舟求剑！
2400 **客房** kèfáng *n.* guest room　一间客房；酒店客房

从2381～2390中选择合适的词语填空　Choose the right words from 2381-2390 and fill in the blanks.

1. 只要我们团结一致，对手就没有_____。
2. 节约光荣，浪费_____。
3. 他继承了一笔_____的财产。
4. 没有黑暗，就显不出光明的_____。
5. 新鲜的水果吃起来十分_____。

从2391～2400中选择合适的词语填空　Choose the right words from 2391-2400 and fill in the blanks.

6. 他的这些解释听起来似乎不太_____，你别太当真了。
7. 他想出了一个_____的计划，大家都觉得值得一试。
8. 她_____不住自己的情绪，大声哭了起来。
9. 世界在不断变化着，因此我们做事情不能_____。
10. 只有认真_____地学习，才能取得好成绩。

◎ **重点词语** Focus words

1. 开天辟地

在中国古代神话中，盘古开辟天地后才有了世界。比喻宇宙开始或有史以来。例如：

（1）这儿曾经发生过开天辟地的大事件。
（2）在休养的那段日子里，他一个人完成了几项开天辟地的工作。
（3）这群年轻人所从事的事业是开天辟地的伟业。

2. 看似

动词，表示看起来好像。例如：

（1）志愿者的工作看似简单，实际上最考验人的耐心和细心。
（2）这个看似简单的问题至今尚无定论。
（3）所有取得成功的人都善于从看似不可能中发现机会。

3. 看样子

表示说话人根据某种现象或情况大概估计，在句中多做插入语。例如：

（1）天已经黑了，看样子，他今天不会来了。
（2）房间里的桌子上积了一层灰，看样子这房子好久没住人了。
（3）她笑容满面，看样子考得不错。

4. 可不是

副词，表示赞同、肯定对方的话，也说"可不""可不是吗"，常用于口语。例如：

（1）A：这些菜都是你一个人做的？
　　B：可不/可不是，我一大早就起来准备了。
（2）A：好久没见你啦！
　　B：可不是吗！上次见面还是一年前吧？

5. 可乘之机

表示可以利用的机会。乘：利用。例如：

（1）我们要提高警惕，不给犯罪分子提供可乘之机。
（2）不少人以为微信"朋友圈"里面都是朋友、熟人，因而放松了警惕，让骗子有了可乘之机。

6. 可歌可泣

表示值得歌颂，使人感动得流泪。例如：

（1）他们付出了比别人多得多的努力，创造了许多可歌可泣的成绩。
（2）我们追溯历史的时候，总会发现很多可歌可泣的故事。

7. 可谓

动词，表示可以说是、可以算是，常用于书面语。例如：

（1）马克在中国留学的经历可谓丰富多彩。

（2）毕业后小王就来上海工作了。如今回想起刚入职场的辛苦，真可谓一言难尽。

（3）真可谓天下之大，无奇不有。

8. 可想而知

表示通过已经知道的事情可以想见、知道。例如：

（1）这种情况持续下去，后果可想而知。

（2）没有人才，没有资金，创业的艰辛可想而知。

（3）小说里没有交代这件事的结局，但我们也可想而知了。

9. 刻舟求剑

中国古代，一个楚国人乘船过江时把剑掉进了水里。他在船的一侧剑落下的地方刻了一个记号。船停下后，他从刻有记号的地方跳下水去找剑，结果当然是没找到。比喻不知道跟着事情的发展、变化而改变做事的方法。例如：

（1）我们要用发展的眼光来看问题，用刻舟求剑的方法是行不通的。

（2）家长们以自己当年的学习方法来教育现在的孩子，和刻舟求剑有什么不同？

◎ 速练　Quick practice

一、选择合适的词语填空　Choose the right words and fill in the blanks.

（一）　　　A. 开拓　B. 开销　C. 凯歌　D. 楷模　E. 堪称　F. 可想而知

1. 战士们高唱_____，胜利归来。
2. 助人为乐的他是当代青年学习的_____。
3. 企业要想实现发展，就需要不断生产新产品并_____新市场。
4. 为了完成这个项目，大家已经三天两夜没合眼了，工作量之大_____。
5. 北京大钟寺里的永乐大钟净重46.5吨，_____"古钟之王"。

（二）　　　A. 抗衡　B. 靠拢　C. 科目　D. 磕　E. 可谓　F. 刻意

1. 他认为，无论是困难企业还是形势好的企业，都应该向行业龙头企业_____，寻求共同发展。
2. 在国外生活了十几年的他，由一个"农村娃"成长为一名"洋博士"，_____学业有成。
3. 他们还年轻，还没有足够的实力与专家_____。
4. 驾驶人考试的所有_____我都是一次通过的。
5. 他_____说这些话就是给咱们听的，想把咱们吓走。

二、选择合适的词语完成句子　Choose the right words to complete the sentences.

1. 王教授特别_____学生是不是诚实，做事是不是认真踏实。

A. 看中　　　　B. 尊重　　　　C. 敬重　　　　D. 看重

2. 早晨去公园跑步，可以穿运动装，既方便又舒服，还能使人_____充满活力。
   A. 看起来　　　B. 看样子　　　C. 看得见　　　D. 看来

3. 新闻发布会上，记者们_____着沉重的摄像机跑前跑后，累得满头大汗。
   A. 提　　　　　B. 搬　　　　　C. 扛　　　　　D. 背

4. 衰老是不可_____的自然规律。
   A. 抗拒　　　　B. 抗争　　　　C. 抗议　　　　D. 抵抗

5. 商场的装修工作已_____尾声，近期将开张。
   A. 靠拢　　　　B. 靠近　　　　C. 接近　　　　D. 逼近

6. 妈妈把鸡蛋_____在碗里搅拌均匀。
   A. 放　　　　　B. 磕　　　　　C. 碰　　　　　D. 敲

7. 他刚毕业找到工作，每个月的工资只够日常_____。
   A. 开销　　　　B. 费用　　　　C. 支付　　　　D. 花钱

三、将词语填入句中合适的位置　Choose the appropriate location for the words.

1. A 这项工作 B 简单，但实际上有许多 C 细节需要 D 考虑。（看似）

2. 我们要从科学 A 知识、科学 B 方法和科学 C 思想这三个方面推进 D 工作。（科普）

3. A 改造后的步行街上 B 新开了一批商店，C 从服装鞋帽到各种风味小吃，D 应有尽有。（可谓）

4. 她想买什么就 A 买什么，东西坏了就 B 换掉，从不 C 节俭，但也绝对不会 D 有浪费的行为。（刻意）

第41单元　Unit 41

◎速记　Quick memory

第1部分　Part 1

2401 客机　kèjī　*n.* passenger plane　一架客机；被劫持的客机；驾驶客机
2402 客流　kèliú　*n.* passenger flow　客流量；客流稳定；吸引客流
2403 客运　kèyùn　*n.* passenger transport　客运列车；客运高峰
2404 恳求　kěnqiú　*v.* entreat, beg sincerely　再三恳求；苦苦恳求；恳求他冷静下来
2405 啃　kěn　*v.* gnaw　啃骨头；啃不动
2406 坑　kēng　*v.* entrap　坑人；坑消费者
　　　　　　n. pit　深坑；火坑；挖坑
2407 空荡荡　kōngdàngdàng　*adj.* empty　空荡荡的街道；屋子里空荡荡的
2408 空难　kōngnàn　*n.* air crash　一场空难；空难事故；发生空难
2409 空前　kōngqián　*v.* be unprecedented　空前的成功；空前高涨；规模空前
2410 空想　kōngxiǎng　*v.* fantasize, daydream　做科学研究不能空想，得用数据说话。
　　　　　　n. fantasy, daydream　成为空想；不切实际的空想
2411 空虚　kōngxū　*adj.* hollow　内心空虚；感到空虚
2412 恐怖　kǒngbù　*adj.* horrific, terrifying　恐怖的经历；恐怖电影
2413 恐吓　kǒnghè　*v.* intimidate, threaten　恐吓别人；受到恐吓
2414 恐慌　kǒnghuāng　*adj.* panic-stricken　引起大众恐慌；感到恐慌
2415 恐惧　kǒngjù　*adj.* fear　令人恐惧；心怀恐惧；克服恐惧
2416 恐龙　kǒnglóng　*n.* dinosaur　恐龙化石；恐龙公园
2417 空白　kòngbái　*n.* blank space　一片空白；空白处；填补空白
2418 空地　kòngdì　*n.* open space　一大片空地；门外的空地；穿过空地
2419 空隙　kòngxì　*n.* gap, interval　一厘米的空隙；利用学习的空隙
2420 控告　kònggào　*v.* sue, accuse　提出控告；被控告；控告别人

从2401～2410中选择合适的词语填空　Choose the right words from 2401-2410 and fill in the blanks.

1. 这架_____即将从北京起飞。
2. 在他的一再_____下，父亲才勉强同意带他去看场电影。
3. 这个房间_____的，几乎没有什么东西。
4. 一百多人在这场_____中遭遇不幸。
5. 你不能天天坐在屋里_____，一定要行动起来。

从2411～2420中选择合适的词语填空　Choose the right words from 2411-2420 and fill in the blanks.

6. 你今天晚上敢和我一起看_____电影吗？
7. 媒体要实事求是地报道新闻，而不是毫无底线地制造_____。
8. 他随手拿起一张报纸就开始在_____处写字。

9. 他忙得甚至没有_____回家吃饭。
10. 这家公司因虚假广告问题受到_____。

第 2 部分　Part 2

2421 抠　kōu　v.　dig with a finger　抠下来；抠干净；用力抠
　　　　　　　adj.　stingy, miserly　这个人抠得很，一分钱也舍不得花。
2422 口碑　kǒubēi　n.　public praise　优良的口碑；口碑不错；颇有口碑
2423 口才　kǒucái　n.　eloquence　很有口才；练口才
2424 口吃　kǒuchī　v.　stutter　说话口吃；口吃的毛病
2425 口感　kǒugǎn　n.　texture of food, mouthfeel　丰富的口感；口感不错
2426 口径　kǒujìng　n.　account of an event　统一口径；口径一致
2427 口令　kǒulìng　n.　word of command　听口令；说口令
2428 口气　kǒu·qì　n.　tone　命令式的口气；平等的口气
2429 口腔　kǒuqiāng　n.　oral cavity　口腔健康；口腔疾病；检查口腔卫生
2430 口哨　kǒushào　n.　whistle　一声口哨；吹口哨
2431 口水　kǒushuǐ　n.　saliva, slaver　流口水；吐口水
2432 口头　kǒutóu　n.　words (as distinct from thoughts/actions)　停留在口头上
　　　　　　　adj.　verbal, unwritten　口头警告；口头表达
2433 口味　kǒuwèi　n.　taste　个人口味；口味独特
2434 口香糖　kǒuxiāngtáng　n.　chewing gum　嚼口香糖
2435 口音　kǒuyīn　n.　accent　家乡口音；口音重
2436 口罩　kǒuzhào　n.　gauze/surgical mask　一只口罩；戴口罩
2437 口子　kǒuzi　n.　cut, opening　一道口子；划开口子
2438 扣除　kòuchú　v.　deduct　扣除费用；从工资中扣除
2439 扣留　kòuliú　v.　detain　被扣留；扣留车辆
2440 扣人心弦　kòurénxīnxián　thrilling　扣人心弦的歌曲

从 2421～2430 中选择合适的词语填空　Choose the right words from 2421-2430 and fill in the blanks.

1. 企业要想长久发展，就应该树立良好的_____。
2. 他_____不好，没有提前准备的话，往往一句话都讲不出来。
3. 西瓜放在冰箱里冷藏几个小时，_____会更好
4. 随着教练员"齐步走"的_____，同学们迈开了整齐的步伐。
5. 那人用命令的_____对他说："快把门打开。"

从 2431～2440 中选择合适的词语填空　Choose the right words from 2431-2440 and fill in the blanks.

6. 我已经和这家公司达成了_____协议，下周就可以正式签合同了。
7. 他的普通话带有很明显的地方_____。
8. 秋冬季节是流感暴发期，很多人出门都戴着_____。
9. 这笔费用将从你下个月的工资中_____。
10. 这本小说讲述了一个_____的故事。

第3部分　Part 3

2441 扣押　kòuyā　v.　detain, impound　非法扣押；扣押在拘留所
2442 枯燥　kūzào　adj.　dry and dull, insipid, dishwatery　枯燥的话题；枯燥的生活；工作枯燥
2443 哭泣　kūqì　v.　weep, sob　低声哭泣；独自哭泣
2444 哭笑不得　kūxiào-bùdé　not know whether to laugh or cry　哭笑不得的表情；令人哭笑不得
2445 窟窿　kūlong　n.　hole, hollow; deficit　冰窟窿；补窟窿
2446 苦力　kǔlì　n.　hack work　做苦力；干苦力
2447 苦练　kǔ liàn　practice hard　日夜苦练；苦练书法
2448 苦难　kǔnàn　n.　sufferings, tribulation　人生的苦难；遭遇苦难
2449 苦恼　kǔnǎo　adj.　distressed, vexed　让人苦恼；为感情而苦恼
2450 苦笑　kǔxiào　v.　force a smile　苦笑一声；苦笑着说
2451 苦心　kǔxīn　n.　pains　一片苦心；一番苦心；费尽苦心
　　　　　　　　　adv.　painstakingly　苦心经营；苦心设计
2452 酷似　kùsì　v.　be very similar　酷似明星；眉眼酷似父亲
2453 夸　kuā　v.　praise　夸我学习认真；无人不夸
2454 夸大　kuādà　v.　exaggerate　夸大作用；过于夸大
2455 夸奖　kuājiǎng　v.　praise　夸奖的话；谢谢夸奖；得到夸奖；夸奖一番
2456 夸夸其谈　kuākuā-qítán　indulge in verbiage　我们公司不要那些只会夸夸其谈却没有一点儿实战经验的人。
2457 夸耀　kuāyào　v.　boast, flaunt　值得夸耀；夸耀自己的成绩
2458 夸张　kuāzhāng　adj.　exaggerated　夸张的表达；夸张地说
　　　　　　　　　n.　exaggeration　适当的夸张
2459 垮　kuǎ　v.　collapse　拖垮；身体垮了；垮台
2460 挎　kuà　v.　carry on the arm; carry over one's shoulder/round one's neck/at one's side　挎着一个包；斜挎

从2441～2450中选择合适的词语填空　Choose the right words from 2441-2450 and fill in the blanks.

1. 他因为经济问题，名下所有财产都被法院_____了。
2. 他这节课讲得很_____，根本没人听。
3. 他一直因不知如何与人交往而_____。
4. 他这副似笑非笑、似哭非哭的模样真让人_____。
5. 被问起这些年的经历，他一句话也没说，只有一脸_____。

从2451～2460中选择合适的词语填空　Choose the right words from 2451-2460 and fill in the blanks.

6. 经过他的_____经营，工厂的销售情况终于有所好转。
7. 有的人_____了金钱的作用，认为金钱是万能的。
8. 我们应提倡多实践、多行动，反对_____。

9. 他总是很谦虚，从不在别人面前_____自己的成就。

10. 文学创作上经常使用_____的手法。

◎ **重点词语** Focus words

1. 空前

　　动词，表示以前不曾有过。例如：

　　（1）本届运动会开幕式规模<u>空前</u>。

　　（2）科学技术的迅猛发展对人类社会产生了<u>空前</u>的影响。

　　（3）演出取得了<u>空前</u>成功，获得观众的一致好评。

2. 扣人心弦

　　形容（诗文、表演等）非常有感染力，能引起人的共鸣，使人激动。例如：

　　（1）这是一部<u>扣人心弦</u>的长篇小说。

　　（2）这次的比赛从一开始就十分激烈，<u>扣人心弦</u>。

　　（3）下午的乒乓球比赛打得<u>扣人心弦</u>，赢得了观众阵阵热烈的掌声。

3. 哭笑不得

　　表示哭也不合适，笑也不合适，让人又好气，又好笑，不知怎么做才好。例如：

　　（1）看着小孙子模仿自己说话的样子，爷爷<u>哭笑不得</u>。

　　（2）当把菜端上桌时，妈妈才想起来自己忘了做米饭，弄得大家<u>哭笑不得</u>。

　　（3）小时候的我对什么事都充满了好奇，一连串的"为什么"总是问得父母<u>哭笑不得</u>。

4. 酷似

　　动词，表示非常像。例如：

　　（1）从地图上看，这个岛的形状<u>酷似</u>一只蝴蝶，所以又被称为"蝶岛"。

　　（2）从照片上可以看出他长得<u>酷似</u>他爸爸。

　　（3）远远望去，广场前的草地<u>酷似</u>一张巨大的绿色地毯。

5. 夸夸其谈

　　形容（说话或写文章）超过实际程度，不切实际。例如：

　　（1）面试时最好问什么答什么，千万不要<u>夸夸其谈</u>。

　　（2）他很踏实，从不<u>夸夸其谈</u>，是一个可以信赖的朋友。

　　（3）他无论何时何地，为了显示自己的重要性，总爱<u>夸夸其谈</u>。

◎ **速练** Quick practice

一、选择合适的词语填空　Choose the right words and fill in the blanks.

　　（一）　　　　A. 客流　B. 空前　C. 空虚　D. 恐惧　E. 啃　F. 口径

1. 自19世纪以来，心理学得到了_____的发展。

2. 他从来不会因为贫穷而让自己的精神世界_____，只要有机会，他就会读书。
3. 由于实行了新的财务制度，统计_____发生了很大变化。
4. 网上购物的兴起使得各大商场的_____减少了很多。
5. 他们决定采取蚂蚁_____骨头的做法一步一步地攻克难关。

（二）　　　　A. 口水　B. 口味　C. 口香糖　D. 扣留　E. 窟窿　F. 酷似

1. 休闲食品产业前景很好，只要符合大众_____，定价合理，产品就非常具有竞争力。
2. 才两岁的小孙子亲了爷爷一脸的_____，逗得大家哈哈大笑。
3. 他不小心把那幅画儿戳了一个大_____。
4. 这种水果的味道_____香蕉，不但味道好，而且营养丰富。
5. 有研究显示，嚼_____可以减肥。

二、选择合适的词语完成句子　Choose the right words to complete the sentences.

1. 从照片看，大女儿_____母亲，二女儿更像父亲，小儿子则兼而有之。
   A. 酷似　　　　B. 相似　　　　C. 类似　　　　D. 看似
2. 海关_____了这批货物，并将依法严肃处理。
   A. 回扣　　　　B. 抵押　　　　C. 扣押　　　　D. 扣除
3. 这个方案经过了多次修改，并广泛_____了各方面的意见。
   A. 恳求　　　　B. 要求　　　　C. 哀求　　　　D. 征求
4. 老王处处严格要求自己，在朋友中_____甚好。
   A. 口号　　　　B. 口碑　　　　C. 口气　　　　D. 口径
5. 要及时向大家通报情况，让大家安心，避免引起不必要的_____。
   A. 恐怖　　　　B. 恐吓　　　　C. 恐慌　　　　D. 恐怕
6. 有人认为_____情绪是从先天遗传而来的，人一生下来就有。
   A. 恐怕　　　　B. 恐怖　　　　C. 恐惧　　　　D. 恐慌
7. 由于酒后驾驶，交警_____了他的驾照和车。
   A. 扣除　　　　B. 扣留　　　　C. 抵押　　　　D. 保留

三、将词语填入句中合适的位置　Choose the appropriate location for the words.

1. 近几年来，A 边境 B 贸易 C 呈现出 D 繁荣的景象。（空前）
2. A 村民们 B 经营了几年后，C 取得了比较可观 D 的经济效益。（苦心）
3. 王老师怕同学们觉得 A 这门课 B 单调，想尽办法调动他们 C 的学习 D 兴趣。（枯燥）
4. 我们目前 A 只有一个 B 约定，还没有 C 签 D 合同。（口头）

第42单元　Unit 42

◎速记　Quick memory

第1部分　Part 1

2461 跨国　kuàguó　v.　be multinational　跨国经济；跨国贸易
2462 跨越　kuàyuè　v.　stride across　跨越阶级；跨越障碍；跨越了几个世纪
2463 快捷　kuàijié　adj.　quick　快捷酒店；快捷的方式
2464 宽敞　kuānchang　adj.　spacious　宽敞的房间；宽敞的空间
2465 宽泛　kuānfàn　adj.　broad　宽泛的概念；相当宽泛的领域
2466 宽厚　kuānhòu　adj.　generous, soft-hearted　待人宽厚；性格宽厚；宽厚地微微一笑
2467 宽容　kuānróng　v.　tolerate　学会宽容；宽容别人
2468 宽恕　kuānshù　v.　forgive　请求宽恕；得到宽恕；宽恕了他的罪行
2469 宽松　kuān·sōng　adj.　loose and comfortable; relaxed　宽松的衣服；环境宽松
2470 款式　kuǎnshì　n.　style, design　时髦的款式；更新款式
2471 款项　kuǎnxiàng　n.　sum of money　这笔款项；收回款项
2472 筐　kuāng　n.　basket　菜筐；文件筐
2473 狂欢　kuánghuān　v.　be wild with joy, revel　狂欢的时刻；尽情狂欢
2474 狂欢节　kuánghuānjié　n.　carnival　狂欢节期间
2475 狂热　kuángrè　adj.　fanatical　狂热的球迷；狂热地追求
2476 旷课　kuàng//kè　be absent from school without leave　经常旷课；旷了十节课
2477 况且　kuàngqiě　conj.　moreover　我不想去玩儿，况且还有很多作业没写。
2478 矿藏　kuàngcáng　n.　mineral resources　丰富的矿藏；矿藏资源
2479 框　kuàng　n.　frame　眼镜框；画框
　　　　　　　　　　v.　draw a frame around　框住；把相片框起来
2480 框架　kuàngjià　n.　framework　框架结构；基本的框架；确定框架

从2461～2470中选择合适的词语填空　Choose the right words from 2461-2470 and fill in the blanks.

　　1. 这家企业在20世纪80年代迅速发展成为一家_____集团。
　　2. 有些老人认为，打电话是与子女交流、沟通最_____的方式。
　　3. 这间新装修的房子_____明亮，如果住进去一定会觉得很舒心。
　　4. 我不小心伤害了他，让他很难过，我现在就去请求他_____。
　　5. 王经理_____待人，大家都很尊敬他。

从2471～2480中选择合适的词语填空　Choose the right words from 2471-2480 and fill in the blanks.

　　6. 中心广场上，人们一起_____，迎接新年的到来。
　　7. 他非常喜欢看电影，甚至可以说是个_____的电影迷。
　　8. 你应该向老师解释一下儿你_____的原因。
　　9. 梦想是一座美丽的_____，需要我们不断努力去发掘它。
　　10. 这部电影对小说的故事_____没有做改动。

第 2 部分　Part 2

2481 亏本　kuī//běn　lose money in business　亏本的生意；亏本的买卖
2482 亏损　kuīsǔn　v.　lose, deplete　产生亏损；亏损严重；亏损一百万
2483 昆虫　kūnchóng　n.　insect　昆虫世界；有害昆虫
2484 捆　kǔn　v.　bundle up　捆在一起；捆住；捆起来；用绳捆
　　　　　　　　　m.　used of sth. bundled up　一捆书；一捆资料
2485 困惑　kùnhuò　adj.　puzzled　令人困惑；感到困惑；困惑地问
　　　　　　　　　v.　bewilder　困惑了我很长时间；困惑着我们
2486 困境　kùnjìng　n.　dilemma, predicament　摆脱困境；当前的困境
2487 扩　kuò　v.　expand, enlarge　扩音器；扩大
2488 扩建　kuòjiàn　v.　extend (a factory, mine, hospital, etc.)　扩建机场；大力扩建
2489 扩散　kuòsàn　v.　spread　向外扩散；慢慢扩散；扩散到全身
2490 扩张　kuòzhāng　v.　extend, expand　扩张势力；迅速扩张
2491 括弧　kuòhú　n.　bracket　使用括弧；加一个括弧
2492 阔绰　kuòchuò　adj.　extravagant, lavish　阔绰的生活；出手阔绰
2493 拉动　lādòng　v.　stimulate, drive　拉动消费；拉动经济增长；缓缓拉动
2494 拉拢　lā·lǒng　v.　rope in　刻意拉拢；用金钱拉拢；拉拢人心
2495 拉锁　lāsuǒ　n.　zip fastener　金属拉锁；带拉锁的包；拉上拉锁
2496 啦啦队　lālāduì　n.　cheering squad　篮球啦啦队；啦啦队队员
2497 喇叭　lǎba　n.　loudspeaker, horn　汽车喇叭声；按喇叭
2498 腊月　làyuè　n.　the twelfth month of the lunar year　腊月二十九；寒冬腊月
2499 蜡　là　n.　wax; candle　白蜡；味同嚼蜡；点一支蜡
2500 蜡烛　làzhú　n.　candle　一根蜡烛；点燃的蜡烛；吹蜡烛

从 2481～2490 中选择合适的词语填空　Choose the right words from 2481-2490 and fill in the blanks.

1. 他是个精明的商人，从来不做_____的生意。
2. 这家公司连续几年_____，不得不宣布破产。
3. 大家只有团结起来，才能摆脱目前的_____。
4. 为了举办这次的大规模运动会，当地政府对红星体育场进行了_____。
5. 未经证实的消息_____出去，会产生不良影响。

从 2491～2500 中选择合适的词语填空　Choose the right words from 2491-2500 and fill in the blanks.

6. 搞好这几大工程建设，必会对全省经济产生巨大的_____作用。
7. 观看比赛时，我也成了_____的一员，一直给运动员加油。
8. 开车的时候，不要因为堵车就急着按_____。
9. 他热爱游泳，即使在寒冬_____也坚持游泳。
10. 人们常把教师比作_____，燃烧自己，照亮他人。

第3部分　Part 3

2501 辣椒　làjiāo　n.　hot pepper　辣椒酱；红辣椒
2502 来宾　láibīn　n.　guest　尊敬的来宾；各位来宾
2503 来电　láidiàn　v.　make a phone call　欢迎来电咨询
　　　　　　　　　　n.　incoming call　未接来电；转接来电
2504 来访　láifǎng　v.　pay a visit　来访的客人；欢迎来访
2505 来回　láihuí　adv.　back and forth　来回跑；来回走
　　　　　　　　　　n.　round trip　从北京到天津，一天可以跑好几个来回。
2506 来历　láilì　n.　origin　不知道来历；名字的来历
2507 来临　láilín　v.　come, arrive　即将来临；暴风雪来临
2508 来龙去脉　láilóng-qùmài　ins and outs　这件事的来龙去脉；别急，把事情的来龙去脉说清楚
2509 来年　láinián　n.　coming year　等到来年；来年的利润可能比今年高
2510 来源于　láiyuán yú　derive from, root in　来源于传说；来源于生活
2511 拦　lán　v.　block　拦出租车；拦住；拦下来
2512 栏　lán　n.　fence; pen, barn; column; board for posting notices, newspapers, etc.　护栏；牛栏；生词栏；宣传栏
2513 栏杆　lángān　n.　hurdle, railing　靠在栏杆上；桥上的栏杆
2514 蓝图　lántú　n.　blueprint　设计蓝图；勾画人生的蓝图
2515 揽　lǎn　v.　take into one's arms; take upon oneself　揽在怀里；揽生意
2516 缆车　lǎnchē　n.　cable car　乘坐缆车；观光缆车
2517 懒得　lǎnde　v.　be in no mood to　懒得动；懒得吃早饭
2518 懒惰　lǎnduò　adj.　lazy　懒惰的人；变得懒惰
2519 滥用　lànyòng　v.　abuse, use indiscriminately　滥用资源；滥用药物；滥用权力
2520 狼　láng　n.　wolf　狼群；母狼

从 2501～2510 中选择合适的词语填空　Choose the right words from 2501-2510 and fill in the blanks.

　　1. 晚会开始前，请允许我介绍一下儿到场的各位_____。
　　2. 上个星期，我们陪着_____的客人一起参观了博物馆。
　　3. 对于_____不明的人，我们需要提高警惕。
　　4. 会场的气氛安静得可怕，似乎一场暴风雨即将_____。
　　5. 这件事的_____一时半会儿很难说清楚，下次有时间我再告诉你吧。

从 2511～2520 中选择合适的词语填空　Choose the right words from 2511-2520 and fill in the blanks.

　　6. 年轻人一定要规划好自己的人生_____。
　　7. 这些房子的院子用_____围了起来，与外面隔开了。
　　8. 这座山太高了，我们还是坐_____上山吧。
　　9. 人都会_____，但是不能在重要的事情上懒。
　　10. 怀孕期间因病必须用药时，一定要在医生指导下进行，切不可_____。

◎ 重点词语　Focus words

1. 况且

连词，用在后一分句句首，表示进一步的理由或补充说明理由，常和"又、也、还"等副词配合使用。例如：

（1）这城市这么大，况且你又不知道他住哪儿，一下子怎么能找到他呢？
（2）路不算太远，况且又不堵车，我们准能按时赶到。
（3）这种电子词典质量好，体积小，况且价格也不贵，可以考虑买一个。

2. 来回

副词，表示来来去去地、多次反复地。例如：

（1）球场上，球员们快速地来回奔跑着。
（2）她看书看得入了迷，我从她身边来回走过好几次，她都没察觉。
（3）你把白酒倒一点儿在桌子上，用抹布来回擦几遍，桌子上的笔印就可以擦干净了。

这可以做名词，表示一段距离之内去了再回的过程。例如：

（4）他站起来，背着手，在客厅里走了好几个来回，还是没想出办法来。
（5）她家住得很远，一个来回要花一个多小时。

3. 来龙去脉

比喻人、物的来历或事情的前因后果。例如：

（1）经过几天的调查研究，我们终于弄清了这件事情的来龙去脉。
（2）要把这起案件的来龙去脉讲清楚，就不得不从十年前开始讲起。
（3）导游小姐把颐和园的来龙去脉讲得非常详细。

4. 懒得

动词，表示不想、不愿意（做某事），后面带动词做宾语。例如：

（1）他心里烦得很，话也懒得讲。
（2）加班到半夜才回家，小王澡也懒得洗，倒头就睡。
（3）星期天，妈妈懒得在家做饭，于是全家人在饭馆解决了午餐。

◎ 速练　Quick practice

一、选择合适的词语填空　Choose the right words and fill in the blanks.

（一）　　　A. 跨越　B. 宽泛　C. 扩张　D. 款式　E. 筐　F. 宽容

1. 只要我们用一颗乐观、＿＿＿＿的心去感受生活的美好，就会发现生活总在不经意的地方给我们惊喜。
2. 比起中老年人，年轻人更容易＿＿＿＿国家、文化的界限，交流起来也就比较容易。
3. 从最＿＿＿＿的意义上说，"文化"可以包括人类的一切创造活动和创造结果。

4. 市场上销售的太阳镜，品种、_____、颜色丰富多样。
5. "不要把所有的鸡蛋放进一个_____里。"意思是不要把所有的钱都投入一件事情上，应该做多手准备。

（二）　　　A. 拦　B. 来年　C. 来回　D. 阔绰　E. 来电　F. 拉拢
1. 临近新年，人们都希望_____日子过得红红火火。
2. 记者们被_____在报告厅外，不允许进入会场。
3. 不论你是_____还是贫困，书籍就像一位忠诚的老友，始终陪伴着你。
4. 他背着手，在屋里走了几个_____，但还是拿不定主意。
5. 作为领导，如何才能快速地_____员工的心，从而赢得大家的尊重和支持呢？

二、选择合适的词语完成句子　Choose the right words to complete the sentences.
1. 第一次见到他时，他斜_____着大书包正准备去上学。
　A. 跨　　　　　B. 垮　　　　　C. 夸　　　　　D. 挎
2. 人的一辈子若能够_____两个世纪是非常幸运的。
　A. 跨越　　　　B. 超越　　　　C. 穿越　　　　D. 飞越
3. 文化的内容比较_____，它可以包括人类的一切创造活动和创造结果。
　A. 宽敞　　　　B. 宽泛　　　　C. 宽松　　　　D. 宽厚
4. 公司_____严重，不得不解雇一些职员。
　A. 损伤　　　　B. 吃亏　　　　C. 亏损　　　　D. 多亏
5. 去年十月底，老王病情再度复发恶化，癌细胞_____到了全身。
　A. 扩散　　　　B. 扩大　　　　C. 扩展　　　　D. 扩张
6. 公司刚成立不久，不宜过度_____业务。
　A. 开展　　　　B. 扩张　　　　C. 扩建　　　　D. 扩散
7. 不方便接电话时，您可以将_____转移到语音信箱。
　A. 来信　　　　B. 来电　　　　C. 来宾　　　　D. 来源

三、将词语填入句中合适的位置　Choose the appropriate location for the words.
1. A 我 B 早就放弃了，C 不放弃 D 又能怎样呢？（况且）
2. 会场上，A 服务员一直 B 耐心地为客人们 C 端茶 D 倒水。（来来回回）
3. A 这一期杂志封面的设计 B 灵感来源 C 一次说走就走的 D 旅行。（于）
4. 他一 A 听这事，B 急了，心里烦得很，连话也 C 讲，只是皱着眉头听大家 D 说。（懒得）

第43单元　Unit 43

◎速记　Quick memory

第1部分　Part 1

2521 狼狈　lángbèi　*adj.*　in a difficult position　狼狈的样子；狼狈地逃走

2522 朗诵　lǎngsòng　*v.*　recite　朗诵会；朗诵诗歌；高声朗诵

2523 浪　làng　*n.*　wave　浪花；冲浪；后浪推前浪

2524 捞　lāo　*v.*　drag for, dredge up; get by improper means　捞出；大海捞针；捞钱

2525 劳动力　láodònglì　*n.*　labor force　劳动力市场；剩余劳动力；劳动力不足

2526 劳累　láolèi　*adj.*　tired, sweatful　连日的劳累；长期劳累；过于劳累

2527 劳务　láowù　*n.*　labour services　劳务费；劳务市场

2528 牢固　láogù　*adj.*　firm, solid　基础牢固；牢固地掌握

2529 牢记　láojì　*v.*　remember well　时刻牢记；牢记教训；牢记于心

2530 牢牢　láoláo　firmly　牢牢抓住；牢牢记住

2531 唠叨　láodao　*v.*　nag, chatter　经常唠叨；唠叨半天

2532 老伴儿　lǎobànr　*n.*　(of an old married couple) husband or wife　老人的老伴儿；找个老伴儿

2533 老大　lǎodà　*n.*　chief of a gang　队里的老大
　　　　　　　　　　adv.　(often used in negative forms) very　老大不愿意；老大不开心

2534 老汉　lǎohàn　*n.*　old man　小说通过一个老汉的视角描写了这座城市几十年来的变化。

2535 老化　lǎohuà　*v.*　age, get older　皮肤老化；人口老化

2536 老人家　lǎorenjia　*n.*　venerable old person　向她老人家问好；老人家的身体不错

2537 老实说　lǎoshishuō　frankly speaking　老实说，我也不记得当时的约定了。

2538 老远　lǎo yuǎn　far away　老远的地方；扔出去老远

2539 老字号　lǎozìhao　*n.*　time-honored brand　中华老字号；老字号餐厅

2540 姥姥　lǎolao　*n.*　(maternal) grandma　姥姥家；亲爱的姥姥

从2521～2530中选择合适的词语填空　Choose the right words from 2521-2530 and fill in the blanks.

1. 我们刚爬到山顶就遇到了大雨，大家都没有带伞，_____极了。
2. 今天，学校礼堂里举行了诗歌_____大会的开幕式。
3. 由于_____过度，他倒在了工作岗位上。
4. 由于该厂_____树立了质量意识，他们的产品得到了广大消费者的肯定。
5. 我们要忘记失败，但要_____失败的教训。

从2531～2540中选择合适的词语填空　Choose the right words from 2531-2540 and fill in the blanks.

6. 她整天都在_____自己被骗的经历，大家都不想听了。
7. 专家分析，人口_____的主要原因是人类寿命的延长和出生人数的不断下降。

8. _____，我觉得哲学太枯燥了，我一点儿兴趣都没有。

9. 这家_____烤鸭店已经有一百多年的历史了。

10. 他虽然去参加了活动，但心里却是_____不愿意。

第 2 部分　Part 2

2541 姥爷　lǎoye　n.　(maternal) grandpa　看望姥爷；我的姥爷

2542 涝　lào　adj.　flooded　涝灾；防涝

2543 乐意　lèyì　v.　be willing to　这件事只要你乐意，其他人说什么也没用。
　　　　　　　adj.　satisfied, pleased　乐意地接受；心里不乐意

2544 乐园　lèyuán　n.　amusement park　儿童乐园；海洋乐园

2545 勒　lēi　v.　strangle, rein in　被绳子勒住；勒紧裤带

2546 雷同　léitóng　adj.　identical　情节雷同；答案雷同

2547 累积　lěijī　v.　accumulate, cumulate　累积经验；逐渐累积；累积下去

2548 累计　lěijì　v.　add up (to)　累计超过一千元；累计三千人次

2549 类别　lèibié　n.　category　文学类别；划分类别

2550 棱角　léngjiǎo　n.　edges and corners; edge　棱角突出；磨平棱角；露出棱角

2551 冷淡　lěngdàn　adj.　cold, indifferent　态度冷淡；冷淡的关系
　　　　　　　v.　leave sb. in the cold　冷淡了朋友；对人冷淡

2552 冷冻　lěngdòng　v.　freeze　冷冻技术；冷冻食品；快速冷冻

2553 冷酷　lěngkù　adj.　grim, relentless　冷酷的现实；冷酷地命令他

2554 冷酷无情　lěngkù-wúqíng　cold-blooded, unfeeling　冷酷无情的人；变得冷酷无情

2555 冷落　lěngluò　adj.　unfrequented　冷落的大街
　　　　　　　v.　snub　被冷落在一旁；受人冷落

2556 冷门　lěngmén　n.　unpopular trade, subject, etc.　冷门专业；冷门学校

2557 冷漠　lěngmò　adj.　indifferent　性格冷漠；对人冷漠

2558 冷笑　lěngxiào　v.　sneer　冷笑一声；冷笑着说

2559 冷战　lěngzhàn　n.　cold war　和妻子冷战；冷战时期

2560 愣　lèng　v.　be in a daze　愣住；发愣；他愣了半天没说话
　　　　　　　adj.　stupefied, reckless　愣头愣脑；开车小心点儿，别那么愣

从 2541～2550 中选择合适的词语填空　Choose the right words from 2541-2550 and fill in the blanks.

1. 面对对方的怀疑，他不怎么_____去解释。

2. 鉴于前几年的极端暴雨天气，这次我们做好了充分的防_____准备。

3. 这两篇文章_____的地方有很多，有可能存在抄袭。

4. 即使是一个非常微小的变化，只要_____到足够长的时间，就会产生质的变化。

5. 他们把这本书错放到另一个_____里去了。

从 2551～2560 中选择合适的词语填空　Choose the right words from 2551-2560 and fill in the blanks.

6. 晚餐要吃肉的话，得先把肉从冰箱_____室里拿出来解冻。

7. 无论小女孩儿怎么求他，都无法打动他那颗_____的心。
8. 随着网上购书的流行，书店逐渐被人们_____。
9. 他_____了一声，似乎并没有把对手放在眼里。
10. 两口子还在_____，双方似乎都没有和解的意思。

第3部分　Part 3

2561 **离谱儿** lí//pǔr　beyond what is proper　错得有点儿离谱儿；费用高得离谱儿；越说越离谱儿

2562 **离奇** líqí　*adj.* quirky, surreal　离奇的故事；离奇失踪

2563 **离职** lí//zhí　leave one's job　离职之后；从公司离职；被迫离职

2564 **黎明** límíng　*n.* dawn, daybreak　黎明前的黑暗；黎明的到来

2565 **礼服** lǐfú　*n.* full dress　漂亮的礼服；穿礼服

2566 **礼品** lǐpǐn　*n.* gift　节日礼品；贵重的礼品；赠送礼品

2567 **礼仪** lǐyí　*n.* etiquette　基本礼仪；商务礼仪；合乎礼仪

2568 **里程碑** lǐchéngbēi　*n.* milestone　重要的里程碑；具有里程碑的意义

2569 **理睬** lǐcǎi　*v.* heed, pay attention to　不理睬他；没人理睬

2570 **理会** lǐhuì　*v.* pay attention to　不理会别人的意见；不予理会

2571 **理科** lǐkē　*n.* science (as a field of study)　理科专业；理科学校；理科生

2572 **理念** lǐniàn　*n.* idea, notion　设计理念；管理理念；理念先进

2573 **理事** lǐshì　*n.* trustee, director　一名理事；董事会的理事
　　　　　　　　　　v. handle matters　他最近身体不好，不能理事。

2574 **理所当然** lǐsuǒdāngrán　go without saying　觉得理所当然；视为理所当然；理所当然地认为

2575 **理性** lǐxìng　*adj.* rational　理性思考；理性的认识
　　　　　　　n. reason, rationality　合乎理性；从理性出发

2576 **理直气壮** lǐzhí-qìzhuàng　be confident with justice on one's side　理直气壮地回答；说得理直气壮

2577 **力不从心** lìbùcóngxīn　unable to do as much as one would like to　感到力不从心；实在是力不从心

2578 **力度** lìdù　*n.* strength　打击力度；宣传力度；力度大/小

2579 **力求** lìqiú　*v.* strive　力求完美；力求做到言行一致

2580 **力所能及** lìsuǒnéngjí　in one's power　力所能及地帮助他；做力所能及的事情

从2561～2570中选择合适的词语填空　Choose the right words from 2561-2570 and fill in the blanks.

1. 听完这个_____的故事，大家都惊呆了。
2. _____后，他开始重新思考自己的职业规划。
3. 美丽的姑娘穿着漂亮的_____来到了晚会现场。
4. 这部具有_____意义的作品受到了读者的热烈欢迎。
5. 我们没有必要去_____那些无聊的议论。

从 2571～2580 中选择合适的词语填空 Choose the right words from 2571-2580 and fill in the blanks.

6. 不要把别人对你的帮助当成_____的。

7. 网上购物时，要学会鉴别真假，_____消费。

8. 他表面上一副_____的样子，实际上心虚得很。

9. 他工作很忙，想要多照顾一下儿父母，却往往_____。

10. 凡是_____的事情，我从来不麻烦别人。

◎ **重点词语** Focus words

1. 牢牢

表示结合紧密的、不容易分割开的。例如：

（1）她的演讲非常精彩，牢牢抓住了听众们的心。

（2）王明办事你放心，告诉他的话他总是记得牢牢的。

（3）一个企业要想在激烈的竞争中牢牢占领市场，必须靠过硬的产品质量。

2. 老大

名词，表示兄弟姐妹中按照年龄大小排第一的人，也指排行第一的人或单位。例如：

（1）老王有两个儿子，老大20岁，老二18岁。

（2）短短几年工夫，该公司迅速发展为行业老大。

副词，表示很、非常的意思，多用于否定式。例如：

（3）正在打篮球的小明老大不情愿地跟着妈妈离开了球场。

（4）听了这话，他心里老大不高兴，但又不好当着大家的面发火。

3. 老实说

表示强调，多在句中充当插入语，也说"说实在的"。例如：

（1）这个问题，老实说，我答不出来。

（2）谢谢你的建议，但老实说，我并不太赞成。

（3）老实说，老王对这件事一点儿也不感兴趣。

4. 理所当然

表示按理说应当这样。例如：

（1）这么有趣的东西，人们理所当然会喜欢。

（2）他说得很平静，好像这就是理所当然的事。

（3）她事事以自己为中心，理所当然地认为所有人都应当让着她。

5. 理直气壮

表示理由充分，说话做事有力量。例如：

（1）这件事明明是她不对，可她不仅不肯认错，还说得那么理直气壮。

（2）老王理直气壮地说："这是我该得的。"

（3）虽然心虚，但他还是装出一副理直气壮的样子。

6. 力不从心

表示心里想做但能力或力量达不到。例如：

（1）快要毕业了，小李总觉得有很多事情需要自己去做，但又觉得力不从心。
（2）现在的中年夫妇上有老下有小，同时还要面对工作的压力，显然力不从心。
（3）游到三公里时，他感到有些力不从心，于是退出了比赛。

7. 力求

动词，表示极力追求、尽力得到。例如：

（1）每次演出她总是力求做到最好。
（2）无论负责哪一方面的工作，他总是尽心尽力，力求完美。
（3）现代化的住宅小区在设计上力求布局合理、功能齐全、生活方便。

8. 力所能及

表示能力或力量范围内能做到。例如：

（1）他总是力所能及地帮助别人。
（2）作为父母，要根据孩子的能力和特点，让孩子做一些力所能及的事。
（3）在力所能及的范围内努力去实现自己的梦想，你的人生就会变得更加美好。

◎ 速练　Quick practice

一、选择合适的词语填空　Choose the right words and fill in the blanks.

（一）　　　　A. 捞　B. 劳动力　C. 牢牢　D. 老大　E. 老远　F. 累计

1. 据统计，2019 年中国公民出境旅游人数_____达 1.55 亿人次。
2. 被卷入这样离谱儿的事情里，他心里_____不高兴。
3. 发展乡镇企业可以有效解决农村剩余_____的就业问题。
4. 在茫茫人海中寻找一个人就好比大海_____针，困难可想而知。
5. 她的演讲充满了情感，_____抓住了听众们的心。

（二）　　　　A. 棱角　B. 冷酷　C. 愣　D. 离谱儿　E. 冷门　F. 力度

1. 他长着一张_____分明的国字脸。
2. 不容易卖出去的货物也可以说是_____货。
3. 我们双方应该在现有基础上，加强合作_____。
4. 他是一个外表_____无情、内心温暖无比的人。
5. 你这个玩笑开得太_____了，难怪大家听了都不吭声。

二、选择合适的词语完成句子　Choose the right words to complete the sentences.

1. 父亲为了维持一家人的生活而日夜_____奔波。
 A. 劳累　　　　B. 疲劳　　　　C. 操劳　　　　D. 劳动
2. 观众们被他们之间的对话_____吸引住了。
 A. 牢牢　　　　B. 紧密　　　　C. 牢记　　　　D. 牢

3. 现有的设备已运转10年，功能_____，远远适应不了当前的生产需求。
　　A. 老化　　　　B. 净化　　　　C. 绿化　　　　D. 强化
4. 旅行对每个人来说都是有意义的，因为多少可以_____一些人生经验。
　　A. 累计　　　　B. 积累　　　　C. 积淀　　　　D. 积蓄
5. 他们夫妻虽不再争吵，但彼此的关系却变得十分_____。
　　A. 冷淡　　　　B. 冷酷　　　　C. 冷静　　　　D. 冷落
6. 大家散会后，他一个人坐在椅子上_____，一动也不动。
　　A. 发怒　　　　B. 发抖　　　　C. 发火　　　　D. 发愣
7. 她是一个很爱笑的人，_____就能听到她的笑声。
　　A. 老　　　　　B. 老大　　　　C. 老是　　　　D. 老远

三、将词语填入句中合适的位置　Choose the appropriate location for the words.

1. 他向来 A 追求完美，在每一个细节上 B 都 C 做到 D 精益求精。（力求）
2. 尽管 A 他 B 心里 C 不愿意，但还是 D 认真落实了工作。（老大）
3. 他 A 把脸 B 转向一旁，一副 C 理人 D 的样子。（懒得）
4. 走出 A 院子 B，C 他还不断回头张望那个 D 使他终生难忘的小院。（老远）

第44单元　Unit 44

◎速记　Quick memory

第1部分　Part 1

2581 力争　lìzhēng　v.　strive for　力争完成；力争实现

2582 历程　lìchéng　n.　course, experience　艰苦的历程；人生历程

2583 历届　lìjiè　adj.　all previous (sessions, governments, etc.)　历届毕业生；历届总统

2584 历经　lìjīng　v.　go through　历经改革；历经苦难

2585 历来　lìlái　adv.　always　历来如此；历来重视

2586 历时　lìshí　v.　take (a period of time)　历时一个月；历时最长
　　　　　　　　adj.　diachronic　历时研究；历时发展

2587 立方　lìfāng　n.　cube　立方体；立方结构
　　　　　　　　m.　cubic meter　15立方水

2588 立方米　lìfāngmǐ　m.　cubic meter　80立方米的混凝土

2589 立功　lì//gōng　make contributions　有立功表现；多次立功；立了大功

2590 立交桥　lìjiāoqiáo　n.　flyover, overpass　一座立交桥；立交桥上；建立交桥

2591 立体　lìtǐ　adj.　three-dimensional, tridimensional　立体呈现；立体的卡片；人物形象立体丰满

2592 立足　lìzú　v.　gain a foothold; base oneself upon　立足之地；难以立足；立足于现实

2593 励志　lìzhì　v.　be determined to fulfil one's aspirations　励志故事；励志电影

2594 利害　lìhài　n.　advantages and disadvantages　利害关系；不计利害；不存在任何利害冲突

2595 利率　lìlǜ　n.　interest rate　基准利率；年利率

2596 利索　lìsuo　adj.　nimble, agile; settled, finished　干活儿利索；收拾利索

2597 粒　lì　m.　used of granular objects　一粒米；一粒种子

2598 连滚带爬　liángǔn-dàipá　scramble away, (idiom) roll and crawl　吓得连滚带爬地跑了出去

2599 连绵　liánmián　v.　continue　连绵不断；大雨连绵

2600 连任　liánrèn　v.　continue to hold office after one term expires　连任两届；连任总统

从2581～2590中选择合适的词语填空　Choose the right words from 2581-2590 and fill in the blanks.

　　1. 王老师_____十分重视培养学生的逻辑思维能力。
　　2. 这座大楼_____两年，终于竣工了。
　　3. _____奥运会都是全球运动员的一场狂欢。
　　4. 自从建成了这座_____，这里的交通情况好多了。
　　5. 他和我分享过他的成长_____，所以我了解他不少事情。

从2591～2600中选择合适的词语填空　Choose the right words from 2591-2600 and fill in the blanks.

　　6. 诚信是一个人_____于社会的必要条件。

7. 如何解决这个问题，大家在一起分析种种_____关系。
8. 警察一来，那些坏人马上_____地逃跑了。
9. 她从窗户望过去，看到的是_____不断的山峰。
10. 当你感到沮丧时，可以去看一些_____电影。

第 2 部分　Part 2

2601 **连锁** liánsuǒ adj. linked, like a chain　全国连锁；连锁反应
2602 **连锁店** liánsuǒdiàn n. chain store　连锁店的老板；加盟连锁店
2603 **连夜** liányè adv. carry on night after night; on the same night　连夜赶工；连夜逃走
2604 **怜惜** liánxī v. take pity on　让人怜惜；对小孙女格外怜惜
2605 **帘子** liánzi n. curtain　挂帘子；拉开帘子
2606 **莲子** liánzǐ n. lotus seed　一颗莲子；新鲜的莲子
2607 **联邦** liánbāng n. federation　联邦政府；联邦制国家
2608 **联欢** liánhuān v. have a get-together　联欢会；和孩子们联欢；几家公司一起联欢
2609 **联网** lián//wǎng network　联网发电；信息全国联网
2610 **廉价** liánjià adj. cheap, low-cost　廉价商品；廉价劳动力
2611 **廉洁** liánjié adj. honest and clean　一生廉洁；廉洁的干部
2612 **廉正** liánzhèng adj. honest and upright　廉正的行为；廉正无私
2613 **廉政** liánzhèng v. make a government honest and transparent　廉政工程；廉政建设
2614 **脸颊** liǎnjiá n. cheek　圆圆的脸颊；红脸颊
2615 **炼** liàn v. refine　炼铁；炼钢
2616 **恋恋不舍** liànliàn-bùshě be reluctant to bid farewell　恋恋不舍地离开；恋恋不舍的心情
2617 **良** liáng adj. good　中药改良；不良影响
2618 **良心** liángxīn n. conscience　没良心；凭良心办事
2619 **良性** liángxìng adj. benign　良性发展；良性循环
2620 **凉爽** liángshuǎng adj. pleasantly cool　凉爽的风；气候凉爽

从 2601～2610 中选择合适的词语填空　Choose the right words from 2601-2610 and fill in the blanks.

1. 我们经常去的那家饭店是全国_____的。
2. 他因为_____赶稿子累病了。
3. 俱乐部经常搞一些_____活动，增进大家的友谊。
4. 共享单车是一种_____、便民的交通方式，很受上班族的欢迎。
5. 落到今天这一步是他自己造成的，根本不值得_____。

从 2611～2620 中选择合适的词语填空　Choose the right words from 2611-2620 and fill in the blanks.

6. 他的_____在我们家乡是很有口碑的。
7. 要出国留学了，我_____地离开了父母，离开了家乡。
8. 商人在追求利润的同时，也不应该忘记自己的_____。
9. 只有注重自然环境保护的发展才是_____的发展。
10. 夏天，这家店里即使不开空调也相当_____。

第3部分　Part 3

2621　两口子　liǎngkǒuzi　*n.*　couple　他们两口子；这两口子
2622　两栖　liǎngqī　*v.*　be amphibious; be engaged in two fields　两栖动物；水陆两栖
2623　亮点　liàngdiǎn　*n.*　bright spot　人生的亮点；发现亮点
2624　亮丽　liànglì　*adj.*　bright and beautiful　亮丽的风景；色彩亮丽
2625　亮相　liàng//xiàng　make one's debut　公开亮相；首次亮相
2626　谅解　liàngjiě　*v.*　understand　互相谅解；敬请谅解；双方达成谅解
2627　辽阔　liáokuò　*adj.*　far-flung, vast　辽阔的草原；国土辽阔
2628　疗法　liáofǎ　*n.*　therapy　心理疗法；常见的疗法
2629　疗效　liáoxiào　*n.*　curative effect　疗效好；有疗效
2630　寥寥无几　liáoliáo-wújǐ　very few　夜深了，街上的行人寥寥无几。
2631　潦草　liáocǎo　*adj.*　illegible　文字潦草；写得潦草；潦草的签名
2632　了结　liǎojié　*v.*　finish, settle up　及时了结；了结此事
2633　了却　liǎoquè　*v.*　end, settle　了却后顾之忧；了却心事
2634　料到　liàodào　expect　早就料到；谁能料到
2635　料理　liàolǐ　*v.*　deal with　料理得很好；料理家务；精心料理
　　　　　　　　　　n.　food　中华料理；吃泰国料理
2636　咧嘴　liě//zuǐ　grin　咧嘴笑；咧了咧嘴
2637　列举　lièjǔ　*v.*　enumerate, list　列举一些事实；一一列举；详细列举
2638　劣势　lièshì　*n.*　disadvantage, inferiority　处于劣势；变劣势为优势
2639　劣质　lièzhì　*adj.*　inferior　劣质产品；劣质材料
2640　烈士　lièshì　*n.*　martyr　三名牺牲的消防员被评定为烈士；烈士纪念碑

从2621～2630中选择合适的词语填空　Choose the right words from 2621-2630 and fill in the blanks.

1. 今年的春节联欢晚会_____很多，非常精彩。
2. 我今天太忙了，没来得及给你回电话，请你_____。
3. 表演开始了，终于轮到我们上台_____了。
4. 这片_____的土地下面有着丰富的石油资源。
5. 现在是上班时间，商场里的顾客_____。

从2631～2640中选择合适的词语填空　Choose the right words from 2631-2640 and fill in the blanks.

6. 他的字写得太_____了，看他的作文简直让人头疼。
7. 早上的时候天气还很好，谁能_____一会儿就下起暴雨了。
8. 父母不在家的日子里，家务都是我在_____。
9. 类似的资料还有很多，在此我就不一一_____了。
10. 长期使用_____护肤产品很容易造成皮肤过敏。

◎ **重点词语**　Focus words

1. 力争

　　动词，表示尽力争取。例如：

　　（1）大家抓紧时间，力争在十天内完成工作。
　　（2）工程已于去年底正式动工，力争五年内完成。
　　（3）我们要认真对待这次比赛，力争在比赛中取得好成绩。

2. 历来

　　副词，表示从过去到现在，相当于"向来""一向"。例如：

　　（1）他办事历来认真，干什么都不马虎。
　　（2）老王说话历来算数，你别担心。
　　（3）产品质量永远是一个企业的生命线，历来如此。

3. 立足

　　动词，表示站住脚，比喻能在某地居住和生存下去。例如：

　　（1）你要想在一个新的城市立足，就得努力奋斗。
　　（2）这个世界这么大，总会有我们的立足之地。
　　（3）他和大家分享了自己在商界立足的过往经历。

　　还表示处于某种立场、基于某种情况或条件。例如：

　　（4）我们的工作要立足实际，有步骤、有计划地进行。
　　（5）人们看问题的立足点不同，得出的结论往往也会不同。

4. 连……带……

　　表示前后两项包括在一起或两个动作几乎同时发生，比如：连大人带小孩儿、连名带姓、连蹦带跳、连滚带爬、连说带笑。例如：

　　（1）问题解决了，孩子们连蹦带跳地跑上楼去了。
　　（2）有一天夜里，他骑自行车去上班，不小心连人带车摔到了一个大坑里。
　　（3）他每天连吃带喝的开支控制在五十元以内。
　　（4）小王吓得连滚带爬地跑了出去。

5. 连夜

　　副词，表示当天夜里（就做某事）。例如：

　　（1）得到消息后，他连夜开车赶回了家。
　　（2）由于事发突然，我们连夜加班，才把方案确定下来。
　　（3）工厂连夜赶工，终于按期完成了订单。

6. 恋恋不舍

　　形容十分舍不得离开。例如：

　　（1）要出发了，孩子恋恋不舍地向父母挥手告别。

（2）演出结束后，观众们恋恋不舍，久久不愿离去。
（3）天色已晚，主人恋恋不舍，一直把客人送到门外。

7. 寥寥无几

形容非常少，没有多少。例如：
（1）二十年前，大城市里的旧书店寥寥无几。
（2）到目前为止，报名参加活动的同学寥寥无几。
（3）这几天天气不好，风雨交加，街上的行人寥寥无几。

◎ 速练　Quick practice

一、选择合适的词语填空　Choose the right words and fill in the blanks.

（一）　　　　A. 力争　B. 历经　C. 立体　D. 利索　E. 粒　F. 连任

1. 他们进行了企业内部的结构调整，_____达到精简、高效。
2. 在短短的几年时间里，这座城市已建成了水陆空齐头并进的_____交通网络。
3. 她办事_____得很，只几分钟就把客人参观的事安排好了。
4. 每一_____粮食都来之不易，要好好珍惜。
5. 他在大选成功_____后接受了记者的采访。

（二）　　　　A. 连锁店　B. 脸颊　C. 两栖　D. 疗效　E. 了结　F. 列举

1. 他既是作家又是记者，被人们称为_____型作家。
2. 小王发烧了，_____烧得通红。
3. 医生说，绝大多数药物都不宜用茶水送服，因为这样会影响_____。
4. 王市长在工作报告中_____了市政府的一些重大举措。
5. 他的_____总是开在中小城市，越是大店看不上的地方，他越是特别重视。

二、选择合适的词语完成句子　Choose the right words to complete the sentences.

1. 在_____十多年之后，公司上下总算认识到了技术的重要性，努力研究开发新技术。
　　A. 历来　　　　B. 历程　　　　C. 历届　　　　D. 历经
2. 私仇就是因个人_____关系而产生的仇恨。
　　A. 利害　　　　B. 厉害　　　　C. 利润　　　　D. 利索
3. 一些国家下调_____以刺激经济增长。
　　A. 利息　　　　B. 利率　　　　C. 利润　　　　D. 利益
4. 阿里非常_____这次的留学机会，学习非常努力。
　　A. 怜惜　　　　B. 爱惜　　　　C. 可惜　　　　D. 珍惜
5. 这种产品的原材料其实很_____。
　　A. 廉价　　　　B. 廉洁　　　　C. 廉政　　　　D. 廉正
6. 只有_____风风雨雨的人，才知道生命的可贵。
　　A. 经度　　　　B. 历经　　　　C. 历来　　　　D. 经受

7. 在法院的调解下，两家人之间的恩怨_____了，从此和平共处。
   A. 完　　　　　B. 完成　　　　　C. 结束　　　　　D. 了结

三、将词语填入句中合适的位置　　Choose the appropriate location for the words.

1. 我希望大家 A 再接再厉，B 抓住机遇，C 取得 D 更好的成绩。（力争）
2. A 我们 B 主张国家 C 不论大小、强弱、贫富，一律 D 平等。（历来）
3. 他 A 得到消息后 B 写稿，稿件立即被各大报纸 C 刊登，D 引起了各方面的重视。
   （连夜）
4. 国际上有一定 A 规模的 B 零售商业公司，几乎都是靠 C 经营 D 发展起来的。
   （连锁）

第45单元　Unit 45

◎速记　Quick memory

第1部分　Part 1

2641 猎犬　lièquǎn　*n.*　hound　一只猎犬；凶猛的猎犬
2642 猎人　lièrén　*n.*　hunter　机智的猎人；猎人打猎
2643 裂缝　lièfèng　*n.*　crack　一条裂缝；一道裂缝
2644 裂痕　lièhén　*n.*　crack　严重的裂痕；出现一道裂痕
2645 拎　līn　*v.*　carry　拎包；拎不动
2646 邻国　línguó　*n.*　neighbouring country　邻国的人民；友好邻国
2647 临　lín　*v.*　face, be close to　三面临海
　　　　　　prep.　just before　临出发；临走前
2648 临床　línchuáng　*v.*　examine, diagnose and treat patients　临床医学；临床表现
2649 临街　línjiē　*v.*　face a street　临街的大门；商店临街
2650 临近　línjìn　*v.*　be close to　临近毕业；日益临近；临近春节
2651 淋　lín　*v.*　drench　淋雨；日晒雨淋；淋了一身水
2652 灵　líng　*adj.*　effective; clever　办法不灵；脑子灵
2653 灵感　línggǎn　*n.*　inspiration　创作的灵感；获得灵感
2654 灵魂　línghún　*n.*　soul　纯洁的灵魂；民族的灵魂
2655 灵机一动　língjī-yídòng　have a brainwave　他灵机一动，计上心来。
2656 灵敏　língmǐn　*adj.*　sensitive, keen　灵敏的反应；思维灵敏
2657 灵巧　língqiǎo　*adj.*　dexterous　灵巧的双手；动作灵巧
2658 灵通　língtōng　*adj.*　well-informed　消息灵通
2659 凌晨　língchén　*n.*　before dawn　十五日凌晨；凌晨两点
2660 零花钱　línghuāqián　*n.*　pocket money　父母给的零花钱；存零花钱

从2641～2650中选择合适的词语填空　Choose the right words from 2641-2650 and fill in the blanks.

1. 为了安全，工作人员会对这个天然形成的_____定期进行测量，看是否有扩大。
2. _____考试，学生们都在紧张地进行复习。
3. 猎人带着两只凶猛的_____去山上打猎了。
4. 她_____着包东西走进了商店。
5. 我们要与_____友好往来，共同发展。

从2651～2660中选择合适的词语填空　Choose the right words from 2651-2660 and fill in the blanks.

6. 小明用自己的_____给奶奶买了一份生日礼物。
7. 他出门忘记带伞了，_____了一身的雨。
8. 猫的反应速度是人的2～4倍，动作_____。
9. 他点子多，常常_____就想出个好主意。
10. 此时是_____两点，马路上一个行人也没有。

第 2 部分　Part 2

2661　零件　língjiàn　n.　component　汽车零件；机器零件；换零件
2662　零钱　língqián　n.　small change　找零钱；换零钱
2663　零售　língshòu　v.　retail　零售价格；零售商品
2664　领队　lǐngduì　v.　lead a group　领队参加比赛；领队的那架飞机
　　　　　　　　　　 n.　leader of a group　担任领队；对方的领队
2665　领会　lǐnghuì　v.　understand　领会话中的意思；领会其中的意义；深刻领会
2666　领军　lǐngjūn　v.　command an army; play a leading role　领军作战；领军人物
2667　领略　lǐnglüè　v.　have a taste of, experience, appreciate　领略中华文化的魅力；尽情领略
2668　领事　lǐngshì　n.　consul　总领事；驻外领事
2669　领事馆　lǐngshìguǎn　n.　consulate　总领事馆；设立领事馆
2670　领土　lǐngtǔ　n.　territory　中国领土；本国领土；保卫国家的领土
2671　领悟　lǐngwù　v.　comprehend　领悟人生；领悟到一些道理；彻底领悟
2672　领养　lǐngyǎng　v.　adopt　领养小动物；愿意领养
2673　领域　lǐngyù　n.　field　研究领域；教育领域；还未开发的领域
2674　溜　liū　v.　slide; slip away　溜冰；溜走；悄悄溜上楼
2675　溜达　liūda　v.　stroll　出门溜达；在街上溜达；溜达一圈
2676　浏览　liúlǎn　v.　browse　浏览网页；浏览信息；粗略浏览一下儿
2677　浏览器　liúlǎnqì　n.　browser　使用浏览器；启动浏览器
2678　留恋　liúliàn　v.　be reluctant to leave　留恋美景；留恋这个城市；无限留恋；值得留恋
2679　留念　liúniàn　v.　do as a souvenir　合影留念；临别留念
2680　留神　liú//shén　take care　过马路留神；一不留神就容易出错；稍不留神；留点儿神

从 2661～2670 中选择合适的词语填空　Choose the right words from 2661-2670 and fill in the blanks.

　　1. 阅读课文时，要深刻_____文章的内容。
　　2. 他拿着一张一百元的钞票去超市换了些_____。
　　3. 如果你在国外遇到了麻烦，可以去_____寻求帮助。
　　4. 放心吧，有经验丰富的张老师_____，我们一定会在比赛中获奖的。
　　5. 春天到了，我们去郊外_____一下儿大自然的风光吧！

从 2671～2680 中选择合适的词语填空　Choose the right words from 2671-2680 and fill in the blanks.

　　6. 经过老师的讲解，同学们渐渐_____了这首诗的含义。
　　7. 他_____了一下儿网页，没发现什么特别的新闻。
　　8. 就要毕业离开校园了，大家都十分_____。
　　9. 街上来往车辆很多，过马路一定要_____。
　10. 趁着妈妈不在家，弟弟偷偷_____出去玩儿了。

第3部分　Part 3

2681	留心	liú//xīn	pay attention to	留心观察；留心各种信息；处处留心；工作中多留点儿心
2682	留意	liú//yì	notice, keep an eye out	留意天气的变化；暗中留意
2683	流畅	liúchàng	adj. fluent	文章流畅；语言流畅；一连串流畅的动作；流畅地说出来
2684	流程	liúchéng	n. procedure	一套流程；工作流程；调整流程；规范流程
2685	流浪	liúlàng	v. roam around	在街头流浪；流浪的生活
2686	流泪	liúlèi	v. shed tears	默默流泪；伤心地流泪
2687	流量	liúliàng	n. rate of flow; flow of traffic	水流量；车流量；客流量；控制人流量
2688	流露	liúlù	v. show unintentionally	真情流露；自然流露
2689	流氓	liúmáng	n. hoodlum; hooligan	几个流氓；流氓行为
2690	流入	liúrù	flow into	现金流入；流入大海
2691	流失	liúshī	v. run off (of resources, etc.), lose	水土流失；人才流失；资金流失；白白流失
2692	流水	liúshuǐ	n. flowing water	山间的流水；流水的声音
2693	流淌	liútǎng	v. flow	缓缓流淌的小河；流淌着泪水
2694	流向	liúxiàng	n. (of water) flow direction; (of people, cargo, funds, etc.) moving direction	河水的流向；资金流向；人才流向；改变流向
2695	流血	liúxuè	v. wound, sacrifice	流血斗争；流血事件
2696	流域	liúyù	n. river basin	黄河流域；长江流域
2697	流转	liúzhuǎn	v. wander about; circulate (of goods or capital)	时光流转；资金流转；货物流转
2698	柳树	liǔshù	n. willow	一棵柳树；高大的柳树；种柳树
2699	遛	liù	v. stroll; walk (an animal)	遛一圈；遛大街；遛狗
2700	龙舟	lóngzhōu	n. dragon boat	赛龙舟；龙舟比赛

从 2681～2690 中选择合适的词语填空　Choose the right words from 2681-2690 and fill in the blanks.

1. 听到这个消息，她的脸上_____出开心的表情。
2. 他身上的钱被小偷儿偷了，又找不到住的地方，只能在街头_____。
3. 上课的时候一定要_____听讲，不懂就问。
4. 河水最终会_____大海。
5. 他的文章写得非常_____。

从 2691～2700 中选择合适的词语填空　Choose the right words from 2691-2700 and fill in the blanks.

6. 村边的小河静静地_____着。
7. 爷爷每天早晨都会去附近的公园_____一圈。
8. 工厂现在陷入了困境，资金_____出现了问题。
9. 为了防止人才_____，公司采取了很多措施。
10. 端午节期间，中国民间有赛_____的风俗。

◎ **重点词语 Focus words**

1. 临

动词，表示面对着、靠近。例如：

（1）这套房子干净是干净，就是临街，我担心会有点儿吵。

（2）这座小镇三面环山，一面临江。

介词，"临……前/之前""临……时/的时候"表示动作或事情即将发生。例如：

（3）临出发前，他给我发了条道别短信。

（4）临毕业的时候，马丽去了一趟西安。

（5）临睡前做些轻松的事，让脑子放松放松，这样更容易入睡。

2. 灵机一动

表示突然、临时想出一个办法，形容人机智、反应快。例如：

（1）正当大家都不知道怎么办时，曹冲忽然灵机一动，想出了称大象的办法。

（2）他灵机一动，计上心来，骗过了所有人。

（3）老王觉得这事挺有意思，灵机一动，把它写进了小说。

◎ **速练 Quick practice**

一、选择合适的词语填空 Choose the right words and fill in the blanks.

（一）　　　　A. 猎人　B. 裂痕　C. 临床　D. 灵感　E. 灵魂　F. 灵通

1. 童年生活给他的创作带来了很多_____，他在一些作品中描写了童年的时光。

2. _____实验证明，该药具有见效快、副作用小等特点。

3. 破镜可以重圆，但上面的_____却是难以抹去的。

4. 再狡猾的猎物也逃不过_____的眼睛。

5. 如果说教师是人类_____的工程师，那么医生就是人类身体的工程师。

（二）　　　　A. 零件　B. 领军　C. 溜达　D. 留念　E. 留意　F. 流域

1. 很多时候，交通事故的发生往往是由于某个不起眼的_____故障。

2. 吃完晚饭，他独自一人在街头_____了一圈。

3. 只要稍加_____，你就会发现身边处处是风景。

4. 冷空气南下，长江_____气温将下降五至八摄氏度。

5. 当前的高科技企业需要的是懂国际规则的科技_____人物。

二、选择合适的词语完成句子 Choose the right words to complete the sentences.

1. 他们利用登机前的_____召开了一个小型紧急会议，就接下来的工作做出了一些安排。

　　A. 裂缝　　　　B. 裂痕　　　　C. 痕迹　　　　D. 空隙

2. 每天早晨，张大爷都会_____着鸟笼到公园散步。

　　A. 拎　　　　　B. 挎　　　　　C. 捞　　　　　D. 扛

3. 事实上，人的嗅觉远比味觉_____。
   A. 灵敏　　　　B. 灵巧　　　　C. 灵通　　　　D. 灵活
4. 爷爷思维敏捷，即使是年轻人，稍不_____也会跟不上他的思维。
   A. 留恋　　　　B. 留念　　　　C. 留心　　　　D. 留言
5. 最近公司的资金_____出了些问题。
   A. 流传　　　　B. 流露　　　　C. 流转　　　　D. 流畅
6. 临行前，他和家人一起拍照_____。
   A. 留恋　　　　B. 留念　　　　C. 纪念　　　　D. 怀念
7. 据消息_____人士透露，双方已达成具体协议。
   A. 灵敏　　　　B. 灵巧　　　　C. 机灵　　　　D. 灵通

三、将词语填入句中合适的位置　　Choose the appropriate location for the words.

1. A 春节，B 过年的气氛也越来越 C 浓，人们都忙着 D 购买年货迎接新年的到来。（临近）
2. A 出发 B 前，他反复告诉我，C 考试时 D 一定要沉得住气。（临）
3. 只要 A 你 B 观察，就不难 C 发现 D 这一有趣的现象。（留心）
4. 现在医院门诊大厅都设有咨询 A 台，有专人 B 为病人提供咨询服务 C，就医 D 简化了，病人就诊方便了。（流程）

第46单元　Unit 46

◎速记　Quick memory

第1部分　Part 1

2701　聋　lóng　adj.　deaf　耳聋；装聋

2702　聋人　lóngrén　n.　deaf people　聋人学生；聋人学校

2703　笼子　lóngzi　n.　cage　一个笼子；关在笼子里

2704　隆重　lóngzhòng　adj.　grand　隆重的婚礼；隆重开幕

2705　垄断　lǒngduàn　v.　monopolize　垄断市场；垄断行为

2706　笼统　lǒngtǒng　adj.　general　笼统地说；笼统的说法

2707　笼罩　lǒngzhào　v.　envelop, shroud　笼罩着大地；笼罩着悲伤的气氛；被寂静笼罩

2708　搂　lǒu　v.　embrace, cuddle　搂在怀里；搂着她的腰；使劲地搂住

2709　露面　lòu//miàn　show one's face, put in an appearance　初次露面；公开露面；露个面

2710　芦花　lúhuā　n.　reed catkins　白色的芦花

2711　炉灶　lúzào　n.　kitchen range　清理炉灶；关闭炉灶；另起炉灶

2712　炉子　lúzi　n.　stove　生炉子；点燃炉子

2713　卤味　lǔwèi　n.　pot-stewed meat served cold　买一斤卤味；一家卤味店

2714　鲁莽　lǔmǎng　adj.　reckless　办事鲁莽；说话鲁莽；鲁莽的举动；鲁莽地说

2715　录制　lùzhì　v.　record　录制唱片；录制节目；重新录制；录制下来

2716　鹿　lù　n.　deer　一只鹿；一头鹿

2717　路程　lùchéng　n.　distance travelled, journey　一个小时的路程；人生的路程；路程遥远

2718　路灯　lùdēng　n.　street lamp　街道两旁的路灯；明亮的路灯

2719　路段　lùduàn　n.　section of a highway or railway　危险路段；拥挤的路段

2720　路况　lùkuàng　n.　road condition　复杂的路况；公路路况；改善路况

从2701～2710中选择合适的词语填空　Choose the right words from 2701-2710 and fill in the blanks.

1. 美丽的月光_____着这个小山村。
2. 因为药物的副作用，他的双耳_____了，听不见。
3. 我不能在晚会上穿着这身衣服_____。
4. 他以不正当的手段_____了市场，引起了其他厂家的不满。
5. 昨天，他们举办了一场_____的婚礼。

从2711～2720中选择合适的词语填空　Choose the right words from 2711-2720 and fill in the blanks.

6. 车站离我们学校只有半个小时的_____。
7. 为了招生宣传，学校特意_____了一个宣传片。
8. 他每个周五下班后都会去买_____吃。
9. 开车时不注意观察_____是很危险的。
10. 王刚办事太_____，经常挨领导批评。

第 2 部分　Part 2

2721 路面　lùmiàn　*n.*　road surface, pavement　宽阔的路面；路面潮湿

2722 路人　lùrén　*n.*　passer-by, stranger　一个路人；向路人打听

2723 路途　lùtú　*n.*　way, journey　路途遥远；漫长的路途

2724 路子　lùzi　*n.*　way, approach　新路子；赚钱的路子；走对路子

2725 露天　lùtiān　*n.*　outdoors　这几盆花在房间里长得不好，放在露天里反而开了。
　　　　　　　　　　 adj.　open-air, outdoor　露天市场；露天体育场

2726 旅程　lǚchéng　*n.*　journey, trip　一段旅程；漫长的旅程；人生的旅程

2727 旅途　lǚtú　*n.*　journey　旅途愉快；旅途中

2728 铝　lǚ　*n.*　aluminium　铝制品；铝业

2729 屡　lǚ　*adv.*　repeatedly　屡战屡胜；屡教不改

2730 屡次　lǚcì　*adv.*　repeatedly　屡次失败；屡次获奖

2731 缕　lǚ　*m.*　a measure word for slender and soft things　一缕头发；一缕阳光

2732 履行　lǚxíng　*v.*　perform, fulfil　履行职责；履行手续；认真履行

2733 率　lǜ　*suf.*　rate　成功率；出生率；通过率

2734 绿灯　lǜdēng　*n.*　green light; permission to go ahead with sth.　一路绿灯；公司为这个项目开绿灯

2735 绿地　lǜdì　*n.*　lawn, green　一片绿地；爱护绿地

2736 孪生　luánshēng　*adj.*　twin　孪生姐妹；孪生兄弟

2737 卵　luǎn　*n.*　ovum; egg　排卵；产卵

2738 乱七八糟　luànqībāzāo　*adj.*　messy, in a mess　乱七八糟的房间；搞得乱七八糟；乱七八糟地堆在一起

2739 掠夺　lüèduó　*v.*　plunder　掠夺资源；掠夺财富；多次掠夺；残酷掠夺

2740 略　lüè　*v.*　omit, delete　略去这句话；略掉
　　　　　　　　　　 adj.　brief, sketchy　略写；略读

从 2721～2730 中选择合适的词语填空　Choose the right words from 2721-2730 and fill in the blanks.

1. 我们按着王老师的研究_____走，最后成功了。
2. 冬天天气很冷，_____上结了一层冰。
3. 今年的各大赛事上，他们_____创造新纪录。
4. 有的学生家距学校_____较远，每天来回不方便，就选择住校。
5. 这周六，我们要去看一场_____电影。

从 2731～2740 中选择合适的词语填空　Choose the right words from 2731-2740 and fill in the blanks.

6. 暴力_____和垄断市场的行为不被现代商业社会所接受。
7. 清晨，一_____阳光照进屋里。
8. 临出发前，母亲警告孩子们不要把房间弄得_____。
9. 今天运气真好，做什么事情都一路_____。
10. 无论做什么工作，我们都应_____好自己的职责。

第3部分　Part 3

2741 略微　lüèwēi　adv.　slightly, a little　略微增加了一些；略微短了一点儿

2742 抡　lūn　v.　swing, brandish　把胳膊朝后一抡；抡起石头；挥起胳膊乱抡

2743 伦理　lúnlǐ　n.　ethics　伦理问题；道德伦理；符合伦理

2744 轮换　lúnhuàn　v.　rotate, take turns　岗位轮换；定期轮换；两人轮换着开车

2745 轮廓　lúnkuò　n.　rough idea; outline, contour　事情的轮廓；外部轮廓；清晰的轮廓；勾画出轮廓

2746 轮流　lúnliú　v.　take turns, do sth. in turn　轮流发言；轮流做家务

2747 轮胎　lúntāi　n.　tyre　一个轮胎；换轮胎

2748 论述　lùnshù　v.　discuss　详细地论述；论述国际形势；这篇论文详细地论述了当前的国际局势

2749 论坛　lùntán　n.　forum　学术论坛；参加论坛

2750 论证　lùnzhèng　v.　demonstrate　科学地论证；论证其原理

2751 罗　luó　n.　a net for catching birds　罗网
　　　　　　　　v.　collect; spread out　搜罗资料；单子上罗列着实验需要的物品

2752 萝卜　luóbo　n.　radish, turnip　一根萝卜；拔萝卜

2753 螺丝　luósī　n.　screw　一颗螺丝；螺丝松了

2754 裸　luǒ　v.　bare, be naked　裸脚身高；裸体；裸辞

2755 裸露　luǒlù　v.　exposed, bare　裸露的山坡；裸露着小腿

2756 络绎不绝　luòyì-bùjué　in an endless stream　游客络绎不绝；络绎不绝的来访者

2757 落差　luòchā　n.　drop in elevation; discrepancy, gap　巨大的落差；形成落差

2758 落地　luò//dì　fall to the ground; be born　树叶落地；石头落了地；刚落地的孩子

2759 落户　luò//hù　settle　落户条件；在其他城市落户

2760 落下　luòxia　drop down　树叶落下；从树上落下

从 2741～2750 中选择合适的词语填空　Choose the right words from 2741-2750 and fill in the blanks.

1. 如果我们_____开车，就不会觉得累了。
2. 公司明天开会_____这个方案是否可行。
3. 她_____犹豫了一下儿，然后答应了。
4. 我第一年在公司销售部做销售，第二年就_____到别的部门了。
5. 很多专家学者已在这方面发表过论文，我就不再加以_____了。

从 2751～2760 中选择合适的词语填空　Choose the right words from 2751-2760 and fill in the blanks.

6. 每年来此地旅游的各国游客_____。
7. 秋天到了，树叶纷纷从树上_____。
8. 这颗_____松了，要把它弄紧一些。
9. 各地政府纷纷出台相关政策吸引人才_____。
10. 现实情况和他想象的有一些_____，他有点儿失望。

◎ **重点词语** Focus words

1. 屡次

 副词，表示一次又一次、多次。例如：

 （1）马拉松比赛屡次因天气原因延期。
 （2）这类问题屡次出现，应该引起我们的重视。
 （3）最近他的状态不错，训练中屡次得到教练的称赞。

2. 略

 动词，表示省掉、减去。例如：

 （1）这个流程图略去了许多细节。
 （2）这段话在文章中可有可无，可以直接略掉。

 形容词，表示简单、不详细。例如：

 （3）人们略读同一篇文章时，对文章大意的理解会非常接近。
 （4）写文章要注意结构布局，比如如何开头、如何结尾、哪里详写、哪里略写等等。

3. 略微

 副词，表示程度较轻、稍微。例如：

 （1）听到这个消息时，他略微感到有一点儿失望。
 （2）这是一张略微发黄的登记照。
 （3）他略微犹豫了一下儿，还是答应了对方的要求。

4. 络绎不绝

 形容（人、马、车等）连续不断。例如：

 （1）一到冬天，来这儿旅游的人便络绎不绝。
 （2）北京香山的红叶吸引了络绎不绝的游人。
 （3）清晨，宽阔整洁的街道上车来车往，络绎不绝。

◎ **速练** Quick practice

一、选择合适的词语填空　Choose the right words and fill in the blanks.

（一）　　　A. 笼统　B. 路灯　C. 路子　D. 屡次　E. 率　F. 轮廓

1. 最近小王_____向领导表示，希望承担更多的工作。
2. 能力强的人能在工作中及时发现新情况、新问题，进而探索新_____，总结新经验。
3. 每当夜幕降临，城市街道两旁的_____便会慢慢亮起。
4. 月光勾画出了一幢幢大楼的_____。
5. 新品开发时，他们几乎开发一个成功一个，成功_____达95％。

(二)　　　　A.落地　B.搂　C.路段　D.绿地　E.裸露　F.笼子

1. 当地交通部门提示，今天是假期的最后一天，有多个_____可能出现交通拥堵的情况。
2. 一走出家门，她就像飞出_____的鸟，似乎来到了一个自由的天地。
3. 鲜花与_____把这座城市装扮得更加美丽。
4. 夏天时，这座城市就像一个火炉，在室外不一会儿，_____在外的皮肤就被晒得通红。
5. 朱自清的《春》里写道:"春天像刚_____的娃娃，从头到脚都是新的。"

二、选择合适的词语完成句子　Choose the right words to complete the sentences.

1. 只要天气好，家人都会_____着姥姥出去晒晒太阳，散散步。
   A.搀　　　　　B.拎　　　　　C.搂　　　　　D.抱
2. 虽是大富豪，但他很少在电视上_____，报纸上也很少见到有关他的新闻。
   A.出面　　　　B.露面　　　　C.见面　　　　D.出场
3. 晚会由中央电视台_____，计划于近期播出。
   A.录音　　　　B.录像　　　　C.录制　　　　D.纪录
4. 这次访问是一次令人难忘的_____，大家在轻松愉快的气氛中增进了对彼此的了解。
   A.旅行　　　　B.旅店　　　　C.旅游　　　　D.旅客
5. 他忽然_____，计上心来。
   A.乱七八糟　　B.络绎不绝　　C.灵机一动　　D.寥寥无几
6. 这些措施似乎比较_____含糊，不太好操作。
   A.具体　　　　B.笼统　　　　C.概括　　　　D.清晰
7. 照片上，一个天真可爱的小女孩儿紧紧地_____着一只白猫，面带笑容。
   A.搂　　　　　B.牵　　　　　C.扶　　　　　D.拎

三、将词语填入句中合适的位置　Choose the appropriate location for the words.

1. 烈日下，在 A 干活儿当然热。但为了 B 保证 C 进度，工人们也就顾不得 D 了。（露天）
2. 由于意见不统一，大家 A 发生 B 争吵。当时许多人曾 C 表示以后再也不来往了，结果大家现在又 D 聚在了一起。（屡次）
3. 统计结果 A 显示，红队的 B 支持人数仅 C 领先于 D 蓝队。（略微）
4. 他不相信风水 A 转这种说法。生活境况的 B 改变，C 是要靠自己 D 去创造的。（轮流）

第47单元　Unit 47

◎速记　Quick memory

第1部分　Part 1

2761 麻¹　má　n.　fibre of hemp, flax, etc. for textile materials　麻绳；麻袋
2762 麻²　má　adj.　numb　手麻；脚麻；发麻
2763 麻痹　mábì　v.　paralyze; benumb　大脑麻痹；麻痹神经；麻痹对方
2764 麻将　májiàng　n.　mahjong　一副麻将；打麻将；玩儿麻将
2765 麻辣　málà　adj.　spicy　麻辣的食物；麻辣豆腐
2766 麻木　mámù　adj.　numb　手指麻木；表情麻木；麻木的双腿；麻木得像个木头人
2767 麻醉　mázuì　v.　anaesthetize, narcotize; poison, enervate　全身麻醉；局部麻醉；麻醉自己
2768 马后炮　mǎhòupào　n.　afterthought, belated effort　我们都忙完了，他才说要帮忙，这不是马后炮吗？
2769 马虎　mǎhu　adj.　careless　工作马虎；学习马虎；马虎的人；马虎地生活
2770 马力　mǎlì　m.　horsepower (hp)　马力十足；开足马力
2771 马桶　mǎtǒng　n.　closestool　节水马桶；冲马桶
2772 马戏　mǎxì　n.　circus　马戏表演；看马戏
2773 码¹　mǎ　v.　pile up, stack　码起石头；码整齐；重新码一遍
2774 码²　mǎ　m.　a measure word for things　这是两码事，你别混在一起。
2775 埋藏　máicáng　v.　lie hidden in the earth; hide　这里的地下埋藏着石油；这些话我只能深深埋藏在心里
2776 埋伏　mái·fú　v.　ambush　埋伏了不少人；中埋伏
2777 埋没　máimò　v.　bury, cover up (with earth, snow, etc.); stifle　被大雪埋没；埋没人才；埋没才能
2778 买不起　mǎi bu qǐ　cannot afford　买不起衣服；买不起房子
2779 迈　mài　v.　step, stride　迈出一步；迈上台阶
2780 迈进　màijìn　v.　stride forward　向前迈进；向现代化迈进

从 2761～2770 中选择合适的词语填空　Choose the right words from 2761-2770 and fill in the blanks.

1. 老王办事认真仔细，事情无论大小从不_____。
2. 千万不要被这种错误思想_____了，该坚持的就应该坚持到底。
3. 事情已经过去了，现在放_____还有什么意义呢？
4. 经历了这些事情后，他变得有些_____。
5. 人在全身_____的情况下，是什么也感觉不到的。

从 2771～2780 中选择合适的词语填空　Choose the right words from 2771-2780 and fill in the blanks.

6. 我们又向成功_____了一步。
7. 地下_____着许多金子。
8. 昨天爸爸带我去看了_____表演。

9. 这里的衣服对我来说太贵了，我_____。
10. 真正的人才是不会被_____的。

第 2 部分　Part 2

2781 卖弄　màinong　v.　show off　卖弄口才；卖弄学问；故意卖弄
2782 脉搏　màibó　n.　pulse　脉搏正常；脉搏加快；时代的脉搏
2783 脉络　màiluò　n.　general name for arteries and veins; train of thought　人体脉络；故事的脉络；文章脉络清晰
2784 埋怨　mányuàn　v.　complain　互相埋怨；埋怨别人
2785 蛮　mán　adv.　quite, pretty　蛮漂亮；蛮有趣；蛮不错的
2786 瞒　mán　v.　hide the truth from, conceal　瞒报；瞒着父母；瞒不了多久
2787 满怀　mǎnhuái　v.　have one's heart filled with, be imbued with　满怀信心；满怀希望
2788 蔓延　mànyán　v.　spread　火灾向四处蔓延；迅速蔓延
2789 漫　màn　v.　overflow　河水漫出；漫过地板
2790 漫游　mànyóu　v.　go on a pleasure trip; browse　漫游世界；网上漫游
2791 慢慢来　mànmàn lái　take one's time　咱们慢慢来，别着急。
2792 慢性　mànxìng　adj.　chronic, slow in taking effect　慢性病；慢性中毒
2793 忙活　mánghuo　v.　be busy (in) doing　忙活家务；在厨房里忙活
2794 忙碌　mánglù　adj.　busy, bustling　忙碌的农民；忙碌地准备着；忙碌得很
2795 忙乱　mángluàn　adj.　hectic　一片忙乱；工作忙乱；忙乱的日子；忙乱不堪
2796 盲目　mángmù　adj.　blind　盲目的竞争；盲目崇拜
2797 茫然　mángrán　adj.　frustrated; at a loss　茫然的表情；感到茫然；茫然地僵在那里
2798 矛头　máotóu　n.　spearhead, direction of attack, criticism, etc.　铁矛头；斗争的矛头；矛头指向了他
2799 茅台（酒）　Máotái (jiǔ)　n.　Maotai (liquor)　喜欢喝茅台酒；喝点儿茅台
2800 茂密　màomì　adj.　dense, thick　茂密的森林；树叶茂密

从 2781～2790 中选择合适的词语填空　Choose the right words from 2781-2790 and fill in the blanks.

1. 你不必_____我，我知道是怎么回事。
2. 他从不_____自己的才能。
3. 她打算退休以后和老伴儿一起_____世界。
4. 这篇文章写得很好，故事的_____很清楚。
5. 当时的她_____信心，相信自己一定能找到一份满意的工作。

从 2791～2800 中选择合适的词语填空　Choose the right words from 2791-2800 and fill in the blanks.

6. 我_____地站在那里，不知道该怎么办。
7. _____，别着急，想清楚了再回答。
8. 我们望向对岸，看见一片_____的森林。
9. 春节快到了，大家都在_____着准备过年用的东西。
10. 趁着家里一片_____，他偷偷溜了出去。

第3部分　Part 3

2801	茂盛	màoshèng	adj.	luxuriant	花草茂盛；长得茂盛
2802	冒充	màochōng	v.	simulate, pretend to be	冒充医生；冒充警官；冒充合格产品；冒充内行
2803	冒犯	màofàn	v.	offend	无意冒犯；冒犯别人；冒犯领导
2804	冒昧	màomèi	adj.	presumptuous, take the liberty	冒昧拜访；冒昧地提问
2805	冒险	mào//xiǎn		venture, take a risk	冒险行为；冒险的经历
2806	没劲	méijìn	adj.	boring	越听越没劲；没劲透了
2807	没说的	méishuōde		really good; no room for negotiation or differentiation; no problem	他的能力没说的；说好了一人一天，今天该我了，没说的；我信你，没说的
2808	没完没了	méiwán-méiliǎo		endless	吵个没完没了；没完没了地问
2809	没意思	méi yìsi		boring	节目没意思；电影没意思
2810	没辙	méi//zhé		be at the end of one's tether	拿他没辙；对孩子没辙
2811	没准儿	méi//zhǔnr		maybe, not sure	没准儿有新发现；没准儿会成功
2812	玫瑰	méigui	n.	rose	一朵玫瑰；带刺的玫瑰
2813	枚	méi	m.	a measure word for small objects	一枚戒指；五枚硬币
2814	眉开眼笑	méikāi-yǎnxiào		beam with delight	高兴得眉开眼笑；让人眉开眼笑；眉开眼笑的样子；眉开眼笑地说
2815	眉毛	méimao	n.	eyebrow	修眉毛；扬了扬眉毛；又长又弯的眉毛
2816	煤矿	méikuàng	n.	coal mine	开采煤矿；煤矿事故
2817	煤炭	méitàn	n.	coal	煤炭行业；进口煤炭
2818	每当	měidāng	prep.	whenever, every time	每当假期；每当下雨；每当遇到困难的时候
2819	每逢	měiféng	v.	on every occasion, whenever	每逢星期天；每逢春节；每逢下雨天
2820	美德	měidé	n.	virtue	尊老爱幼是美德；传统美德

从 2801～2810 中选择合适的词语填空　Choose the right words from 2801-2810 and fill in the blanks.

1. 无意中_____了您，我对此深表歉意。

2. 要不你陪我去吧，我一个人去多_____呀。

3. 他_____医生，骗过了所有人。

4. 小张既肯干又肯学，真是_____。

5. 年轻人要有_____精神和不怕困难的勇气。

从 2811～2820 中选择合适的词语填空　Choose the right words from 2811-2820 and fill in the blanks.

6. _____她工作不顺心的时候，我都会想办法安慰她。

7. 金钱有价，_____无价。

8. 要是再多些时间，_____我们就成功了。

9. 近几年，_____安全工作取得了很大进步。

10. 当公司宣布给每个人一大笔奖金时，员工们都_____。

◎ **重点词语　Focus words**

1. 马后炮

名词，比喻事情发生后的没有实际意义的意见或办法。例如：

（1）他总是把该说的话事先就说了，很少放马后炮。

（2）事情已经这样了，现在放马后炮有什么用？

2. 蛮

副词，表示程度高，相当于"很""挺"。例如：

（1）我觉得小孩子真是蛮好玩儿的。

（2）这件事情他出了很多力，我还是蛮感谢他的。

（3）这个机会蛮难得的，你试试看吧。

3. 没说的

表示没有可以批评指责的。例如：

（1）这电视机没说的，质量挺好的。

（2）妈妈做的菜，那真是没说的。

表示从道理上说应该这样，不需要商量。例如：

（3）违反规定就要受罚，没说的。

（4）我们辛苦点儿，没说的，只希望公司越办越好。

表示不用说就明白，不需要说多余的话。例如：

（5）没说的，这点子一定是他出的。

（6）我们是老朋友了，我还能不信你吗？没说的。

4. 没完没了

表示反复进行，没有结束的时候。例如：

（1）五岁的小力喜欢没完没了地提问题，让他妈妈感到很头疼。

（2）这雨下得没完没了，好像永远也不会停。

（3）我不爱看电视连续剧，一集接一集没完没了，太浪费时间了。

5. 没准儿

表示说不定，说不清楚。例如：

（1）这个方法没准儿管用，我们不妨试一试。

（2）如果我们也像他一样努力，没准儿也能成功。

（3）这部电影要是拍出来了，没准儿能轰动全国。

6. 眉开眼笑

表示眉头伸展开了，眼里含着笑。形容非常高兴、愉快的样子。例如：

（1）看你眉开眼笑的，有什么喜事吗？

（2）听到这个好消息，大家喜得眉开眼笑。

（3）最近喜事连连，难怪他们个个<u>眉开眼笑</u>、喜气洋洋。

◎ **速练** Quick practice

一、选择合适的词语填空 Choose the right words and fill in the blanks.

（一）　　　　　A. 麻　B. 码　C. 埋怨　D. 蛮　E. 蔓延　F. 慢性

1. 一个身患多种_____疾病的人，竟骑自行车走遍了全中国。
2. 你已经说了_____多事情，够我们思考好一阵子了。
3. 大家都不说话了，沉默就像野火一样在人群中迅速_____开来。
4. 这一天发生的事情太多太杂，乱成一团_____了。
5. 早知今日，何必当初？每每想到这里，他们俩总会互相_____一番。

（二）　　　　　A. 忙碌　B. 盲目　C. 茂盛　D. 冒昧　E. 没劲　F. 没辙

1. 对于不了解的公司，绝对不能做出_____投资的决定。
2. 我实在不知道自己错在哪里，所以_____地打电话向您请教。
3. 我们大家好不容易凑到一起聚聚，你又要走，真_____。
4. 他对自己这个顽皮的儿子完全_____。
5. 这个公园花木_____，环境优美，空气清新。

二、选择合适的词语完成句子 Choose the right words to complete the sentences.

1. 我笑得太久了，感觉脸都有点儿_____了。
   A. 麻木　　　　B. 麻醉　　　　C. 麻痹　　　　D. 麻将
2. 这样多才多艺的人，是不会被_____的。
   A. 埋藏　　　　B. 埋伏　　　　C. 埋没　　　　D. 埋怨
3. 在电影展期间，人们可以尽情享受_____的电影文化大餐。
   A. 茂密　　　　B. 茂盛　　　　C. 丰盛　　　　D. 昌盛
4. 我真佩服他在开业期间能从容地把事情都处理好，没有一丝_____。
   A. 忙碌　　　　B. 忙乱　　　　C. 忙活　　　　D. 匆忙
5. 恕我_____地说一句，希望大家今后能避免类似的失误。
   A. 冒充　　　　B. 冒险　　　　C. 冒犯　　　　D. 冒昧
6. 祖父的生活很_____，总是天不亮就起床去田里劳动。
   A. 繁忙　　　　B. 忙乱　　　　C. 忙活　　　　D. 急忙
7. 请你谈谈这两者是不是一_____事，它们的区别在哪里。
   A. 件　　　　　B. 码　　　　　C. 个　　　　　D. 类

三、将词语填入句中合适的位置 Choose the appropriate location for the words.

1. <u>A</u>你听到这首歌时，心里<u>B</u>会有<u>C</u>一种<u>D</u>什么样的感觉呢？（每当）
2. 患有<u>A</u>病的老年人切忌随意停<u>B</u>药，否则可能导致<u>C</u>病情<u>D</u>恶化。（慢性）
3. 商品房<u>A</u>开发不能<u>B</u>脱离居民购买能力，<u>C</u>追求高档住房<u>D</u>建设。（盲目）
4. 其实<u>A</u>要是我们<u>B</u>也像他一样努力，<u>C</u>也能<u>D</u>成功。（没准儿）

语法术语缩略形式一览表

缩略形式 Abbreviations	英文名称 Grammar Terms in English	中文名称 Grammar Terms in Chinese
adj.	Adjective	形容词
adv.	Adverb	副词
conj.	Conjunction	连词
int.	Interjection	叹词
m.	Measure Word	量词
n.	Noun	名词
nu.	Numeral	数词
ono.	Onomatopoeia	拟声词
pref.	Prefix	前缀
prep.	Preposition	介词
pron.	Pronoun	代词
pt.	Particle	助词
suf.	Suffix	后缀
v.	Verb	动词

词汇检索表

序号 No.	词语 Vocabulary	页码 Page	序号 No.	词语 Vocabulary	页码 Page	序号 No.	词语 Vocabulary	页码 Page
1	阿拉伯语	1	29	昂贵	2	57	摆设	3
2	哎	1	30	凹	2	58	拜会	3
3	哎呀	1	31	熬	2	59	拜见	3
4	哀求	1	32	熬夜	2	60	拜年	3
5	挨家挨户	1	33	傲	2	61	拜托	6
6	癌	1	34	傲慢	2	62	扳	6
7	癌症	1	35	奥秘	2	63	颁布	6
8	艾滋病	1	36	奥运会	2	64	颁发	6
9	唉	1	37	八卦	2	65	颁奖	6
10	爱不释手	1	38	巴不得	2	66	斑点	6
11	爱理不理	1	39	扒	2	67	搬迁	6
12	爱面子	1	40	芭蕾	2	68	板块	6
13	爱惜	1	41	把柄	3	69	办不到	6
14	碍事	1	42	把关	3	70	半边天	6
15	安定	1	43	把手	3	71	半场	6
16	安抚	1	44	靶子	3	72	半岛	6
17	安眠药	1	45	坝	3	73	半路	6
18	安宁	1	46	罢免	3	74	半数	6
19	安稳	1	47	罢休	3	75	半途而废	6
20	安心	1	48	霸占	3	76	半信半疑	6
21	安逸	2	49	掰	3	77	半真半假	6
22	按键	2	50	白白	3	78	扮	6
23	按理说	2	51	百分比	3	79	伴	6
24	按说	2	52	百合	3	80	伴侣	6
25	案件	2	53	百科全书	3	81	伴随	7
26	暗地里	2	54	柏树	3	82	伴奏	7
27	暗杀	2	55	摆放	3	83	拌	7
28	暗中	2	56	摆平	3	84	帮手	7

序号 No.	词语 Vocabulary	页码 Page	序号 No.	词语 Vocabulary	页码 Page	序号 No.	词语 Vocabulary	页码 Page
85	绑	7	115	报亭	8	145	本色	13
86	绑架	7	116	报销	8	146	本性	13
87	榜样	7	117	抱负	8	147	本意	13
88	棒球	7	118	豹	8	148	本着	13
89	磅	7	119	暴风骤雨	8	149	奔	13
90	包袱	7	120	暴利	8	150	笨蛋	13
91	包容	7	121	暴躁	12	151	笨重	13
92	包扎	7	122	曝光	12	152	崩溃	13
93	剥	7	123	爆冷门	12	153	绷	13
94	煲	7	124	爆满	12	154	绷带	13
95	饱和	7	125	爆竹	12	155	蹦	13
96	饱满	7	126	卑鄙	12	156	逼近	13
97	宝库	7	127	悲哀	12	157	逼迫	13
98	宝藏	7	128	悲观	12	158	逼真	13
99	保管	7	129	悲欢离合	12	159	鼻涕	13
100	保姆	7	130	悲痛	12	160	比比皆是	13
101	保暖	8	131	碑	12	161	比不上	14
102	保鲜	8	132	贝壳	12	162	比起	14
103	保修	8	133	备课	12	163	比试	14
104	保佑	8	134	备受	12	164	比喻	14
105	保障	8	135	备用	12	165	鄙视	14
106	保质期	8	136	背面	12	166	必不可少	14
107	保重	8	137	背叛	12	167	必定	14
108	堡垒	8	138	背诵	12	168	碧绿	14
109	报	8	139	被捕	12	169	弊病	14
110	报仇	8	140	奔波	12	170	弊端	14
111	报酬	8	141	奔赴	13	171	壁画	14
112	报废	8	142	本分	13	172	避难	14
113	报复	8	143	本能	13	173	避暑	14
114	报社	8	144	本钱	13	174	边疆	14

序号 No.	词语 Vocabulary	页码 Page	序号 No.	词语 Vocabulary	页码 Page	序号 No.	词语 Vocabulary	页码 Page
175	边界	14	205	标示	19	235	病症	20
176	边远	14	206	标语	19	236	拨	20
177	编号	14	207	标致	19	237	拨款	20
178	编剧	14	208	飙升	19	238	拨通	20
179	编排	14	209	表白	19	239	波及	20
180	编写	14	210	表决	19	240	波澜	20
181	编造	18	211	表述	19	241	波涛	24
182	鞭策	18	212	表率	19	242	波折	24
183	鞭炮	18	213	表态	19	243	剥夺	24
184	贬值	18	214	表彰	19	244	剥削	24
185	变革	18	215	憋	19	245	伯伯	24
186	变幻莫测	18	216	别具匠心	19	246	伯父	24
187	变迁	18	217	别看	19	247	伯母	24
188	变异	18	218	别墅	19	248	驳回	24
189	变质	18	219	别说	19	249	脖子	24
190	便道	18	220	别提了	19	250	搏斗	24
191	便饭	18	221	别致	20	251	不定	24
192	便捷	18	222	别扭	20	252	不见得	24
193	便利店	18	223	彬彬有礼	20	253	不利于	24
194	遍布	18	224	滨海	20	254	不慎	24
195	辨别	18	225	缤纷	20	255	不适	24
196	辨认	18	226	冰棍儿	20	256	不算	24
197	辩	18	227	冰山	20	257	不像话	24
198	辩护	18	228	丙	20	258	不屑	24
199	辩解	18	229	秉承	20	259	不懈	24
200	辫子	18	230	并非	20	260	不亚于	24
201	标	19	231	并购	20	261	不亦乐乎	25
202	标榜	19	232	并列	20	262	不翼而飞	25
203	标本	19	233	并行	20	263	不用说	25
204	标签	19	234	病床	20	264	不正之风	25

261

序号 No.	词语 Vocabulary	页码 Page	序号 No.	词语 Vocabulary	页码 Page	序号 No.	词语 Vocabulary	页码 Page
265	补给	25	295	不宜	26	325	彩电	32
266	补救	25	296	不已	26	326	彩虹	32
267	捕捉	25	297	不以为然	26	327	彩霞	32
268	哺育	25	298	不由得	26	328	菜市场	32
269	不耻下问	25	299	不由自主	26	329	参见	32
270	不辞而别	25	300	不予	26	330	参军	32
271	不得而知	25	301	不约而同	31	331	参谋	32
272	不得已	25	302	不知	31	332	参照	32
273	不妨	25	303	不知不觉	31	333	餐桌	32
274	不服	25	304	不准	31	334	残	32
275	不服气	25	305	布局	31	335	残留	32
276	不假思索	25	306	步伐	31	336	残缺	32
277	不解	25	307	步入	31	337	残忍	32
278	不经意	25	308	步骤	31	338	惭愧	32
279	不景气	25	309	部件	31	339	惨白	32
280	不堪	25	310	部署	31	340	惨痛	32
281	不可避免	26	311	猜谜	31	341	惨重	33
282	不可思议	26	312	猜想	31	342	灿烂	33
283	不肯	26	313	才华	31	343	苍蝇	33
284	不理	26	314	财经	31	344	沧桑	33
285	不了了之	26	315	财力	31	345	舱	33
286	不难	26	316	财务	31	346	藏匿	33
287	不平	26	317	财物	31	347	藏品	33
288	不起眼	26	318	财政	31	348	藏身	33
289	不容	26	319	裁	31	349	操控	33
290	不如说	26	320	裁定	31	350	操劳	33
291	不同寻常	26	321	裁决	32	351	操心	33
292	不为人知	26	322	采	32	352	槽	33
293	不惜	26	323	采集	32	353	草案	33
294	不相上下	26	324	采矿	32	354	草坪	33

序号 No.	词语 Vocabulary	页码 Page	序号 No.	词语 Vocabulary	页码 Page	序号 No.	词语 Vocabulary	页码 Page
355	侧面	33	385	阐述	38	415	车道	39
356	侧重	33	386	颤抖	38	416	车祸	39
357	测算	33	387	猖狂	38	417	车间	39
358	测验	33	388	长达	38	418	车轮	39
359	层出不穷	33	389	长期以来	38	419	车速	39
360	蹭	33	390	长效	38	420	车位	39
361	差错	37	391	长征	38	421	车厢	42
362	差额	37	392	长足	38	422	车型	42
363	插手	37	393	常理	38	423	车轴	42
364	插图	37	394	常人	38	424	扯	42
365	插嘴	37	395	常态	38	425	彻夜	42
366	茶道	37	396	常温	38	426	撤	42
367	茶馆儿	37	397	偿还	38	427	撤换	42
368	查处	37	398	嫦娥	38	428	沉甸甸	42
369	查明	37	399	厂家	38	429	沉淀	42
370	查找	37	400	敞开	38	430	沉浸	42
371	察觉	37	401	畅谈	39	431	沉闷	42
372	察看	37	402	畅销	39	432	沉迷	42
373	诧异	37	403	倡议	39	433	沉思	42
374	掺	37	404	抄袭	39	434	沉稳	42
375	搀	37	405	钞票	39	435	沉着	42
376	馋	37	406	超标	39	436	陈旧	42
377	禅杖	37	407	超车	39	437	陈列	42
378	缠	37	408	超前	39	438	陈述	42
379	产	37	409	超速	39	439	衬托	42
380	产地	37	410	朝代	39	440	趁	42
381	产物	38	411	朝着	39	441	趁机	43
382	产值	38	412	嘲弄	39	442	趁早	43
383	铲	38	413	嘲笑	39	443	趁着	43
384	铲子	38	414	吵嘴	39	444	称呼	43

序号 No.	词语 Vocabulary	页码 Page	序号 No.	词语 Vocabulary	页码 Page	序号 No.	词语 Vocabulary	页码 Page
445	称作	43	475	吃亏	44	505	重现	49
446	成才	43	476	痴呆	44	506	崇高	49
447	成家	43	477	痴迷	44	507	崇尚	49
448	成年[1]	43	478	痴心	44	508	宠	49
449	成年[2]	43	479	池塘	44	509	宠爱	49
450	成千上万	43	480	驰名	44	510	抽签	49
451	成群结队	43	481	迟迟	48	511	抽屉	49
452	成天	43	482	迟疑	48	512	抽象	49
453	成问题	43	483	迟早	48	513	仇	49
454	成型	43	484	持	48	514	仇恨	49
455	呈现	43	485	持久	48	515	仇人	49
456	诚恳	43	486	持之以恒	48	516	稠	49
457	诚心诚意	43	487	尺度	48	517	稠密	49
458	诚意	43	488	耻辱	48	518	愁眉苦脸	49
459	诚挚	43	489	耻笑	48	519	筹	49
460	承包	43	490	赤字	48	520	筹办	49
461	承载	44	491	翅膀	48	521	筹备	50
462	城墙	44	492	冲刺	48	522	筹措	50
463	乘人之危	44	493	冲浪	48	523	筹划	50
464	盛	44	494	冲洗	48	524	筹集	50
465	惩处	44	495	冲撞	48	525	筹码	50
466	惩罚	44	496	充	48	526	丑恶	50
467	澄清	44	497	充当	48	527	丑陋	50
468	橙汁	44	498	充沛	48	528	丑闻	50
469	逞能	44	499	充实	48	529	瞅	50
470	逞强	44	500	重播	48	530	出版社	50
471	秤	44	501	重叠	49	531	出厂	50
472	吃不上	44	502	重返	49	532	出丑	50
473	吃喝玩乐	44	503	重合	49	533	出道	50
474	吃苦	44	504	重申	49	534	出发点	50

序号 No.	词语 Vocabulary	页码 Page	序号 No.	词语 Vocabulary	页码 Page	序号 No.	词语 Vocabulary	页码 Page
535	出风头	50	565	除外	54	595	喘息	55
536	出境	50	566	处方	54	596	串门	55
537	出局	50	567	处境	54	597	创伤	55
538	出具	50	568	处置	54	598	床位	55
539	出口成章	50	569	储备	54	599	创	55
540	出卖	50	570	储蓄	54	600	创始人	55
541	出毛病	53	571	触动	54	601	吹了	59
542	出难题	53	572	触犯	54	602	吹牛	59
543	出人意料	53	573	触觉	54	603	吹捧	59
544	出任	53	574	触摸	54	604	垂	59
545	出山	53	575	触目惊心	54	605	垂头丧气	59
546	出身	53	576	揣	54	606	捶	59
547	出示	53	577	揣测	54	607	锤子	59
548	出手	53	578	揣摩	54	608	纯粹	59
549	出头	53	579	踹	54	609	纯洁	59
550	出土	53	580	川流不息	54	610	淳朴	59
551	出息	53	581	穿过	55	611	醇厚	59
552	出血	53	582	穿小鞋	55	612	蠢	59
553	出演	53	583	穿越	55	613	戳	59
554	出洋相	53	584	穿着	55	614	绰号	59
555	出游	53	585	传承	55	615	瓷	59
556	出众	53	586	传奇	55	616	瓷器	59
557	出主意	53	587	传染	55	617	辞	59
558	出资	53	588	传染病	55	618	辞呈	59
559	出自	53	589	传人	55	619	辞去	59
560	出走	53	590	传授	55	620	辞退	59
561	初次	54	591	传闻	55	621	慈善	60
562	初衷	54	592	船舶	55	622	慈祥	60
563	除此之外	54	593	船桨	55	623	磁带	60
564	除去	54	594	喘	55	624	磁卡	60

序号 No.	词语 Vocabulary	页码 Page	序号 No.	词语 Vocabulary	页码 Page	序号 No.	词语 Vocabulary	页码 Page
625	磁盘	60	655	簇拥	61	685	打猎	66
626	此起彼伏	60	656	窜	61	686	打磨	66
627	次日	60	657	催	61	687	打通	66
628	伺候	60	658	催促	61	688	打仗	66
629	刺耳	60	659	催眠	61	689	打招呼	66
630	刺骨	60	660	摧毁	61	690	大包大揽	66
631	刺绣	60	661	脆弱	65	691	大笔	66
632	赐	60	662	翠绿	65	692	大臣	66
633	赐教	60	663	存放	65	693	大吃一惊	66
634	匆匆	60	664	存心	65	694	大大咧咧	66
635	匆忙	60	665	存折	65	695	大地	66
636	葱	60	666	搓	65	696	大队	66
637	从今以后	60	667	磋商	65	697	大幅度	66
638	从来不	60	668	挫折	65	698	大公无私	66
639	从容	60	669	措手不及	65	699	大家庭	66
640	从容不迫	60	670	错别字	65	700	大街小巷	66
641	从头	61	671	错觉	65	701	大惊小怪	67
642	从未	61	672	错位	65	702	大局	67
643	从业	61	673	错综复杂	65	703	大款	67
644	从早到晚	61	674	搭乘	65	704	大面积	67
645	丛林	61	675	搭建	65	705	大名鼎鼎	67
646	凑	61	676	达标	65	706	大模大样	67
647	凑合	61	677	答辩	65	707	大棚	67
648	凑巧	61	678	打岔	65	708	大片	67
649	粗暴	61	679	打倒	65	709	大气	67
650	粗糙	61	680	打盹儿	65	710	大厦	67
651	粗鲁	61	681	打交道	66	711	大数据	67
652	粗略	61	682	打搅	66	712	大肆	67
653	粗心大意	61	683	打捞	66	713	大体	67
654	促成	61	684	打量	66	714	大体上	67

序号 No.	词语 Vocabulary	页码 Page	序号 No.	词语 Vocabulary	页码 Page	序号 No.	词语 Vocabulary	页码 Page
715	大同小异	67	745	胆怯	72	775	捣乱	73
716	大腕儿	67	746	胆子	72	776	倒卖	73
717	大选	67	747	但愿	72	777	倒霉	73
718	大雁	67	748	担	72	778	倒塌	73
719	大意	67	749	担子	72	779	倒下	73
720	大意	67	750	诞辰	72	780	到头来	73
721	大有可为	71	751	淡化	72	781	到位	76
722	大宗	71	752	淡季	72	782	倒计时	76
723	歹徒	71	753	蛋白质	72	783	倒数	76
724	逮	71	754	当即	72	784	盗	76
725	代号	71	755	当今	72	785	盗窃	76
726	代理人	71	756	当面	72	786	悼念	76
727	代言人	71	757	当日	72	787	道具	76
728	带队	71	758	当事人	72	788	稻草	76
729	带路	71	759	当务之急	72	789	得不偿失	76
730	带头	71	760	当下	72	790	得当	76
731	带头人	71	761	当心	73	791	得力	76
732	待	71	762	当着	73	792	得失	76
733	怠工	71	763	当之无愧	73	793	得手	76
734	怠慢	71	764	当众	73	794	得体	76
735	逮捕	71	765	当晚	73	795	得天独厚	76
736	担	71	766	当真	73	796	得益于	76
737	担当	71	767	荡漾	73	797	得意扬扬	76
738	担负	71	768	档次	73	798	得知	76
739	单边	71	769	导弹	73	799	得罪	76
740	单薄	71	770	导航	73	800	德	76
741	单方面	72	771	导火索	73	801	灯笼	77
742	单身	72	772	导师	73	802	灯泡	77
743	耽搁	72	773	导向	73	803	登机	77
744	耽误	72	774	岛屿	73	804	登陆	77

序号 No.	词语 Vocabulary	页码 Page	序号 No.	词语 Vocabulary	页码 Page	序号 No.	词语 Vocabulary	页码 Page
805	蹬	77	835	地下水	78	865	惦记	82
806	凳子	77	836	地狱	78	866	奠定	82
807	瞪	77	837	地域	78	867	殿堂	82
808	低调	77	838	地质	78	868	刁难	82
809	低估	77	839	弟子	78	869	叼	82
810	低谷	77	840	帝国	78	870	雕	82
811	低价	77	841	帝国主义	81	871	雕刻	82
812	低迷	77	842	递交	81	872	雕塑	82
813	低碳	77	843	第一手	81	873	吊销	82
814	低下	77	844	第一线	81	874	钓鱼	82
815	堤	77	845	颠倒	81	875	调度	82
816	堤坝	77	846	颠覆	81	876	掉队	82
817	提防	77	847	巅峰	81	877	掉头	82
818	笛子	77	848	典范	81	878	爹	82
819	抵触	77	849	点火	81	879	迭起	82
820	抵挡	77	850	点击率	81	880	叠	82
821	抵消	78	851	点评	81	881	丁	83
822	抵押	78	852	点心	81	882	叮嘱	83
823	抵御	78	853	点缀	81	883	盯	83
824	抵制	78	854	点子	81	884	钉子	83
825	底层	78	855	电报	81	885	顶多	83
826	底线	78	856	电铃	81	886	顶级	83
827	底蕴	78	857	电网	81	887	顶尖	83
828	底子	78	858	电线	81	888	订单	83
829	地步	78	859	电信	81	889	订购	83
830	地道	78	860	电讯	81	890	订婚	83
831	地道	78	861	垫	82	891	订立	83
832	地段	78	862	垫底	82	892	钉	83
833	地理	78	863	垫子	82	893	定金	83
834	地毯	78	864	淀粉	82	894	定居	83

序号 No.	词语 Vocabulary	页码 Page	序号 No.	词语 Vocabulary	页码 Page	序号 No.	词语 Vocabulary	页码 Page
895	定论	83	925	栋	87	955	断定	88
896	定为	83	926	栋梁	87	956	断断续续	88
897	定向	83	927	兜	87	957	断裂	88
898	定心丸	83	928	兜儿	87	958	堆砌	88
899	定义	83	929	兜售	87	959	队形	88
900	定做	83	930	抖	87	960	对白	88
901	丢掉	86	931	陡	87	961	对策	92
902	丢脸	86	932	斗	87	962	对称	92
903	丢弃	86	933	斗志	87	963	对得起	92
904	丢人	86	934	豆浆	87	964	对联	92
905	丢失	86	935	豆子	87	965	对弈	92
906	东奔西走	86	936	逗	87	966	对照	92
907	东道主	86	937	都会	87	967	对峙	92
908	东张西望	86	938	督促	87	968	对准	92
909	董事	86	939	独	87	969	兑换	92
910	董事会	86	940	独唱	87	970	兑现	92
911	董事长	86	941	独家	88	971	敦促	92
912	懂事	86	942	独立自主	88	972	敦厚	92
913	动不动	86	943	独身	88	973	炖	92
914	动荡	86	944	独一无二	88	974	顿时	92
915	动感	86	945	堵塞	88	975	多边	92
916	动工	86	946	杜绝	88	976	多功能	92
917	动静	86	947	妒忌	88	977	多亏	92
918	动脉	86	948	度	88	978	多劳多得	92
919	动身	86	949	度假	88	979	多年来	92
920	动弹	86	950	渡过	88	980	多心	92
921	动听	87	951	端正	88	981	多余	93
922	动向	87	952	短缺	88	982	多元	93
923	动用	87	953	短暂	88	983	哆嗦	93
924	冻结	87	954	段落	88	984	夺冠	93

序号 No.	词语 Vocabulary	页码 Page	序号 No.	词语 Vocabulary	页码 Page	序号 No.	词语 Vocabulary	页码 Page
985	夺魁	93	1015	发愁	94	1045	繁华	99
986	躲避	93	1016	发电机	94	1046	繁忙	99
987	躲藏	93	1017	发抖	94	1047	繁体字	99
988	舵手	93	1018	发愤图强	94	1048	繁重	99
989	堕落	93	1019	发光	94	1049	反驳	99
990	讹诈	93	1020	发火	94	1050	反差	99
991	俄语	93	1021	发酵	98	1051	反常	99
992	鹅	93	1022	发掘	98	1052	反倒	99
993	额外	93	1023	发愣	98	1053	反感	99
994	厄运	93	1024	发脾气	98	1054	反过来	99
995	恶	93	1025	发起人	98	1055	反击	99
996	恶化	93	1026	发热	98	1056	反馈	99
997	恶劣	93	1027	发誓	98	1057	反面	99
998	恶性	93	1028	发泄	98	1058	反思	99
999	恶意	93	1029	发扬	98	1059	反弹	99
1000	遏制	93	1030	发扬光大	98	1060	反省	99
1001	鳄鱼	94	1031	发育	98	1061	返还	100
1002	恩赐	94	1032	发源地	98	1062	犯愁	100
1003	恩惠	94	1033	发作	98	1063	饭碗	100
1004	恩情	94	1034	阀门	98	1064	泛滥	100
1005	恩怨	94	1035	发型	98	1065	范畴	100
1006	而已	94	1036	帆	98	1066	贩卖	100
1007	耳光	94	1037	帆船	98	1067	方方面面	100
1008	耳目一新	94	1038	翻番	98	1068	方向盘	100
1009	耳熟能详	94	1039	翻来覆去	98	1069	方言	100
1010	耳闻目睹	94	1040	翻天覆地	98	1070	防盗	100
1011	二手车	94	1041	凡	99	1071	防盗门	100
1012	二氧化碳	94	1042	烦闷	99	1072	防护	100
1013	发布会	94	1043	烦恼	99	1073	防火墙	100
1014	发财	94	1044	烦躁	99	1074	防卫	100

序号 No.	词语 Vocabulary	页码 Page	序号 No.	词语 Vocabulary	页码 Page	序号 No.	词语 Vocabulary	页码 Page
1075	防汛	100	1105	废	105	1135	分量	106
1076	防疫	100	1106	废除	105	1136	分外	106
1077	防御	100	1107	废话	105	1137	份额	106
1078	妨碍	100	1108	废品	105	1138	奋力	106
1079	妨害	100	1109	废寝忘食	105	1139	奋勇	106
1080	房地产	100	1110	废物	105	1140	粪	106
1081	仿	104	1111	废墟	105	1141	粪便	109
1082	仿制	104	1112	沸沸扬扬	105	1142	丰富多彩	109
1083	访谈	104	1113	沸腾	105	1143	丰厚	109
1084	纺织	104	1114	费劲	105	1144	丰满	109
1085	放过	104	1115	分辨	105	1145	丰盛	109
1086	放水	104	1116	分寸	105	1146	丰硕	109
1087	放肆	104	1117	分担	105	1147	风波	109
1088	放映	104	1118	分割	105	1148	风采	109
1089	放置	104	1119	分红	105	1149	风餐露宿	109
1090	放纵	104	1120	分化	105	1150	风范	109
1091	飞速	104	1121	分泌	106	1151	风风雨雨	109
1092	飞往	104	1122	分明	106	1152	风和日丽	109
1093	飞翔	104	1123	分歧	106	1153	风浪	109
1094	飞跃	104	1124	分赃	106	1154	风力	109
1095	非	104	1125	分支	106	1155	风流	109
1096	非得	104	1126	芬芳	106	1156	风貌	109
1097	非法	104	1127	吩咐	106	1157	风气	109
1098	非凡	104	1128	氛围	106	1158	风情	109
1099	绯闻	104	1129	坟	106	1159	风趣	109
1100	肥料	104	1130	坟墓	106	1160	风沙	109
1101	肥胖	105	1131	焚烧	106	1161	风尚	110
1102	肥沃	105	1132	粉	106	1162	风水	110
1103	肥皂	105	1133	粉丝	106	1163	风味	110
1104	诽谤	105	1134	粉碎	106	1164	风雨	110

序号 No.	词语 Vocabulary	页码 Page	序号 No.	词语 Vocabulary	页码 Page	序号 No.	词语 Vocabulary	页码 Page
1165	风云	110	1195	抚恤	111	1225	富豪	116
1166	风筝	110	1196	抚养	111	1226	富强	116
1167	封顶	110	1197	抚养费	111	1227	富翁	116
1168	封建	110	1198	斧子	111	1228	富裕	116
1169	封面	110	1199	俯首	111	1229	富足	116
1170	封锁	110	1200	辅导	111	1230	腹部	116
1171	疯子	110	1201	腐败	115	1231	腹泻	116
1172	峰回路转	110	1202	腐化	115	1232	覆盖	116
1173	蜂蜜	110	1203	腐烂	115	1233	该	116
1174	逢	110	1204	腐蚀	115	1234	改版	116
1175	缝	110	1205	腐朽	115	1235	改编	116
1176	缝合	110	1206	付费	115	1236	改动	116
1177	讽刺	110	1207	付款	115	1237	改革开放	116
1178	凤凰	110	1208	负面	115	1238	改良	116
1179	缝	110	1209	负有	115	1239	改名	116
1180	否决	110	1210	附	115	1240	改日	116
1181	孵化	111	1211	附带	115	1241	改为	117
1182	敷	111	1212	附和	115	1242	改邪归正	117
1183	扶持	111	1213	附加	115	1243	钙	117
1184	服饰	111	1214	附属	115	1244	盖子	117
1185	服务器	111	1215	赴	115	1245	概况	117
1186	服用	111	1216	复查	115	1246	概率	117
1187	俘获	111	1217	复发	115	1247	概论	117
1188	俘虏	111	1218	复合	115	1248	干戈	117
1189	浮力	111	1219	复活	115	1249	干旱	117
1190	浮现	111	1220	复兴	115	1250	干燥	117
1191	浮躁	111	1221	复原	116	1251	甘心	117
1192	辐射	111	1222	副作用	116	1252	肝脏	117
1193	福气	111	1223	赋予	116	1253	尴尬	117
1194	抚摸	111	1224	富含	116	1254	赶赴	117

序号 No.	词语 Vocabulary	页码 Page	序号 No.	词语 Vocabulary	页码 Page	序号 No.	词语 Vocabulary	页码 Page
1255	赶往	117	1285	高龄	121	1315	格格不入	122
1256	敢情	117	1286	高明	121	1316	格局	122
1257	感	117	1287	高山	121	1317	格式	122
1258	感触	117	1288	高效	121	1318	隔阂	122
1259	感恩	117	1289	高新技术	121	1319	隔离	122
1260	感激	117	1290	高血压	121	1320	个案	122
1261	感慨	120	1291	高压	121	1321	个头儿	125
1262	感染	120	1292	高雅	121	1322	各奔前程	125
1263	感染力	120	1293	高涨	121	1323	各式各样	125
1264	感叹	120	1294	搞鬼	121	1324	根基	125
1265	感性	120	1295	搞笑	121	1325	根深蒂固	125
1266	干部	120	1296	告	121	1326	根源	125
1267	干事	120	1297	告辞	121	1327	根治	125
1268	刚毅	120	1298	告诫	121	1328	跟不上	125
1269	纲领	120	1299	告示	121	1329	跟上	125
1270	纲要	120	1300	告知	121	1330	跟踪	125
1271	钢	120	1301	告状	122	1331	更改	125
1272	缸	120	1302	戈壁	122	1332	更衣室	125
1273	港	120	1303	胳膊	122	1333	耕地	125
1274	杠铃	120	1304	鸽子	122	1334	耿直	125
1275	高昂	120	1305	搁	122	1335	工地	125
1276	高傲	120	1306	搁浅	122	1336	工会	125
1277	高超	120	1307	搁置	122	1337	工科	125
1278	高低	120	1308	割	122	1338	工商界	125
1279	高调	120	1309	歌剧	122	1339	工序	125
1280	高额	120	1310	歌颂	122	1340	工整	125
1281	高尔夫球	121	1311	歌舞	122	1341	工作量	126
1282	高峰期	121	1312	歌咏	122	1342	弓	126
1283	高贵	121	1313	革命	122	1343	公安局	126
1284	高空	121	1314	格	122	1344	公车	126

序号 No.	词语 Vocabulary	页码 Page	序号 No.	词语 Vocabulary	页码 Page	序号 No.	词语 Vocabulary	页码 Page
1345	公道	126	1375	攻	127	1405	孤零零	132
1346	公费	126	1376	攻读	127	1406	孤陋寡闻	132
1347	公共场所	126	1377	攻关	127	1407	辜负	132
1348	公关	126	1378	供	127	1408	古董	132
1349	公函	126	1379	供不应求	127	1409	古怪	132
1350	公积金	126	1380	供暖	127	1410	古迹	132
1351	公开信	126	1381	供求	131	1411	古今中外	132
1352	公款	126	1382	宫殿	131	1412	古朴	132
1353	公立	126	1383	宫廷	131	1413	古人	132
1354	公墓	126	1384	恭维	131	1414	股份	132
1355	公仆	126	1385	恭喜	131	1415	股民	132
1356	公顷	126	1386	拱	131	1416	股市	132
1357	公然	126	1387	共鸣	131	1417	骨干	132
1358	公示	126	1388	共识	131	1418	骨气	132
1359	公事	126	1389	共同体	131	1419	骨折	132
1360	公务	126	1390	共性	131	1420	鼓动	132
1361	公益	127	1391	供奉	131	1421	鼓舞	133
1362	公益性	127	1392	勾	131	1422	固然	133
1363	公用	127	1393	勾画	131	1423	固执	133
1364	公寓	127	1394	勾结	131	1424	故	133
1365	公约	127	1395	钩	131	1425	顾不得	133
1366	公证	127	1396	钩子	131	1426	顾不上	133
1367	公职	127	1397	构思	131	1427	顾及	133
1368	功	127	1398	构想	131	1428	顾虑	133
1369	功臣	127	1399	购	131	1429	顾全大局	133
1370	功底	127	1400	够呛	131	1430	雇	133
1371	功劳	127	1401	估算	132	1431	雇佣	133
1372	功力	127	1402	沽名钓誉	132	1432	雇员	133
1373	功率	127	1403	孤单	132	1433	雇主	133
1374	功效	127	1404	孤立	132	1434	瓜分	133

序号 No.	词语 Vocabulary	页码 Page	序号 No.	词语 Vocabulary	页码 Page	序号 No.	词语 Vocabulary	页码 Page
1435	瓜子	133	1465	管家	138	1495	归来	139
1436	刮风	133	1466	管教	138	1496	归纳	139
1437	寡妇	133	1467	管理费	138	1497	归属	139
1438	挂钩	133	1468	管辖	138	1498	归宿	139
1439	挂号	133	1469	管用	138	1499	龟	139
1440	挂念	133	1470	管子	138	1500	规格	139
1441	挂失	137	1471	贯彻	138	1501	规矩	142
1442	乖	137	1472	贯穿	138	1502	闺女	142
1443	乖巧	137	1473	贯通	138	1503	瑰宝	142
1444	拐弯	137	1474	惯	138	1504	轨迹	142
1445	拐杖	137	1475	惯例	138	1505	柜台	142
1446	怪不得	137	1476	惯性	138	1506	贵宾	142
1447	怪物	137	1477	灌	138	1507	贵重	142
1448	怪异	137	1478	灌溉	138	1508	贵族	142
1449	关掉	137	1479	灌输	138	1509	桂花	142
1450	关节	137	1480	罐	138	1510	滚动	142
1451	关税	137	1481	罐头	139	1511	棍	142
1452	关头	137	1482	光彩	139	1512	棍子	142
1453	关照	137	1483	光碟	139	1513	国宝	142
1454	观测	137	1484	光顾	139	1514	国防	142
1455	观感	137	1485	光滑	139	1515	国画	142
1456	观摩	137	1486	光环	139	1516	国徽	142
1457	观赏	137	1487	光缆	139	1517	国情	142
1458	观望	137	1488	光芒	139	1518	国土	142
1459	官兵	137	1489	光明磊落	139	1519	国学	142
1460	官吏	137	1490	光泽	139	1520	国有	142
1461	官僚	138	1491	广义	139	1521	果断	143
1462	官僚主义	138	1492	归根到底	139	1522	果园	143
1463	官员	138	1493	归还	139	1523	果真	143
1464	棺材	138	1494	归结	139	1524	裹	143

序号 No.	词语 Vocabulary	页码 Page	序号 No.	词语 Vocabulary	页码 Page	序号 No.	词语 Vocabulary	页码 Page
1525	过半	143	1555	海域	144	1585	毫无	148
1526	过不去	143	1556	海运	144	1586	豪华	148
1527	过错	143	1557	海藻	144	1587	好比	148
1528	过道	143	1558	骇人听闻	144	1588	好歹	148
1529	过关	143	1559	害虫	144	1589	好感	148
1530	过奖	143	1560	害臊	144	1590	好坏	148
1531	过节	143	1561	害羞	147	1591	好家伙	148
1532	过境	143	1562	酣畅	147	1592	好评	148
1533	过滤	143	1563	酣睡	147	1593	好说	148
1534	过期	143	1564	含糊	147	1594	好笑	148
1535	过日子	143	1565	含蓄	147	1595	好心	148
1536	过剩	143	1566	函授	147	1596	好心人	148
1537	过失	143	1567	涵盖	147	1597	好意	148
1538	过头	143	1568	涵义	147	1598	好在 5	148
1539	过往	143	1569	罕见	147	1599	号称	148
1540	过意不去	143	1570	汗水	147	1600	好客	148
1541	过瘾	144	1571	旱	147	1601	好奇心	149
1542	过硬	144	1572	旱灾	147	1602	耗	149
1543	过早	144	1573	捍卫	147	1603	耗费	149
1544	海岸	144	1574	焊	147	1604	耗时	149
1545	海拔	144	1575	行家	147	1605	浩劫	149
1546	海滨	144	1576	行列	147	1606	呵护	149
1547	海盗	144	1577	行情	147	1607	禾苗	149
1548	海量	144	1578	航海	147	1608	合唱	149
1549	海绵	144	1579	航天	147	1609	合乎	149
1550	海面	144	1580	航天员	147	1610	合伙	149
1551	海内外	144	1581	航行	148	1611	合计	149
1552	海滩	144	1582	航运	148	1612	合情合理	149
1553	海峡	144	1583	毫不	148	1613	合影	149
1554	海啸	144	1584	毫不犹豫	148	1614	合资	149

序号 No.	词语 Vocabulary	页码 Page	序号 No.	词语 Vocabulary	页码 Page	序号 No.	词语 Vocabulary	页码 Page
1615	合作社	149	1645	黑手	153	1675	后备	154
1616	何必	149	1646	黑心	153	1676	后备箱	154
1617	何处	149	1647	嘿	153	1677	后代	154
1618	何苦	149	1648	痕迹	153	1678	后盾	154
1619	何况	149	1649	恨不得	153	1679	后顾之忧	154
1620	何时	149	1650	哼	153	1680	后期	154
1621	和蔼	152	1651	横七竖八	153	1681	后勤	158
1622	和解	152	1652	横向	153	1682	后人	158
1623	和睦	152	1653	横	153	1683	后台	158
1624	和平共处	152	1654	轰	153	1684	后退	158
1625	和气	152	1655	轰动	153	1685	后续	158
1626	和尚	152	1656	轰炸	153	1686	后遗症	158
1627	河流	152	1657	哄	153	1687	后裔	158
1628	河畔	152	1658	哄堂大笑	153	1688	后者	158
1629	荷花	152	1659	烘干	153	1689	厚道	158
1630	核	152	1660	烘托	153	1690	厚度	158
1631	核电站	152	1661	弘扬	154	1691	候选人	158
1632	核对	152	1662	红灯	154	1692	呼风唤雨	158
1633	核能	152	1663	红火	154	1693	呼唤	158
1634	核实	152	1664	红扑扑	154	1694	呼救	158
1635	核桃	152	1665	红润	154	1695	呼声	158
1636	核武器	152	1666	红薯	154	1696	呼应	158
1637	贺电	152	1667	红眼	154	1697	呼吁	158
1638	贺信	152	1668	宏观	154	1698	忽高忽低	158
1639	喝彩	152	1669	宏伟	154	1699	忽悠	158
1640	赫然	152	1670	洪亮	154	1700	胡闹	158
1641	鹤立鸡群	153	1671	哄	154	1701	胡说	159
1642	黑白	153	1672	哄	154	1702	胡思乱想	159
1643	黑客	153	1673	喉咙	154	1703	湖泊	159
1644	黑马	153	1674	吼	154	1704	糊	159

277

序号 No.	词语 Vocabulary	页码 Page	序号 No.	词语 Vocabulary	页码 Page	序号 No.	词语 Vocabulary	页码 Page
1705	糊涂	159	1735	画展	160	1765	患	165
1706	互补	159	1736	话费	160	1766	患病	165
1707	互访	159	1737	话筒	160	1767	患有	165
1708	互信	159	1738	话语	160	1768	焕发	165
1709	互助	159	1739	怀抱	160	1769	荒	165
1710	护理	159	1740	怀旧	160	1770	荒诞	165
1711	花瓣	159	1741	怀里	164	1771	荒凉	165
1712	花卉	159	1742	怀孕	164	1772	荒谬	165
1713	花纹	159	1743	怀着	164	1773	慌乱	165
1714	花样	159	1744	槐树	164	1774	慌张	165
1715	划算	159	1745	坏事	164	1775	皇宫	165
1716	华丽	159	1746	欢呼	164	1776	皇后	165
1717	华侨	159	1747	欢聚	164	1777	皇上	165
1718	华裔	159	1748	欢快	164	1778	皇室	165
1719	哗变	159	1749	欢声笑语	164	1779	黄昏	165
1720	哗然	159	1750	还款	164	1780	恍然大悟	165
1721	滑冰	160	1751	还原	164	1781	晃	166
1722	滑稽	160	1752	环球	164	1782	谎话	166
1723	滑梯	160	1753	环绕	164	1783	谎言	166
1724	滑雪	160	1754	缓	164	1784	晃	166
1725	化肥	160	1755	缓和	164	1785	晃荡	166
1726	化身	160	1756	缓缓	164	1786	灰	166
1727	化纤	160	1757	缓慢	164	1787	灰尘	166
1728	化险为夷	160	1758	幻觉	164	1788	灰心	166
1729	化验	160	1759	幻影	164	1789	挥	166
1730	化妆	160	1760	换成	164	1790	辉煌	166
1731	划时代	160	1761	换取	165	1791	回归	166
1732	画册	160	1762	换位	165	1792	回扣	166
1733	画龙点睛	160	1763	换言之	165	1793	回馈	166
1734	画蛇添足	160	1764	唤起	165	1794	回落	166

序号 No.	词语 Vocabulary	页码 Page	序号 No.	词语 Vocabulary	页码 Page	序号 No.	词语 Vocabulary	页码 Page
1795	回升	166	1825	活儿	170	1855	机智	171
1796	回首	166	1826	火暴	170	1856	肌肤	171
1797	回味	166	1827	火锅	170	1857	积	171
1798	回想	166	1828	火候	170	1858	积淀	171
1799	回忆录	166	1829	火花	170	1859	积蓄	171
1800	悔恨	166	1830	火炬	170	1860	基本功	171
1801	毁坏	169	1831	火辣辣	170	1861	基层	174
1802	毁灭	169	1832	火热	170	1862	基因	174
1803	汇合	169	1833	火山	170	1863	基于	174
1804	汇集	169	1834	火速	170	1864	基准	174
1805	汇聚	169	1835	火焰	170	1865	畸形	174
1806	会场	169	1836	火药	170	1866	激发	174
1807	会面	169	1837	伙食	170	1867	激光	174
1808	会晤	169	1838	或多或少	170	1868	激化	174
1809	会意	169	1839	货币	170	1869	激活	174
1810	会诊	169	1840	货车	170	1870	激励	174
1811	绘声绘色	169	1841	货物	171	1871	激起	174
1812	贿赂	169	1842	货运	171	1872	激素	174
1813	昏迷	169	1843	获胜	171	1873	及	174
1814	婚纱	169	1844	获悉	171	1874	及其	174
1815	婚姻	169	1845	祸害	171	1875	及早	174
1816	浑身	169	1846	霍乱	171	1876	吉普	174
1817	魂	169	1847	豁达	171	1877	吉他	174
1818	混凝土	169	1848	几率	171	1878	吉祥物	174
1819	混淆	169	1849	讥笑	171	1879	级别	174
1820	混浊	169	1850	饥饿	171	1880	极度	174
1821	豁	170	1851	机舱	171	1881	极力	175
1822	豁出去	170	1852	机动	171	1882	极少数	175
1823	活该	170	1853	机灵	171	1883	极为	175
1824	活期	170	1854	机密	171	1884	极限	175

279

序号 No.	词语 Vocabulary	页码 Page	序号 No.	词语 Vocabulary	页码 Page	序号 No.	词语 Vocabulary	页码 Page
1885	即	175	1915	技艺	176	1945	嘉年华	180
1886	即便	175	1916	忌	176	1946	假定	180
1887	即可	175	1917	忌讳	176	1947	假冒	180
1888	急剧	175	1918	忌口	176	1948	假设	180
1889	急迫	175	1919	剂	176	1949	假使	180
1890	急性	175	1920	迹象	176	1950	假装	180
1891	急需	175	1921	继	179	1951	价位	180
1892	急于	175	1922	继而	179	1952	价值观	180
1893	急诊	175	1923	继父	179	1953	驾	180
1894	急转弯	175	1924	继母	179	1954	驾车	180
1895	棘手	175	1925	祭	179	1955	驾驭	180
1896	集会	175	1926	祭奠	179	1956	架势	180
1897	集结	175	1927	祭祀	179	1957	架子	180
1898	集邮	175	1928	寄托	179	1958	嫁	180
1899	集装箱	175	1929	寂静	179	1959	嫁妆	180
1900	集资	175	1930	寂寞	179	1960	尖端	180
1901	嫉妒	176	1931	加紧	179	1961	尖锐	181
1902	挤压	176	1932	加剧	179	1962	奸诈	181
1903	脊梁	176	1933	加深	179	1963	歼灭	181
1904	计	176	1934	加重	179	1964	坚持不懈	181
1905	计策	176	1935	佳节	179	1965	坚韧	181
1906	计较	176	1936	家伙	179	1966	坚实	181
1907	计时	176	1937	家家户户	179	1967	坚守	181
1908	记号	176	1938	家教	179	1968	坚信	181
1909	记忆犹新	176	1939	家境	179	1969	坚硬	181
1910	纪录片	176	1940	家禽	179	1970	肩膀	181
1911	纪念碑	176	1941	家用	180	1971	肩负	181
1912	纪念馆	176	1942	家喻户晓	180	1972	艰巨	181
1913	纪念日	176	1943	家政	180	1973	艰苦奋斗	181
1914	纪实	176	1944	家族	180	1974	艰险	181

序号 No.	词语 Vocabulary	页码 Page	序号 No.	词语 Vocabulary	页码 Page	序号 No.	词语 Vocabulary	页码 Page
1975	艰辛	181	2005	见仁见智	185	2035	奖品	186
1976	监察	181	2006	见识	185	2036	奖项	186
1977	监管	181	2007	见外	185	2037	降临	186
1978	监护	181	2008	见效	185	2038	交叉	186
1979	监控	181	2009	见义勇为	185	2039	交锋	186
1980	监视	181	2010	见证	185	2040	交付	186
1981	监狱	184	2011	间谍	185	2041	交集	189
1982	兼	184	2012	间断	185	2042	交接	189
1983	兼顾	184	2013	间隔	185	2043	交界	189
1984	兼任	184	2014	间隙	185	2044	交纳	189
1985	兼容	184	2015	建交	185	2045	交情	189
1986	兼职	184	2016	建树	185	2046	交涉	189
1987	煎	184	2017	建筑师	185	2047	交谈	189
1988	拣	184	2018	建筑物	185	2048	交替	189
1989	检察	184	2019	贱	185	2049	交头接耳	189
1990	检讨	184	2020	健美	185	2050	交响乐	189
1991	减免	184	2021	健壮	186	2051	郊外	189
1992	减弱	184	2022	溅	186	2052	郊游	189
1993	减速	184	2023	鉴别	186	2053	浇	189
1994	减压	184	2024	鉴赏	186	2054	娇惯	189
1995	简称	184	2025	鉴于	186	2055	娇气	189
1996	简短	184	2026	姜	186	2056	胶囊	189
1997	简化	184	2027	僵	186	2057	胶片	189
1998	简洁	184	2028	僵化	186	2058	焦	189
1999	简陋	184	2029	僵局	186	2059	焦急	189
2000	简体字	184	2030	讲解	186	2060	焦距	189
2001	简要	185	2031	讲述	186	2061	焦虑	190
2002	简易	185	2032	讲学	186	2062	焦躁	190
2003	见解	185	2033	奖杯	186	2063	礁石	190
2004	见钱眼开	185	2034	奖牌	186	2064	嚼	190

281

序号 No.	词语 Vocabulary	页码 Page	序号 No.	词语 Vocabulary	页码 Page	序号 No.	词语 Vocabulary	页码 Page
2065	角落	190	2095	接纳	191	2125	解剖	195
2066	狡猾	190	2096	接手	191	2126	解散	195
2067	绞	190	2097	接送	191	2127	解体	195
2068	矫正	190	2098	接替	191	2128	解脱	195
2069	搅	190	2099	接听	191	2129	解围	195
2070	搅拌	190	2100	接通	191	2130	解析	195
2071	缴	190	2101	揭发	194	2131	介入	195
2072	缴费	190	2102	揭露	194	2132	介意	195
2073	缴纳	190	2103	揭示	194	2133	介于	195
2074	叫板	190	2104	揭晓	194	2134	戒备	195
2075	叫好	190	2105	节俭	194	2135	戒烟	195
2076	轿车	190	2106	节气	194	2136	戒指	195
2077	较劲	190	2107	节水	194	2137	届时	195
2078	较量	190	2108	节衣缩食	194	2138	界定	195
2079	教科书	190	2109	劫	194	2139	界限	195
2080	教条	190	2110	劫持	194	2140	界线	195
2081	教养	191	2111	洁净	194	2141	借口	196
2082	阶层	191	2112	结冰	194	2142	借条	196
2083	阶级	191	2113	结晶	194	2143	借用	196
2084	阶梯	191	2114	结局	194	2144	借助	196
2085	皆	191	2115	结识	194	2145	金属	196
2086	结	191	2116	结尾	194	2146	金子	196
2087	结果	191	2117	截	194	2147	金字塔	196
2088	接班	191	2118	截然不同	194	2148	津津有味	196
2089	接班人	191	2119	竭尽全力	194	2149	津贴	196
2090	接二连三	191	2120	竭力	194	2150	筋	196
2091	接轨	191	2121	解答	195	2151	禁不住	196
2092	接济	191	2122	解读	195	2152	仅次于	196
2093	接见	191	2123	解雇	195	2153	尽	196
2094	接力	191	2124	解救	195	2154	尽早	196

序号 No.	词语 Vocabulary	页码 Page	序号 No.	词语 Vocabulary	页码 Page	序号 No.	词语 Vocabulary	页码 Page
2155	紧凑	196	2185	惊	200	2215	景观	201
2156	紧接着	196	2186	惊诧	200	2216	景区	201
2157	紧迫	196	2187	惊慌	200	2217	警车	201
2158	紧缺	196	2188	惊慌失措	200	2218	警官	201
2159	紧缩	196	2189	惊奇	200	2219	警惕	201
2160	锦旗	196	2190	惊叹	200	2220	警钟	201
2161	谨慎	199	2191	惊天动地	200	2221	净化	204
2162	尽情	199	2192	惊险	200	2222	竞技	204
2163	尽头	199	2193	惊心动魄	200	2223	竞相	204
2164	进场	199	2194	惊醒	200	2224	竞选	204
2165	进程	199	2195	惊讶	200	2225	竟	204
2166	进出	199	2196	晶莹	200	2226	竟敢	204
2167	进出口	199	2197	兢兢业业	200	2227	敬	204
2168	进度	199	2198	精打细算	200	2228	敬爱	204
2169	进而	199	2199	精华	200	2229	敬而远之	204
2170	进修	199	2200	精简	200	2230	敬酒	204
2171	近年来	199	2201	精练	201	2231	敬礼	204
2172	劲头	199	2202	精妙	201	2232	敬佩	204
2173	晋升	199	2203	精明	201	2233	敬请	204
2174	浸泡	199	2204	精疲力竭	201	2234	敬业	204
2175	禁忌	199	2205	精确	201	2235	敬意	204
2176	禁区	199	2206	精神病	201	2236	敬重	204
2177	茎	199	2207	精髓	201	2237	静止	204
2178	经	199	2208	精通	201	2238	境地	204
2179	经度	199	2209	精细	201	2239	境界	204
2180	经久不息	199	2210	精心	201	2240	境内	204
2181	经贸	200	2211	精益求精	201	2241	境外	205
2182	经商	200	2212	精英	201	2242	境遇	205
2183	经受	200	2213	精致	201	2243	窘迫	205
2184	荆棘	200	2214	颈部	201	2244	纠缠	205

序号 No.	词语 Vocabulary	页码 Page	序号 No.	词语 Vocabulary	页码 Page	序号 No.	词语 Vocabulary	页码 Page
2245	揪	205	2275	举措	206	2305	诀别	211
2246	久违	205	2276	举例	206	2306	诀窍	211
2247	久仰	205	2277	举世闻名	206	2307	角逐	211
2248	酒精	205	2278	举世无双	206	2308	觉醒	211
2249	酒楼	205	2279	举世瞩目	206	2309	绝技	211
2250	救护车	205	2280	举一反三	206	2310	绝缘	211
2251	救济	205	2281	举止	210	2311	绝招	211
2252	救治	205	2282	举重	210	2312	倔强	211
2253	就餐	205	2283	巨额	210	2313	崛起	211
2254	就地	205	2284	巨人	210	2314	爵士	211
2255	就读	205	2285	巨头	210	2315	倔	211
2256	就近	205	2286	巨星	210	2316	军官	211
2257	就任	205	2287	巨型	210	2317	均衡	211
2258	就医	205	2288	剧烈	210	2318	均匀	211
2259	就诊	205	2289	剧目	210	2319	君子	211
2260	就职	205	2290	剧情	210	2320	俊	211
2261	就座	206	2291	剧团	210	2321	俊俏	212
2262	舅舅	206	2292	剧院	210	2322	骏马	212
2263	拘留	206	2293	剧组	210	2323	竣工	212
2264	拘束	206	2294	据此	210	2324	卡车	212
2265	居高临下	206	2295	据悉	210	2325	卡片	212
2266	居民楼	206	2296	距	210	2326	卡通	212
2267	鞠躬	206	2297	锯	210	2327	开办	212
2268	局部	206	2298	聚集	210	2328	开采	212
2269	局势	206	2299	聚精会神	210	2329	开场	212
2270	局限	206	2300	捐献	210	2330	开场白	212
2271	菊花	206	2301	卷入	211	2331	开除	212
2272	橘子	206	2302	卷子	211	2332	开动	212
2273	沮丧	206	2303	圈	211	2333	开发区	212
2274	举报	206	2304	决议	211	2334	开发商	212

序号 No.	词语 Vocabulary	页码 Page	序号 No.	词语 Vocabulary	页码 Page	序号 No.	词语 Vocabulary	页码 Page
2335	开工	212	2365	扛	216	2395	克隆	217
2336	开垦	212	2366	抗衡	216	2396	克制	217
2337	开口	212	2367	抗拒	216	2397	刻苦	217
2338	开阔	212	2368	抗生素	216	2398	刻意	217
2339	开朗	212	2369	抗争	216	2399	刻舟求剑	217
2340	开辟	212	2370	考量	216	2400	客房	217
2341	开启	215	2371	烤	216	2401	客机	221
2342	开枪	215	2372	靠拢	216	2402	客流	221
2343	开天辟地	215	2373	苛刻	216	2403	客运	221
2344	开拓	215	2374	科幻	216	2404	恳求	221
2345	开销	215	2375	科目	216	2405	啃	221
2346	开张	215	2376	科普	216	2406	坑	221
2347	开支	215	2377	磕	216	2407	空荡荡	221
2348	凯歌	215	2378	壳	216	2408	空难	221
2349	楷模	215	2379	咳嗽	216	2409	空前	221
2350	刊登	215	2380	可悲	216	2410	空想	221
2351	刊物	215	2381	可不是	217	2411	空虚	221
2352	看护	215	2382	可乘之机	217	2412	恐怖	221
2353	勘探	215	2383	可耻	217	2413	恐吓	221
2354	堪称	215	2384	可歌可泣	217	2414	恐慌	221
2355	侃大山	215	2385	可观	217	2415	恐惧	221
2356	砍	215	2386	可贵	217	2416	恐龙	221
2357	看得出	215	2387	可口	217	2417	空白	221
2358	看热闹	215	2388	可谓	217	2418	空地	221
2359	看似	215	2389	可恶	217	2419	空隙	221
2360	看台	215	2390	可想而知	217	2420	控告	221
2361	看样子	216	2391	可笑	217	2421	抠	222
2362	看中	216	2392	可信	217	2422	口碑	222
2363	看重	216	2393	可行	217	2423	口才	222
2364	慷慨	216	2394	可疑	217	2424	口吃	222

序号 No.	词语 Vocabulary	页码 Page	序号 No.	词语 Vocabulary	页码 Page	序号 No.	词语 Vocabulary	页码 Page
2425	口感	222	2455	夸奖	223	2485	困惑	227
2426	口径	222	2456	夸夸其谈	223	2486	困境	227
2427	口令	222	2457	夸耀	223	2487	扩	227
2428	口气	222	2458	夸张	223	2488	扩建	227
2429	口腔	222	2459	垮	223	2489	扩散	227
2430	口哨	222	2460	挎	223	2490	扩张	227
2431	口水	222	2461	跨国	226	2491	括弧	227
2432	口头	222	2462	跨越	226	2492	阔绰	227
2433	口味	222	2463	快捷	226	2493	拉动	227
2434	口香糖	222	2464	宽敞	226	2494	拉拢	227
2435	口音	222	2465	宽泛	226	2495	拉锁	227
2436	口罩	222	2466	宽厚	226	2496	啦啦队	227
2437	口子	222	2467	宽容	226	2497	喇叭	227
2438	扣除	222	2468	宽恕	226	2498	腊月	227
2439	扣留	222	2469	宽松	226	2499	蜡	227
2440	扣人心弦	222	2470	款式	226	2500	蜡烛	227
2441	扣押	223	2471	款项	226	2501	辣椒	228
2442	枯燥	223	2472	筐	226	2502	来宾	228
2443	哭泣	223	2473	狂欢	226	2503	来电	228
2444	哭笑不得	223	2474	狂欢节	226	2504	来访	228
2445	窟窿	223	2475	狂热	226	2505	来回	228
2446	苦力	223	2476	旷课	226	2506	来历	228
2447	苦练	223	2477	况且	226	2507	来临	228
2448	苦难	223	2478	矿藏	226	2508	来龙去脉	228
2449	苦恼	223	2479	框	226	2509	来年	228
2450	苦笑	223	2480	框架	226	2510	来源于	228
2451	苦心	223	2481	亏本	227	2511	拦	228
2452	酷似	223	2482	亏损	227	2512	栏	228
2453	夸	223	2483	昆虫	227	2513	栏杆	228
2454	夸大	223	2484	捆	227	2514	蓝图	228

序号 No.	词语 Vocabulary	页码 Page	序号 No.	词语 Vocabulary	页码 Page	序号 No.	词语 Vocabulary	页码 Page
2515	揽	228	2545	勒	232	2575	理性	233
2516	缆车	228	2546	雷同	232	2576	理直气壮	233
2517	懒得	228	2547	累积	232	2577	力不从心	233
2518	懒惰	228	2548	累计	232	2578	力度	233
2519	滥用	228	2549	类别	232	2579	力求	233
2520	狼	228	2550	棱角	232	2580	力所能及	233
2521	狼狈	231	2551	冷淡	232	2581	力争	237
2522	朗诵	231	2552	冷冻	232	2582	历程	237
2523	浪	231	2553	冷酷	232	2583	历届	237
2524	捞	231	2554	冷酷无情	232	2584	历经	237
2525	劳动力	231	2555	冷落	232	2585	历来	237
2526	劳累	231	2556	冷门	232	2586	历时	237
2527	劳务	231	2557	冷漠	232	2587	立方	237
2528	牢固	231	2558	冷笑	232	2588	立方米 80	237
2529	牢记	231	2559	冷战	232	2589	立功	237
2530	牢牢	231	2560	愣	232	2590	立交桥	237
2531	唠叨	231	2561	离谱儿	233	2591	立体	237
2532	老伴儿	231	2562	离奇	233	2592	立足	237
2533	老大	231	2563	离职	233	2593	励志	237
2534	老汉	231	2564	黎明	233	2594	利害	237
2535	老化	231	2565	礼服	233	2595	利率	237
2536	老人家	231	2566	礼品	233	2596	利索	237
2537	老实说	231	2567	礼仪	233	2597	粒	237
2538	老远	231	2568	里程碑	233	2598	连滚带爬	237
2539	老字号	231	2569	理睬	233	2599	连绵	237
2540	姥姥	231	2570	理会	233	2600	连任	237
2541	姥爷	232	2571	理科	233	2601	连锁	238
2542	涝	232	2572	理念	233	2602	连锁店	238
2543	乐意	232	2573	理事	233	2603	连夜	238
2544	乐园	232	2574	理所当然	233	2604	怜惜	238

序号 No.	词语 Vocabulary	页码 Page	序号 No.	词语 Vocabulary	页码 Page	序号 No.	词语 Vocabulary	页码 Page
2605	帘子	238	2635	料理	239	2665	领会	244
2606	莲子	238	2636	咧嘴	239	2666	领军	244
2607	联邦	238	2637	列举	239	2667	领略	244
2608	联欢	238	2638	劣势	239	2668	领事	244
2609	联网	238	2639	劣质	239	2669	领事馆	244
2610	廉价	238	2640	烈士	239	2670	领土	244
2611	廉洁	238	2641	猎犬	243	2671	领悟	244
2612	廉正	238	2642	猎人	243	2672	领养	244
2613	廉政	238	2643	裂缝	243	2673	领域	244
2614	脸颊	238	2644	裂痕	243	2674	溜	244
2615	炼	238	2645	拎	243	2675	溜达	244
2616	恋恋不舍	238	2646	邻国	243	2676	浏览	244
2617	良	238	2647	临	243	2677	浏览器	244
2618	良心	238	2648	临床	243	2678	留恋	244
2619	良性	238	2649	临街	243	2679	留念	244
2620	凉爽	238	2650	临近	243	2680	留神	244
2621	两口子	239	2651	淋	243	2681	留心	245
2622	两栖	239	2652	灵	243	2682	留意	245
2623	亮点	239	2653	灵感	243	2683	流畅	245
2624	亮丽	239	2654	灵魂	243	2684	流程	245
2625	亮相	239	2655	灵机一动	243	2685	流浪	245
2626	谅解	239	2656	灵敏	243	2686	流泪	245
2627	辽阔	239	2657	灵巧	243	2687	流量	245
2628	疗法	239	2658	灵通	243	2688	流露	245
2629	疗效	239	2659	凌晨	243	2689	流氓	245
2630	寥寥无几	239	2660	零花钱	243	2690	流入	245
2631	潦草	239	2661	零件	244	2691	流失	245
2632	了结	239	2662	零钱	244	2692	流水	245
2633	了却	239	2663	零售	244	2693	流淌	245
2634	料到	239	2664	领队	244	2694	流向	245

序号 No.	词语 Vocabulary	页码 Page	序号 No.	词语 Vocabulary	页码 Page	序号 No.	词语 Vocabulary	页码 Page
2695	流血	245	2725	露天	249	2755	裸露	250
2696	流域	245	2726	旅程	249	2756	络绎不绝	250
2697	流转	245	2727	旅途	249	2757	落差	250
2698	柳树	245	2728	铝	249	2758	落地	250
2699	遛	245	2729	屡	249	2759	落户	250
2700	龙舟	245	2730	屡次	249	2760	落下	250
2701	聋	248	2731	缕	249	2761	麻[1]	253
2702	聋人	248	2732	履行	249	2762	麻[2]	253
2703	笼子	248	2733	率	249	2763	麻痹	253
2704	隆重	248	2734	绿灯	249	2764	麻将	253
2705	垄断	248	2735	绿地	249	2765	麻辣	253
2706	笼统	248	2736	孪生	249	2766	麻木	253
2707	笼罩	248	2737	卵	249	2767	麻醉	253
2708	搂	248	2738	乱七八糟	249	2768	马后炮	253
2709	露面	248	2739	掠夺	249	2769	马虎	253
2710	芦花	248	2740	略	249	2770	马力	253
2711	炉灶	248	2741	略微	250	2771	马桶	253
2712	炉子	248	2742	抡	250	2772	马戏	253
2713	卤味	248	2743	伦理	250	2773	码[1]	253
2714	鲁莽	248	2744	轮换	250	2774	码[2]	253
2715	录制	248	2745	轮廓	250	2775	埋藏	253
2716	鹿	248	2746	轮流	250	2776	埋伏	253
2717	路程	248	2747	轮胎	250	2777	埋没	253
2718	路灯	248	2748	论述	250	2778	买不起	253
2719	路段	248	2749	论坛	250	2779	迈	253
2720	路况	248	2750	论证	250	2780	迈进	253
2721	路面	249	2751	罗	250	2781	卖弄	254
2722	路人	249	2752	萝卜	250	2782	脉搏	254
2723	路途	249	2753	螺丝	250	2783	脉络	254
2724	路子	249	2754	裸	250	2784	埋怨	254

序号 No.	词语 Vocabulary	页码 Page	序号 No.	词语 Vocabulary	页码 Page
2785	蛮	254	2815	眉毛	255
2786	瞒	254	2816	煤矿	255
2787	满怀	254	2817	煤炭	255
2788	蔓延	254	2818	每当	255
2789	漫	254	2819	每逢	255
2790	漫游	254	2820	美德	255
2791	慢慢来	254			
2792	慢性	254			
2793	忙活	254			
2794	忙碌	254			
2795	忙乱	254			
2796	盲目	254			
2797	茫然	254			
2798	矛头	254			
2799	茅台（酒）	254			
2800	茂密	254			
2801	茂盛	255			
2802	冒充	255			
2803	冒犯	255			
2804	冒昧	255			
2805	冒险	255			
2806	没劲	255			
2807	没说的	255			
2808	没完没了	255			
2809	没意思	255			
2810	没辙	255			
2811	没准儿	255			
2812	玫瑰	255			
2813	枚	255			
2814	眉开眼笑	255			